柴田南雄 著
小沼純一 解説

柴田南雄 音楽会の手帖

目次

1973

1974

1975

1976

1977

1978

1980

1981

1981/09/09 ひたむきな姿勢がさわやか—奥平八重子ピアノリサイタル 344
1981/10/03 変化ある流れで劇的緊迫感—都響定期演奏会のマーラー「第六番」 346
1981/10/31 西域風の美しい旋律が飛翔—宇田光広フルートリサイタル 348
1981/12/05 水際立ったテクニック—ヨーヨー・マのチェロ演奏会 350
1981/12/10 ’81回顧—ベスト5 352

1982

1982/01/09 ねらい通りの端正さ—小澤征爾指揮「荘厳ミサ曲」 354
1982/01/23 つつましく温かい風格—ヘルシンキ・フィルハーモニー管弦楽団 356
1982/03/03 生々しく自己の理想追求—ゲオルク・フリードリッヒ・シェンクのピアノ 358
1982/03/10 きつい合奏を自在に—エンパイヤ・ブラス・クインテット 360
1982/04/07 頑固に貫いた日本的な曲調—清瀬保二追悼リサイタル 362
1982/04/17 多様の中に程よい統一—桐五重奏団の第五回演奏会 364
1982/05/08 現代風、さわやかな音の流れ—日本オラトリオ連盟のバッハ「ミサ曲ロ短調」 366
1982/05/29 音による格闘技 満喫—ボザール・トリオ東京公演 368
1982/07/24 古典から新作まで 大きなスケールで—ベルリン・フィル二重奏団 370
1982/09/08 古楽の枠超すスケール—キングズ・カレッジ合唱隊 372
1982/09/18 情緒過剰排した熟年の厚み—オイゲン・ヨッフム指揮のバンベルク響公演 374

1982/10/20 ゲーベルの個性 鮮明に―ムジカ・アンティクワ・ケルン 376
1982/11/20 年齢を超越 魂を語りかける―ユーディ・メニューイン 378
1982/11/27 心技充実した完全な表現―ミクローシュ・ペレーニ・チェロ独奏会 380
1982/12/09 ラテン的情熱の音感覚―フランス国立リル管弦楽団 382
’82回顧―ベスト5 384
1982/12/22 個人技生かすアンサンブル―パリ八重奏団 385

解説―小沼純一 388

本書に収録された文章は、記載のあるもの以外、すべて『朝日新聞』に掲載された。
タイトルの前に付された年月日は、いずれも東京版に掲載された日付を示している。

1971

1971/09/08

超前衛曲目に取り組む

N響メンバーの自主公演「WE MEET TODAY」

一九七一年九月二日◎東京文化会館

九九円の入場料による現代音楽の会ということで前評判の高かった「WE MEET TODAY」を聴く。指揮の岩城宏之はじめフルートの小出信也、ヴァイオリンの田中千香士ら一〇人のN響メンバーたちの自主公演である。

いったい交響楽団はどこの国でも音楽文化の柱であり、そのため一般に保守的性格をおびているものだが、しかし近年になって欧米の交響楽団の中にも、前衛音楽を積極的にとり上げるところができている。一種のヤング・パワー的傾向というべきだろう。こんどのはN響の催しではないが、ともかくN響のトップクラスのメンバーがこれだけ集って超前衛曲目ととりくんだのは、前例のないことだった。

曲目は四つ。まず武満徹のフルートのための「ヴォイス」はニコレのために書かれた近作で、数年前から開発されている重音奏法や微分音程を多くとり入れた難曲。武満の気魄《きはく》と奏者小出信也の息吹きが合一すると、どちらのものとも区別できぬ境地がかもし出される。聴き手は、われわれの音楽を聴いたというたしかな手ごたえを感じたのではなかろうか。

林光の「プレイ」はこの会のための新作。感覚的にも語法的にも現代の状況を鋭くとらえ、しかも少数の前衛通をこえた広い層への訴えかけも意図されている。それを安易な妥協的手段によらずに実現した点は成功であった。曲尾の即興演奏部分がもう一息盛り上がらなかったのが惜しまれる。

高橋悠治の「ローザスⅠ」はヴァイオリン・ソロ（田中千香士）の曲だが、調弦の方法も、演奏する音律もふつうではなくまたマイクで何通りかの強さに増幅される。そもそも作曲にはコンピューターが援用されており、奏者はまずその厳密に規定された音楽素材を客観的に処理することからはじめねばならぬ。肉体的要素の希薄さの点からも、前記武満作品とは対極的である。しかし、悠治の真に新しい感覚と秩序が聴衆の手に入るには、なお時間がかかりそうだ。

最後のシュトックハウゼンの「七つの日より」は奏者たちの完全な即興である。「音を一つ弾け」「音を導け、おまえの思考がおまえを導くところへ」といった短文に触発されて、思い思いのファンタスティックな演奏をくりひろげる。もっと奔放になれ、もっと燃焼しろ！　というもどかしさを時に感じないでもなかったが、常日ごろ、折目正しい古典ととり組んでいるプレーヤーたちが、こうした超前衛に熱中するのはたしかに感動をさそう場面であった。

1972

1972/07/19

すがすがしい情感

ベートーヴェン・ディ・ローマ四重奏団

一九七二年七月九日◎日生劇場

イタリアの室内楽団というのも珍しいが、弦楽器三とピアノ一で固定した四重奏団を組んでいる例はなお珍しい。もっともヴァイオリンのアーヨ、ヴィオラのゲディン、チェロのアルトベルリの三人はバロックでおなじみの「イ・ムジチ合奏団」の首席奏者だった人たちで、彼らのたしかな腕前をわれわれはすでによく知っている。数年前に彼らがその合奏団からぬけ、友人のピアニスト、ブルーノとこの室内楽団を組むことになったのは、「イ・ムジチ」ではいかにも画一的なプログラムでしか公演できず、そのことに退屈を感じはじめたからである。

前評判にたがわぬ好演であった。最初のモーツァルトのピアノ四重奏曲（K四七八）は、室内楽とはいえ、いわばオーケストラなしのサンフォニー・コンセルタント（協奏交響曲）なのだが、彼らはその様式をじつに自然につかみ、ピアノと弦の対話の呼吸といい、はなやかな技巧の見世場（とくにピアノでの）といい、まったくみごとにひいてのけた。

つづくベートーヴェン（作品一六）では、ピアニストが前の曲目の時とはがらりと音色を変えて、聴き手をいやおうなしに別世界に誘い込み、またその第二楽章中間部では、三人の弦楽器がまるでオペラの三重唱のような劇的な身ぶりで歌い上げたのは、いかにもイタリアの音楽家らしかった。最後の曲目のフォーレ（作品一五）はフォルムのはっきりしたさわやかな演奏ぶりだったが、初期のフォーレ特有のシューマンを思わせる情熱の盛り上がりは希薄だった。

ところで、この四重奏団の演奏はピアノのブルーノの音楽性が大きなささえになっているが、一方、弦の三人の一糸みだれぬ協調性、そこから来るすがすがしい情感は結局のところ「イ・ムジチ」の最良の部分とまさに同質で、それはまた彼らがなぜピアノ・トリオでも弦楽四重奏でもない、こういうアンサンブル形態を目ざしたかにつながる。トリオや弦楽四重奏なら、もっと弓の多様な技巧を駆使しての表現の彫りの深さ、各人のより強い自己主張といったものが当然要求されるにちがいない。ということは、彼ら（とくにアーヨ）がよく自己の長所と限界を知ったうえで、破綻の生じるおそれの少ない合奏形態を選んだ、ということでもある。

ともかく楽しい音楽会だった。日本やアメリカなど音楽後進国の若手にあり勝ちなガリ勉公害とはまったく縁のない、緑の音楽を彼らはかなでて行った。

「黄河」と「白毛女」を聴く

中国上海舞劇団

一九七一年七月一六日◎日生劇場

中国上海舞劇団の訪日公演では、毎回最初に鋼琴（ピアノ）協奏曲「黄河」の演奏が行われる。曲そのものは最近中国製作のレコードが輸入されているので知っていたが、実演に接してみるといろいろ予想外の要素があって印象深く聴いた。

まず幕が上がると灰青色の工人服姿の、若さあふれるオーケストラ団員が整然と席についているが、ヴァイオリンはみな左ひざに立て、弓はみないっせいに右ひざに水平にそえ、凛《りん》とした姿勢をくずさずに控えている。譜面台は一つもない。全員暗譜で奏こうというのだ。すでに演奏前から一糸みだれぬ合奏を予想させ、いわば聴き手を呑む気概があり、この開演前の雰囲気はわれわれが見なれているオーケストラとは大変にちがっている。著者はふと邦楽の演奏家の見せるピーンと一本筋の通った気がまえに通じるものを感じた。

指揮者とピアノ独奏者は黒服で登場したが、このピアニストはどの楽員よりも若そうに見受けられた。演奏にはいるとピアニストの音楽性と技術の抜群さがすぐにわかったが、オーケストラの腕前も立派なもので、彼らの日常の練習方法、教師の経歴や力量がどのようなものであるかをしきりに思った。

　鋼琴協奏曲「黄河」は、抗日闘争を主題として一九三九年に作曲された「黄河大合唱」をもとにして三人の合作によって成ったというが、文化大革命後このジャンルでの第一作である。従って今やまさに一国に音楽様式の誕生せんとする稀有の瞬間にわれわれは際会していることになる。作曲様式の基調はまさにベートーヴェンであり、ピアノの技巧はリスト等にその源流を求め得るが、それは洋楽器による新たな様式の出発にとってそれ以外の方法とて考えられぬ、最適の手段と言ってよかろう。しかし曲のテーマや奏法の一部には民族的な音楽語法も用いられており、第一楽章「黄河の船うた」のテーマはニ・ホ・ロ・イの四つの音、第二楽章「黄河を讃える」のテーマは五音音階、第三楽章「黄河の憤り」第四楽章「黄河を守れ」のテーマと曲尾で高らかに奏される「東方紅」は長音階の六音から成る、というように、テーマの音の数は次第に増大し、それにつれ曲想の変化や転調も頻繁になるなど、しぜんな、わかりやすい、しかも完成度の高い音楽に仕上げられている。がんらい中国の音階は洋楽の長音階に融合しやすく、また甲高《かんだか》い響きが一つの特徴だが、それを巧みに鋼琴協奏曲という形式に生かした感覚はさすがであると思った。

　舞劇「白毛女」の音楽では基本的な創作態度は協奏曲と一致しているのを感じたが、舞台上の踊り手のトウ・シューズはバレエの技術が音楽の洋風の調性によくマッチし、また西欧のバレエ名曲によくあるようなたんなる伴奏音型は皆無で、音楽はつねに舞台の動きや筋をきめ細かく支えているのが感じられた。三弦（胡弓）の音色も効果的で、また何より開曲のモチーフが何度も回帰してこの長大な革命現代舞劇の音楽に統一性を与えていたのが印象的であった。ともあれ両者を通じて

「古為今用、洋為中用」（古いものを今に、外国のものを中国に役立てる）の音楽創作への具体的な体現に接し得たことを実感した。

1972/08/09

快い叙情、安定した旋律

没後二〇年、平尾貴四男の夕べ

一九七二年八月五日◎東京文化会館

作曲家平尾貴四男の没後二〇周年記念演奏会が開かれ、歌曲をふくむ六曲の室内楽が演奏された。平尾は慶応大学の独文科を昭和五年に卒業、パリで本格的な作曲修業をしたが、多くの日本人がはいるコンセルヴァトアールでなくフランク、ダンディ派のスコラ・カントルムに学んでいる。戦中戦後に多くの佳作を発表したがこれからという四六歳で世を去った。

当夜の曲目中「ピアノ三重奏」「木管五重奏」ピアノをふくむ八重奏の「奇想曲」はどれも晩年の作で、快い叙情の流れる、技術的にも安定した音楽、また「日本民謡組曲」「桐の花」「ロマンス」はこれらより一〇年ほど前の戦中作で若々しく端正であった。

平尾の創作への基本姿勢は、彼のゆたかな知識や教養にもかかわらずそれを表に出さず、ひたすらしぜんに、感興のおもむくままに音楽を流して聴き手に喜びを与えることにある。それにはまず演奏者に音楽する喜びを与え得る作品であることが前提になるが、平尾がその点で成功していることは当夜の催しそのものが、フルート奏者宮本明恭の提唱で実現したことからも明らかであろう。一般的に言えば聴くより演奏する方がおもしろい、という音楽も存在するが、演奏家の共感を得て一夜の演奏会を企画しようとの意欲を起こさせる作曲家はそうざらにいるものではない。

平尾の音楽には、生活との闘いからくる痛切な表現や、現代意識のはげしい燃焼はみられない。しかし彼の温和で軽快な音楽の背後には、スコラ・カントルム流の西洋古楽に深く根ざす対位法の技術と日本の伝統的情緒の表現とをいかにさりげなく合体させるかに苦しみぬいた、はげしい闘いの跡がたしかに感じられる。しかも作品そのものはもはやその痕跡もとどめていない。そこに彼の芸術修業のきびしさ、身だしなみの良さを見る思いがする。

平尾の作品には、なお能に取材して怨霊の世界を描いた交響詩「砧《きぬた》」や、終戦直後に著者ら後輩の世代に衝撃を与えた傑作「ヴァイオリン・ソナタ」など、さまざまな傾向のものがある。じつはほんとうの二〇年忌は来年のことだそうで、それなら企画のアンコールもあってよかろう。最後に前記の宮本（六曲中五曲演奏）、作曲家の娘平尾はるなのピアノをはじめ中堅プレーヤーの出演による当夜の演奏は、どの曲もおそらく平尾自身が生前に聴いた水準をはるかに上回る好演であった。

1972/09/16
能力いっぱいの熱演
東京交響楽団定期演奏会

一九七二年九月二二日◎東京文化会館

オーケストラ秋の定期公演のトップは東京交響楽団、指揮は秋山和慶、シーズン開きにやや早目の感じなのは、秋山がこの秋からカナダ、バンクーバー響の音楽監督、常任指揮者となって近日、赴任するためか。当夜の前半は雷鳴と滝のような雨音におびやかされながらの演奏という、まれな悪条件化で進められた。

プログラムは武満「グリーン」、ヒンデミット「クラリネット協奏曲」、マーラー「第四交響曲」という興味深いもの、秋山の指揮は国際舞台への本格的進出の門出にふさわしい充実したものだった。

はじめの武満作品は親愛と喜びの感情の控え目な発露といった趣の小品だが、秋山は細かい棒さばきで、よく武満特有の間《ま》と響をこの楽団の能力いっぱいに生かしていた。だが各パートのいっそうのデリカシーと高音弦の絹糸のような繊細さこそ、この曲にふさわしい。二番目の曲の独奏者はこの楽団のクラリネット奏者村井祐児で、ドイツで学んだ彼の演奏は、この楽器の従来のイメージであるフランスふうの派手さとは対照的な、音楽構造の知的な把握に立ちその内面に迫っていくタイプで、音楽的に堅固な演奏力を示していた。

この多面的な現代の難曲をおもしろく聴かせることに成功していたと思うが、中・低音域にふっくらしたやわらか味が加わったらさらに良かろう。なお、アメリカ時代のヒンデミット作品にはオーケストラの金管パートに高い演奏能力を要求するものが多く、日本での上演では問題点となり勝ちだが、当夜もそれが克服されていたとはいいかねる（とくに伴奏パートのめんどうな第二楽章）。最後のマーラーでは、その終曲にしばしば独唱者として出演したことのあるベテランの伊藤京子が花をそえ、秋山もマーラーの官能と苦渋の入りまじった屈折した世界を克明に描き、楽団も能力いっぱいの熱演であった。

この楽団も御多分にもれず経営はけっして順調ではないそうだが、ともかく今日このごろはオーケストラを聴くたびにそのかわらぬ健闘を願わずにいられない気持が起こる。マーラーの「第四」は昭和五年に新響（N響の前身）が録音したレコードがある。日本の交響楽運動も半世紀を経たのだ。それにしてはこの夜の聴衆を見回しても、戦前からのファンとおぼしき年配の人が見当らないのがさびしい。聴き巧者が育たないこと、そこにも日本のオーケストラ運動の大きな問題点がある。

1972/09/27

リストの大曲掘り起こす

若杉弘指揮読売日響公演

一九七二年九月一九日◎東京文化会館

若杉指揮者、読売日本交響楽団定期公演は三善晃「祝典序曲」とリスト「ファウスト交響曲」の二本立てだった。

三善作品は一昨年春の万国博開会式に例のお祭り広場での奏楽用に書かれたもの、五分ほどの小品だが野外同然の会場むきに金管など大編成にした上フォルテの連続、しかも複雑な曲想なのに音はにごることなく、大衆向きの打楽器リズムも三善のいつもの持ち味を損わず、さすがにうまく切り抜けた佳品だ。この種の作品で再演に耐えるのはめずらしく、演奏もよかった。

リストの交響曲は「ファウスト」「グレートヒェン」「メフィストフェレス」の三楽章から成る一時間一五分かかる大作。技巧一点ばりのピアノ曲とは似ても似つかぬ哲学的、瞑想的な音楽で、ベートーヴェンとワーグナーを結ぶ橋としても重要な作品、かつてドイツ人指揮者たちが何度か上演したが、邦人指揮者で聴くのははじめてだ。

「グレートヒェン」では、室内楽の優美さから合奏による振幅の大きい感情表出にいたるまでのさまざまな手法によって、女性への賛美と愛、はげしいあこがれを表現せねばならないが、若杉の演奏はみごとでオーケストラもよく彼の要求にこたえていた。若杉はこの楽章に全曲の焦点をおき、リストとワーグナー（とくに「ワルキューレ」第一幕を思わせる）の相互関係を浮き彫りにし、なぜこの埋もれた大曲を掘り起こしたかという目的意識を聴衆にはっきり示したのは成功だった。

これに反して内容の多面的な「ファウスト」の楽章では、「真実と人生の秘密を解こうとするファウスト」のテーマなどは表情ゆたかに奏出されていたが、「英雄的な」「闘争心あふれた大胆な」はずのファウストは、現代人らしく忙し気で迫力を欠いた。「メフィスト」の楽章の前半は好調、後半ゲーテの「神秘の合唱」（テノール伯田好史、早慶の男声合唱が仲よくならんだ）は無難とはいえ、全曲をしめくくり、この極め付きの詩をになう重厚さはなかった。だがそれにはリストの音楽がベートーヴェンのような高い完成度を目指していない点を考える必要もあろう。彼としてはワイマール宮廷でのゲーテ・シラー記念碑除幕式で自らこの曲を指揮すること自体、曲を記念碑的に仕上げることと同じくらい重要なことだったのだ。そこにまさにドイツ・ロマン派音楽の一つの本質がのぞいている。

1972/10/04

バルトークを透明音で

コダーイ弦楽四重奏団

一九七二年九月二五・二六日◎東京文化会館

ハンガリーから「コダーイ弦楽四重奏団」が来日している。九月二五日の東京労音例会と二六日の公演の二夜、ハイドン、ベートーヴェン、バルトーク、コダーイを聴いた。メンバーはいずれも三〇歳前後で、この国の数ある弦楽四重奏団の中ではもっとも若いし、われわれが聴いた十指にあまる外来クヮルテットの中でも、もっとも若い団体である。

まず最初の瞬間に、予期していた東欧ふうのさびのある音質でなく、近代的な透明で明るい音が耳にとびこんできた。これまで接したハンガリーの四重奏団といえば、セーケイの「ハンガリアン」(現在アメリカ、一九三五年創立)、「タートライ」(四六年創立)、「バルトーク」(五七年創立)の三団体があり、それに今回の「コダーイ」(六六年創立)とほぼ一〇年の世代差でならんでいるのだが、最年長の「ハンガリアン」などの音質はSやZを思わせるザラッとした独特の感触で、バルトークの不協和音はああした音色から誘発されたとしか思えぬようなものだった。世代が新しくなるにつれその特色は減少するようで音質はもはや米、ソ、日などの若い世代の弦とほとんど共通だ。

しかし、奏法の面では、たとえば楽句のつなぎ目でテンポを微妙に変化させるやり方に、今や他国の若い世代にはない、古き良きロマン派時代の演奏スタイルが残されており、それがいかにもあの人情こまやかな美しい国からやって来た音楽家らしいと思った（とくにアンコールの伝ハイドン「セレナーデ」の演奏にそれがいちじるしくあらわれていた）。

ともかく、第一ヴァイオリンのデシュカを筆頭に四人の腕と合奏の技術はたしかなもので、バルトーク第六番の「マルチア」「ブルレッタ」、ベートーヴェン「ラズモフスキー・第三番」のフィナーレなどの難関もやすやす乗り切ってさわやかな感じを残したし、コダーイは第一、二番ともよく奏きこんであり、ハイドン「日の出」は素朴さを残しながら端正であった。

だが室内楽の奥行はじつに深い。彼らは自分たちの技術や音量をよく計算し、それに調和するように表現の幅をおさえているので、演奏はまとまりがよく、美しい印象を与える。しかし、たとえば彼らの先輩の「バルトーク」などのもつ、より完璧な技術、成熟した感情表現、腹にずっしりこたえる感銘を聴き手に与えるには、今後のきびしい精進と多くの場数、さらには年輪が必要であろう。

1972/10/28

創造意欲満ちて

篠崎史子ハープ個展

一九七二年一〇月二五日◎東京文化会館

篠崎史子《あやこ》ハープ個展は、この楽器としてはまさに画期的なリサイタルとなった。

演奏されたのは長与寿恵子、坪能克裕、林光、武満徹、一柳慧の五作品ですべて日本初演、うち武満作品以外はこの夜のために彼女が委嘱した新作であった。西洋楽器のなかでも最古の歴史をもち、奏法のパターンの固定化した、また洋楽の中のもっとも優雅にとりすました部分の担い手であるこの楽器が、一夜にして日本の前衛音楽の奔放自在な表現に解放されたのである。それを見るのはまことに小気味よい、という感じであった。篠崎は桐朋とニューヨークのジュリアード音楽院の出身だが、すぐれた音楽性と技術で五人の言いたいことを聴き手に、完全に伝えることに成功した。

最初に紹介された長与作品「MUSICUS」は期せずしてこの楽器の当夜の〈変容〉へのイントロダクションの役を果たした。一〇の小曲の一つ一つは、伝統的なグリサンド奏法などの華やかさを残しながらも、あらゆる未知の可能性を示した。つづく坪能の「リンの詩《うた》」はもはや彼岸からの呼びかけで、この楽器につきまとっていた空疎な多弁性とは断絶し、ぎりぎりの単語をつぶやき、叫び、テープからの打楽器音と対話した。演奏者が静かに歩み去った瞬間、ひとり舞台に残ったハープがポンと孤独の音(むろんテープからの音)を奏でたのは暗示的だった。林の「綾II」における脱ハープ的創意は、いわば言語表現的ともいうもので、さまざまなニュアンスとフレーズの変化を見せながら〈詩〉を語り、歌った。装飾的要素をこれほどまで削り落としたハープ演奏は未聞であった。武満の「Stanza II」はパリで初演された昨年度の作品。演奏音は増幅され、別にテープに録音されたハープ音や電子音、人声の再生音と共にホールいっぱい幻想的な音の渦で満たす。武満作品の常で楽器に固有の奏法はその新旧にかかわらず彼の語法に馴《な》らされ、彼の発想のまま独自の音楽世界の形成に奉仕する。一柳の「Vein of Sounds」は舞台前面の大きな蛍光板の前で演奏の合間に所作をする演奏者の姿が、フラッシュのおかげでネガの残像としてしばらく固定される。それは「虚の強調であり、見えないもの、ただ聴覚だけで捕えるものが実であることを際立たせる」。ペダルで微妙に変化され、雑音を加えられた単純で象徴的な音楽は映像と一体になって、ユーモアのある不思議な詩的雰囲気をかもし出した。

ともあれ創造の意欲と緊張にみちた、記憶すべき一夜であった。

1972/11/22

あふれる色彩感

ズービン・メータとロサンゼルス・フィル

一九七二年一一月一七日◎東京文化会館

ズービン・メータの指揮で、彼が一〇年ちかく音楽監督と常任指揮者をつとめているロサンゼルス・フィルハーモニー管弦楽団を聴く。曲目はモーツァルトの交響曲第三四番（K三三八）、マーラーの交響曲第五番、アンコールにドヴォルザークの「スラヴ舞曲」のあとロス在住の日系作曲家千原ポール清弘の「森の音楽」の日本初演があった。

メータとロス・フィルの関係は俗にいう相性がいいというのだろうか、じつにうまく行っている。かつてはメータほどの才人にはもう一クラス上のオケこそふさわしいと思ったが、今回その感じはなかった（ロス・フィルはメータのおかげで今やアメリカのビッグ・ファイブにのし上がったという説もあるくらいだ）。

メータは豊かな音楽性を体じゅうから発散させながら、じつに精力的に、フレーズのすみずみまで指揮棒でたんねんに刻み込んでいく。その音楽はウィーン仕込みとはいえ、かならずしもヨーロッパふうとは言い切れないもので、一種のくせはたしかに感じられるのだが、しかし現代的な快い力動感と色彩感にあふれている。楽員には名人芸が容赦なく要求される。こういう音楽の作り方は、ヨーロッパの由緒あるオケとではうまく行きそうにもないが、ロス・フィルはそれに耐え、応じ、向上し、今やこのコンビでの一つの完成点、裏をかえせば限界点にまで達している。

モーツァルトではやや大きめの編成（弦の五つのパートは一〇・一〇・六・六・四）をとっておおらかに鳴らし、マーラーではホルン、トランペット、チューバなど金管陣の確実なテクニックをしんに、フル編成の弦（とくにチェロ）の豊かな表現力を駆使して夢幻と苦悩の間のはげしい相克をみごとに描き出した。だが、ここまででき上がっていればモーツァルトにはもう一つ優雅さと憂いを、マーラーには茫漠たる大きさと世紀末の退廃を求めたくなるのが人情だ。ロス・フィルが官能的な表現に弱いのは木管群に今一つきめ手がないためだろう。

アンコールの千原清弘《ちはらせいこう》（カリフォルニア大学助教授）の「森の音楽」は思いがけない贈り物であった。現代的な書法で森のざわめき、鳥たちの歌、動物の声、それに人間の声まで模してアメリカ的な開放的なユーモアと日本的な繊細さの両面を見せたすぐれた小品で、メータの現代音楽への平素からの関心がこの選曲と好演ぶりによく現れていた。

1972/12/20

低音弦に確実な技巧

ワルシャワ室内管弦楽団

一九七二年一二月一五日◎日比谷公会堂

ワルシャワ室内管弦楽団の東京公演二日目を聴く。

指揮者なしで弦が一六人、曲目によってチェンバロ一、またはオーボエとホルン各二が加わる。コンサート・マスターのトイチュ以下、主要メンバーはワルシャワ・フィルハーモニー交響楽団のメンバーでもある。大オーケストラの楽員が日常の活動の余暇にもう一つの団体を組織した場合、その能力や精度をどこまで高めることができるか、さらにこの団体はバロック曲目に向いた弦楽合奏（チェンバロ付）と、初期古典派向きの弦楽プラス少数の管楽器による室内オケという二つの機能を両立させようとしている。これらの困難さをどのように乗り切って、演奏をまとめあげるか。

ヴィヴァルディの「シンフォニア」が憂いをふくんだやわらかい弦の響きで始まった時、一瞬、他の曲目かと耳を疑ったが、やがて東欧の諸国に特有なさびた弦の音色と奏法に耳がなじんでくると、そこにイタリア人が描くのとはちがった独特なヴィヴァルディの姿が浮かんで来て興味深かった。モーツァルトの「ヴァイオリン協奏曲第三番」ではソリストの西崎たか子が安定した技巧と好ましい音楽性で快演だったが、この曲目で加わった管楽器の音程の不調はかなり耳ざわりだった。少人数の弦楽合奏に、ウォーミングアップの余裕なく管楽器群が加わる場合、音程調整の困難さは同情できるが、やはり前記の二つの機能の両立が実際上かなりむつかしいことを露呈した形となった。

プログラムの後半は気分的に乗った感じで、弦楽合奏によるポーランドの古典派ヤニエヴィチの「ディヴェルティメント」では民謡調のテーマなど楽しく聞かせ、ハイドンの「交響曲第三番」では管楽器も前よりは弦にとけ合い、バロックの作風をいくらか残す初期ハイドンの面影をよく伝える熱っぽい演奏となった。低音弦の確実な技巧が好演の大きな要素となっていた。最後の芥川也寸志の「弦楽のためのトリプティーク」（一九五三年作）はとくに今回の公演のために周到に準備されたとみえ、熱のこもった好演ぶりは数十名の合奏に劣らぬ表現力をあらわしていた。アンコールのモーツァルトのディヴェルティメントからのプレストでも高い合奏力を示した。

しかし全体を聴き終った印象では、この楽団がより精度の高い弦楽合奏団と大オーケストラの中間の、どっちつかずの性格を示していたと言わねばならないのが残念である。それにしても当夜の会場の寒々とした光景は遠来の音楽家たちには気の毒だった。むしろ数百人程度のホールで温かく迎えたかった。

1972/12/27

新作と聴衆を結ぶ

「室内楽'70」第三回公演

一九七二年一二月二一日◎ヤクルト・ホール

「室内楽'70」を東京・新橋に新装成ったモダンなヤクルト・ホールで聴く。暮れも押しつまった二一日というのに、しかもなじみのうすい会場に日本の現代曲ばかりなのに、結構お客が集まったし、聴き手は一様に満足感をおぼえて帰った。おそらく今年一年に聴いた現代音楽の会の中で、もっとも充実した一夜だったろう。

二年前に若杉弘(ピアノ)、野口龍(フルート)、植木三郎(ヴァイオリン)の三人の演奏家が組織し、今年で三回目だが今回は都合で若杉が休演して野口、植木の大奮闘、ピアノは作曲家など四人が分担し、そのためかえって変化のついた面もあった。

曲目配列はじつに玄人の仕事で、毎回最初に三善晃のそのつど新たな「オマージュ」を披露したあと、戦前の世代の作品(今回は故平尾貴四男のトリオ、ピアノは娘のはるな)でぐっと落ちつき、そのあとに新作、近作がつづく。今回の初演曲は新進の北爪道夫、中堅の林光、御大の入野義朗で、それぞれ意欲、充実、リラックスの対照の妙が聴き手を楽しませ、再演の堀悦子の佳曲では二十絃箏の野坂恵子のしたたかな技巧がいつもながら聴衆をたんのうさせた。

ピアノ、フルート、ヴァイオリンというバロック含みの編成が、新作に対しても一種の鎮静剤として作用し、前衛的といってもあまり滅多なことはできない、というのもこの会に一つの風格を与えているが、また野口か植木かその両方がいつもステージにいることから来る一種の安定感と一貫性とが、演奏水準の高さと共に聴き手に好ましく作用している。

昨今、作曲家が自前で曲目を持ちよって開く音楽会はおさらい会的な傾向に落ちこみつつあり、逆に演奏家のグループがこれぞと目をつけた作曲家に書かせた作品を初演する会の方が人気が高い。それは曲の質が平均して高くなるからでもあるが、それに加えて上にあげたように演奏会全体の効果に大きなちがいが出てくるからでもある。作曲家たちの自前の音楽会の場合、しばしば曲が玉石混こうになり、傾向のちがう曲が隣り合い、曲ごとに資質のちがう演奏家がつぎつぎに現れるため、音楽会全体の効果がうすめられてしまい今夜は一体何を聴いたんだろう、ということになりがちである。

それを考えると「室内楽'70」に結集した演奏家たちの的を射た行為は、新作と聴衆をどうして結びつけるかという困難な課題への一つのまっとうな解決の道を示したものとして高く評価されねばなるまい。

1973

1973/01/20

ベートーヴェンの「征服」ならず

ジャン＝ロドルフ・カールスのリサイタル

一九七三年一月一七日◎日比谷公会堂

ピアノ界の新人、ジャン＝ロドルフ・カールスの東京公演が行われた。

二五歳のカールスはオーストリア人の両親の間にカルカッタで生れ、幼時からフランスで育ち、パリ音楽院卒、メシアン・コンクールの一九六八年度優勝者という変った経歴の持主だ。ハイドン晩年のハ長調ソナタ（HOb四八）、ベートーヴェン中期の変ホ長調ソナタ（作品三一の三）、そしてドビュッシーの第二前奏曲集から七曲（アンコール演奏を入れて）、メシアンの「二十のまなざし」から五曲を演奏した。このプログラムは彼の血につながるウィーン古典派と、彼の経歴につながるフランス近代とにはっきり二分した思い切った選曲だが、一夜の音楽会の構成としても、彼の芸術を効果的に伝達する上からも疑問が残った。彼がレコードでいい演奏をしている新ウィーン楽派のベルク、シェーンベルク、ヴェーベルンをとり入れて、ウィーンの古典と近代で統一するか、さもなければ近代のウィーンとフランスを中心にプログラムを組んだ方がよくはなかったか、と感じたがその印象は何も曲目のせいだけではないのかも知れぬ。ともかく――

ハイドンは明晰な近代的な演奏で、精妙なペダルの使用によって和音は清澄そのものだった。予告のバッハをわざわざハイドンに変更したのは、次のベートーヴェンへの道案内のためかと思ったが、必ずしもそうではなく、ベートーヴェンは一転して詩的内容やロマン性を意識した演奏であった。第一楽章はゆるやかなテンポで、開始の不協和音の問いかけやレシタティーフふうのパッセージをたっぷり歌い、スケルツォでは曲想によってテンポを動かし、メヌエットでは主部とトリオの音色対比をきわだたせ、フィナーレはさわやかに一気に奏き切った。彼がドイツ・オーストリアの老大家たちの、構成感や力動感を重くみた、時には威圧的なベートーヴェン像に挑戦しようとする姿勢には共感できるが、その意図は未だ達成されてはいない。ベートーヴェンは彼の背後にそそり立っている。

ドビュッシーとメシアンは前評判ほどではなくて残念だった。彼の音は感覚的な真の輝きの一歩手前で、つねに低音にやわらかく包みこまれた、一種の精神性を伴った官能的な響きに解消してしまうのだ。彼がイギリスでとくに高く評価されているのは、まさにその中庸を得た音響や音楽性が彼等の好みに合っているからだろう。メシアン・コンクールの優勝者だからメシアンを奏かねばならぬ、というものでもなかろうに。

1973/02/03

鍛え上げた「男の音楽」

カールハインツ・ツェラーのフルート演奏会

一九七三年一月二七日◎イイノホール

数年前までのベルリン・フィルハーモニー管弦楽団首席フルート奏者、現在は笛一本たずさえて世界を楽旅している名手、カールハインツ・ツェラーを聴く。

ツェラーはかねてバッハ演奏の評判が高く、今回もバッハ、ヘンデル曲目のコンサートを開いているが、筆者は現代曲目の演奏会を選んだ。すばらしい楽興の時であった。ツェラーは気力、知力、体力ともに充実、いかにもドイツ人らしい、たくましく鍛え上げた壮年の男の音楽を奏でた。

圧巻は一九七〇年に五二歳の生涯を自らの手で閉じたドイツの作曲家ツィンマーマンの「おしゃべりの時間」（一九六三年作）であった。ツィンマーマンはレンツの戯曲によるオペラ「兵士たち」で知られているが、この無伴奏フルート曲はふつうのフルートのほかに四度低いアルトフルート、オクターヴ低い大型のバスフルートまでも動員し、フルート音楽の可能性をきわめつくした、劇的表現のゆたかな作品である。ツェラーはツィンマーマンの憂うつなつぶやきを、屈折した思いを、うつろな高笑いを、戦りつを、けいれんを、鬼気せまるまでに表現した。一人の作曲家の精神の危機――それは現代音楽一般の状況につながる――をこんなになまなましく伝えた演奏もまれであった。それは鍵盤楽器や弦楽器によっては達成できるかどうか疑わしいと思えるような、イキそのものが音楽と化すフルートなればこそ可能な、独特の表現領域を征服した名演だったと思う。ツェラーは三種の楽器を完全にコントロールしていたが、しかしツィンマーマンのバスフルートの用法には疑問がある。この楽器は弱音ではきわめて美しいが、あのようなはげしい楽想には不向きで、わが尺八の表現力にはついに及ばないと感じた。

これまでラテン系の名人たちの演奏によってわれわれに親しいフルート現代曲のスタンダード・ナンバーであるドビュッシー「シランクス」、ヴァレーズ「密度二一・五」、メシアン「黒つぐみ」、ベリオ「セクエンツァ」なども、ひとたびツェラーの息がかかるとたんなる感覚の遊び以上の彫りの深さや意味づけが与えられて曲のもつ別の側面が浮び上がった。また韓国出身のユン・イサンの「歌楽《ガラク》」では東洋古代を思わせる神秘的な音色が印象的であった。

小林道夫のピアノも好演で、ヘンツェの「ソナチネ」の急速楽章での両者の呼吸やメシアンの高音域での音色はとくにみごとだった。

1973/02/24

古楽器の限界に挑む

フランス・ブリュッヘンのリコーダー演奏会

一九七三年二月二二日◎東京文化会館

リコーダー（たて笛のフルート）の大名人、オランダのブリュッヘンを聴く。初来日なのにレコードでその妙技を知っている多くのファンがつめかけた。この楽器のブームのせいもあろう。

ブリュッヘンはふだんのままの背広姿で無造作にステージにあらわれ、いすにすわると足を組み、肘を張り気味にして上体を（したがって楽器を）大きく揺らせながら吹く。そのポーズは独特で、それは従来この種の古楽器演奏の周辺に立ちこめていた一種の事大主義を吹き払うに充分である。事実、彼の現代感覚にあふれた音楽は古風、典雅、学究的といったわくを超えた血の通ったもので、筆者が三年前に彼のホームグラウンド、アムステルダムで聴いた時にはヒッピーふうの若者たちをふくむ多くの聴衆を熱狂させていた。

そうしたブリュッヘンの魅力はどこから来るのか。その一つは彼の楽器が近代的なメカニズムをまったく欠いた、極言すれば木の筒に何個か穴のあいただけの素朴なもので、しかも彼はその能力の極限に挑戦し、従来の演奏に感じられる限界を突破した地点で高い音楽性に裏付けられた遊びをやって見せることにある。また､彼のリズム感覚ないし拍子感覚が､今や飽きられつつあるクラシックの世界の紋切型の強弱交代型とはちょっとちがう、バロックにもポピュラーにも通じるビート感覚であることもヤング層への大きな魅力と思われる。

しかも、それと一見矛盾するようだが、ブリュッヘンのバッハ演奏を聴いているとその息の長い、うねうねとした起伏の間にだんだんと熱を帯びてくる様子がふっとカザルスのチェロ演奏を思い出させるのである。おそろしく強い精神的ねばりがそこにある。なお、この夜のバッハのソナタ（イ長調）は当時のキーのない横笛のフルートで、テーマとテレマンのソナタがリコーダーで演奏されたのだが、元来フルーティストから出発した彼にあってはこの二種類の楽器の間に区別はない。

ブリュッヘンのもう一つの面が篠原真の「フラグメンテ」でいかんなく発揮された。彼のために数年前に作曲されたこの曲は、この楽器の伝統的な一面と現代的な技巧や感覚を巧みにとり入れたもので、ユーモラスな和音奏法やピッチの判別できぬような超高音をブリュッヘンはじつにそれらしく、ひょうひょうとやってのけた。なお古典曲チェンバロ伴奏とラモーの数曲のソロでベテラン小林道夫がそつのない演奏を聞かせていた。

1973/03/07

年輪示す充実した演奏ぶり

イタリア弦楽四重奏団

一九七三年三月三日◎東京文化会館

イタリア弦楽四重奏団がＮＨＫの招きではじめて来日し、全国六カ所での公演にさきがけて東京での唯一の演奏会を開いた。ハイドン「皇帝」、バルトーク第一番、ラヴェル、の三曲目のうち、バルトーク以外の二曲は同夜のおそい時間にテレビで中継録画が放送されたから多くのファンを楽しませたであろうし、筆者も会場の座席とはちがう角度からの大写しを興味ぶかく見た。

結成以来二七年、ヴィオラが交代して現メンバーに固定してからでさえ二五年という年輪は、当夜の充実した演奏ぶりによく反映していた。このようにすぐれた団体がこれまであまり知られていなかったのが不思議なくらいである。ヨーロッパ楽壇はまったく広い。

第一ヴァイオリンのボルチアーニは高度の技巧と音楽性と統率力の持主、その夫人で第二ヴァイオリンのペグレッフィも美しい音を持ち、ヴィオラのファルッリは自分の聴かせどころが来ると客席の方に向き直ってまでさわりを歌い上げずにいられぬ積極性を示し、チェロのロッシは明るい音色と歯切れのいいリズムでよく全体を引きしめた。四人とも強い個性をはばかるところなく押し出し、楽器を存分に鳴り響かせ、出て来た音で音楽の流れや形を作っていくといった自然な音楽性が感じられて快かった。ボルチアーニの音程の正確さ、運弓のよさは特筆に値する。これが何と言っても二五年のキャリアの最大の原動力であろう。われわれはこれまでに「有名」四重奏団のリーダーの不正確な音程に何度失望したことか。

最初のハイドンは、広すぎる会場とテレビ・カメラを意識したせいか、ニュアンスに乏しい、かたい演奏で始まったが、フィナーレはかたさがほぐれて好演となった。バルトークではすっかり本来のペースに復したと見え、各パートとも存分に歌い、ぶつかり合い、若きバルトークの懐疑と情熱が高い緊張のうちに展開された。ハンガリーの民族色、あるいは冷たい近代感覚のいずれかに偏していたこれまでのバルトーク像に対し、ヨーロッパ最高知性としてのバルトークに彼らは迫っていたと言えよう。

ラヴェルにおけるスペイン的要素の加味されたフランスの感性は彼らの血につながるだけに、その旋律のしゃれた身振り、多彩な音色、官能的なリズムのあの手この手で聴き手を最後まで引っぱった。

もっといろいろな曲目を、も少し小ぶりの会場で、この次は聴いてみたいと思った。

1973/04/04

伝統を超えた高橋の新作

日本プロ合唱団連合定期演奏会

一九七三年三月二二日◎東京文化会館

日本プロ合唱団連合の年中行事、N響の協演を得て行われる新作発表会を聴く（指揮若杉弘）。今年度の新作委嘱は林光と高橋悠治の二人、林は伝統的な演奏会形式のワクの中で、高橋はもはやそれを超えたところで、ともに個性的で新しい合唱音楽を創造した。

林の「アース」は内容的には「四季」の第一部（春）に相当し、語法は斬新だが精神としてはオラトリオの現代版というべきもの。前半はとくに秀逸でバスのパートが四分音の音程でゆらゆらとキリシタンの「天地始之事」を歌う間に、ソプラノのパートはスタッカートで天理教の天地創造神話「泥海古記《どろみこうき》」の一節を「九億九千九百九十九年いぜんに……」と歌い、残るパートは類人猿化石からヒトに至るさまざまな語学名をシュプレヒ・コールふうにからませていく。

その合唱的効果はみごとであった。これに比べると後半の、風、地、空、水などの単純な名詞を音色的に扱った部分はいくぶん単調に感じられたが、全四部作完成後に「アース」の全体を序として聴くならばまた別の効果が得られるかもしれない。

高橋悠治の「たまをぎ」は「楚辞による祭祀劇」の副題をもつ。演奏会形式の限界を突破する一方、人類の合唱衝動の根源に迫り音楽的表現力は強烈をきわめる。

テクストは楚辞（少なくとも紀元前四世紀にさかのぼる戦国時代の楚の国の文学）の「招魂」を詩人の高橋睦郎が古文語と古口語による一二章に再構成したもの、音楽は謡本、吹物語、打物語の三冊から成り、スコアは存在せず、指揮者もいない。合唱はほとんどが語り、叫び、各自が自由な高さで声明ふうに朗詠し、ごく一部分ユニゾンのコーラスがあるが、その部分では歌いながら行列する。ギリシャ劇のコロスふうの前口上のあと、東西南北に方陣をつくった合唱が、さまよう魂に呼びかけ、最後に合唱は舞台上を「かへせ、みたま」と叫びつつ走りまわり、そのまま退場、そのあとコロスが南の国をさまよう主人公（屈原か）の悲しみを語る。

この一編の音楽に形式においてもっとも近いものは、筆者の知るかぎりでは東大寺の修二会（しゅにえ、いわゆる「お水取り」）であるが、いうまでもなく、「たまをぎ」では音楽はまったく現代的、かつ濃密である。打物（鈴、太鼓）、吹物のあしらいがよく利いていた。

それにしても、このような作品の上演に耐え得る劇場が欲しい。なお、最初にバルトークの「カンタータ・プロファーナ」（独唱、川村敬一、斎求《いつきもとむ》）の日本初演があった。

1973/04/11

温かく、明るい音色

ソフィア・ゾリステン

一九七三年四月七日◎郵便貯金ホール

一三人のメンバーから成るブルガリアの弦楽合奏団「ソフィア・ゾリステン」が初めて来日し、三月下旬以来、東京、札幌、名古屋、清水などの各地で公演した。筆者は四月七日、東京の郵便貯金ホールでのBプロを聴いた。

実はこの種の団体は毎年のように、新顔を含めて一つや二つは来日しているので、あまり大きな期待を抱いて出かけたわけではなかった。しかし聴いてみるとかなりユニークな味をもった団体である。この国の芸術音楽の開花は比較的新しいにしても、古くからの民族音楽の伝統があるので、各人の音楽的能力は高いし、指揮者のカザンジェフは独特の才能と個性の持主である。この三八歳のすぐれた音楽家は一一年前にこの団体を組織してここまで育てあげたのだが、彼はブルガリア作曲界の主要人物の一人でもある。

音色が大変に明るい。もう少し、東欧ふうの民族色の濃い音色を予想したが、じつに透明な音で、この国がギリシャのすぐ北隣であることを改めて思い出させた。スラヴ系とはいえ、北方の諸国とはひじょうにちがう、開放的な、感覚的な要素の勝った音であり音楽であった。

合奏はじつによく訓練されているが、それと同時に各メンバーの自発性がじゅうぶん尊重されているので、演奏は人間的な温かみをもって生き生きとしている。わかりやすく言うなら、桐朋式の機械的正確さは彼等の目標になっていないと見受けられた。ヘンデル、ヴィヴァルディなど独奏者が三人、四人の合奏協奏曲では各奏者の個性がよく生かされておもしろかった。モーツァルトのディヴェルティメント（K 一三六）は語法にくせがあり、なじめなかったが、同国人ゴレミノフ作曲の「三つのエスキス」の終曲では、ブルガリア音楽特有の変拍子の連続を、それと気づかせぬほど自然にひいてのけたのはさすがと思った。しかし最後のバルトークのディヴェルティメントが曲の良さもあって当夜の圧巻だった。

アンコールが次から次へと七曲ほども出た中の、バロック時代のゲオルク・ムファットのオルガン用序曲（バカロフ編曲）で、オルガン特有の響きをあきれるほど忠実に模していたのが注目された。しかしこうした感覚的要求や名人芸の発揮の余地は、西欧の現代音楽と本格的にとり組むことによって、より高い次元で達成されるはずで、むしろそれを望みたいと思った。編成は第一ヴァイオリン四、第二とヴィオラ各三、チェロ二、バス一でチェンバロを欠くのもこの団体の特徴である。

1973/05/16

美しい弦 劇的な指揮

国立ワルシャワ・フィル

一九七三年五月一〇日◎東京文化会館／一二日◎渋谷公会堂

ポーランドから国立ワルシャワ・フィルハーモニー交響楽団が、六六年と七〇年につぐ三度目の来日中である。東京での三夜を皮切りに全国の一八都市で公演を持つという。今回は総監督ロビツキと常任のマルコフスキの二人の指揮者が同行している。筆者は初日（一〇日、東京文化会館、マルコフスキ）と三日目（一二日、渋谷公会堂、ロビツキ）を聴いた。

弦がすばらしい。何回かホロリとさせ、うっとりとさせる瞬間があった。ということは、そのすばらしさが近代的な機能的なものよりはロマン的な、よき時代のヨーロッパの伝統が温存されているためといえるが、ともかく弦がこれだけ美しく、ゆたかな表情で歌うオーケストラはめったにない。

ところが、惜しむらくは管と打楽器には、弦に見合うだけの洗練さが足りない。中にはホルンのようにすぐれた奏者のいるパートもあるが、いったいに荒けずりだ。しかし管・打も現代曲には強さを発揮する。

ロビツキ（五九歳）の指揮ぶりはスケールが大きく、劇的である。ラヴェルの「ダフニス」とストラヴィンスキーの「ペトルーシュカ」では演奏会用組曲ながらステージ上のドラマをほうふつとさせたし（たとえば後者でのペトルーシュカの死の場面の哀れっぽさなど）、バイルトの新作「心理劇」、アンコールのシマノフスキ「タランテラ」などの小品でも彫りの深い老練な指揮を見せた。

印象派とスラヴの交点、シマノフスキ「ヴァイオリン協奏曲」では、独奏者クルカが控え目ながら美しい音色で再現し、ここでもベテラン、ロビツキが全体を巧みにまとめ印象深く聴かせた。

マルコフスキ（四九歳）の指揮ぶりは、現代曲のレコードで一部の音楽ファンには知られているが、実演に接するのは今回がはじめてである。早目のキビキビしたテンポで、余計な思い入れなどしないで要点を的確におさえていくやり方はいかにも現代的で好感が持てる。しかしウェーバー「オベロン序曲」やブラームス「第二交響曲」では多くの美しい個所があったにせよ、旋律がたっぷりと歌われないことから来る欲求不満のようなものがつきまとった。

呼び物のペンデレツキ「広島の犠牲者への哀歌」は、弦の美しい響きと相まって感覚美の表現に強く傾き、聴きなれたロビツキの劇的緊張の強い表現と対照的なのが興味深かった。

なおラヴェル「シェヘラザード」でこの国随一のソプラノ、ヴォイトヴィチが香り高い演唱を聴かせた。

1973/05/19

力強く優美に、簡素に

野坂恵子箏リサイタル

一九七三年五月一五日◎東京文化会館

野坂恵子第四回箏リサイタルを聴く。

近年、文化の各方面で〈際《さい》〉、つまり隣接領域間に存在する新たな分野の重要性が再認識されているが、作曲の世界においても例外ではない。日本の作曲家の活動の中で、西欧の技法と伝統邦楽との〈際〉に一つの新しい音楽領域をうち立てようとする動きは、長期的展望に立つならば現在のあらゆる楽壇活動の中でもっと期待されてよいはずのものである。その動きはすでに一〇年あまり以前からおもに黛、間宮、諸井誠らの作曲家によって始められたと記憶する。以来一部の邦楽演奏家やマスコミを巻き込んでますます盛んとなったが、野坂はその所属する日本音楽集団と共に、今日のはげしい渦巻の一つの中心的存在となっている。

しかし、この東と西の出会いの渦流にも西欧前衛張り、サロン音楽向き、伝統邦楽寄りとさまざまあり、日本音楽集団の場合は良く言えば中庸穏健で急進的に走るのを避けており、したがって批判的に言うなら折衷的妥協的な面のあるのを否定できない。当夜の選曲にもこの原則は影響しているると思う。野坂という、箏曲家元の家に育って強じんな演奏力と現代感覚を身につけた名手の、能力の限界に挑戦を試みるといった白熱の瞬間が、当夜の作品の中にはあまり見出せなかった。

池辺晋一郎の「紡ぐ」は野坂が数年前に開発した二十絃箏のための独奏曲、この才人のいつもながらつぼにはまった仕事であり、今後この楽器のためのレパートリーとして定着するであろう佳品。次の松村禎三「詩曲一番」は尺八（横山勝也）と十三絃箏のデュエット、万国博のための曲と聞いて驚く内面的な、ほとんど宗教的な気分の印象深い音楽であった。林光の「緯《よこいと》2」はフルート、オーボエ、チェロ、バスの四人の洋楽器と二十絃箏による特性的な音楽、管、弓奏弦（チェロ、バス）による持続音と、撥弦（同じくチェロ、バスと二十絃）のリズムの対比が興味ぶかく聴かれた。長沢勝俊「五つの小品──錦木によせて」はハープによるロマン派小曲の趣をもつが、野坂がこれを奏出する優美さは格別で、満席以上の聴衆をもっとも楽しませたのはこの曲であった。

最後に三木稔（日本音楽集団の中心的存在である）の「相聞II」が日本合唱協会のコーラスとわずかに電気的に増幅された二十絃箏によって演奏されたが、ここでは簡素で無駄のない、しかも力強い箏の語法が三木のこの分野への年輪を思わせた。

1973/06/13

規模を縮小した現代音楽祭

現代音楽実験コンサート

一九七三年六月八日◎東京ゲーテ・インスティトゥート

東京ゲーテ・インスティトゥート主催の第四回現代音楽実験コンサートが八日、同所で開催された。所長ケルロイター氏の夫人マルガリータ・シャックはすぐれた歌手で、彼女の独唱で三つの曲が日本初演された。西独で活動中のギリシャ人クナディス「三つの詩」（ピアノ伴奏ボルン）、ケルロイター「無題」（無伴奏）、松平頼暁「Substitution」でいずれも一九七二年作の前衛的・実験的傾向の強いものだが、クナディスは叙情性と広々した空間を、ケルロイターでは異常な長さの沈黙と短く鋭い声の対比が永遠と現実の対位法を感じさせた。また松平では母音と子音の、発想上の、その他諸要素のさまざまな次元での「置き換え」の複雑きわまる仕掛けが、結構感覚的に楽しめた。

さて、東京ゲーテ・インスティトゥート（本部ミュンヘン）は六七年度から昨七二年度まで六回にわたり大規模な「日独現代音楽祭」を主催してきた。今年それが中止され、上記の小規模な実験コンサートのシリーズに代わった。

一方、アメリカ文化センターはやはり六七年度から、これも大規模な「クロストーク」なる前衛音楽の祭典を主催してきたが、これは七一年六月限りで打ち止めとなった。この両者が二月に開かれると、以前からの日本現代音楽協会の「音楽展」とかち合い、東京の二月は現代音楽月間の観を呈したものだ。

しかし前記のように、今年二月は外資系の総引き揚げのため、いわば民族資本（現音は文化庁後援）のみ、ややしょんぼりと残った形になった。かくて東京の二月が現代音楽の熱気渦巻く季節であったのはすでに過去の歴史となった。それは六七年から七二年までの六年間であり、中でも六九年から七一年までがそのクライマックスであった。

外資系が手を引いたのにはいろいろ理由があろう。日本ごとき経済大国よりは他のアジア・アフリカ諸国の文化援助を当然とする考え方もあるだろう。しかしその背景には、今日ヨーロッパの前衛作曲家の間で、いわゆる現代音楽祭が必要かどうか、その存在理由が改めて問い直されている事実をあげねばなるまい。

今や一昔前の前衛、ベリオ、シュトックハウゼン、ブーレーズらの作品はふつうの音楽会や音楽祭に組み込まれ、今日の前衛はもはや音楽会向けの作品は書かず、未来を指向する総合劇場や、街頭の人混みや洞くつで演奏するために音楽を作る。したがって、ふつうの音楽会の寄せ集めにすぎぬ現代音楽祭の存在理由は、はなはだ希薄なものになりつつあるのだ。

1973/07/07
選曲に微妙な配慮
ジャック・カスターニェのフルート独奏会

一九七三年七月四日◎郵便貯金ホール

フランスのフルート奏者、ジャック・カスターニェを聴く（ピアノ江戸京子）。彼は今年五一歳、これまでに二回来日（六三年、六七年）しているが、二回ともパリ木管五重奏団のメンバーとしてであり、今回はまったくのソロの音楽会である。カスターニェというとまずレコードでの演奏を思い出す。それはシェーンベルクの「ピエロ・リュネール」で、ブーレーズが指揮し、ピラルツィクが歌い、各国の賞をとった名盤だったが、カスターニェはフルートとピッコロを受け持ってクールな感覚と鋭い切れ味を見せ、聴きごたえがあった。しかしあれは一〇年以上前の録音であろう。

今回のプログラムはバロック（ヴィンチ、バッハ、ヘンデル）と古典派（といってもモーツァルトの少年期の作）のほとんどソナタばかりで占められていたが、選曲には微妙な配慮があって、純粋にバロック音楽の厳しさや古典音楽の格調の高さと正面から対決せねばならぬような曲目は避けられていた。バッハの変ホ長調ソナタがピアノの好演と相まって快い合奏を展開したが、この曲は今日ではバッハの真作かどうか疑問とされ、そのやわらかい楽想は前古典期の多感様式に近づいている。またモーツァルトの三曲のソナタ（K一三、一四、一五）もすぐれた演奏でおもしろく聴いた。これらは八歳のモーツァルトが旅行先のロンドンで作曲したピアノとヴァイオリンのソナタが原曲で、近年スイスのフルート奏者ヨゼフ・ボップがピアノの右手をフルートに移すなどたくみにアレンジしたため、にわかにフルーティストたちのレパートリーとして脚光を浴びるようになったものである。だが、神童の作とはいえ、ロンドン到着後聞きおぼえたクリスティアン・バッハなどの大人の音楽を臆するところなくとり入れたその作風は、効果的な編曲と相まって、やはりバロックと古典派の谷間の多感様式を示している。このように、まだ形式が整わないのにロマン的な情感のひらめきが各所に見られるような音楽でカスターニェが好結果を示したのは、彼が以前から現代音楽を多く手がけて来たことと無縁ではなかろう。

バッハの無伴奏ソナタからのサラバンドやヘンデルのヘ長調ソナタなどでは、音色が以前にも増して乾き気味であること、音量も豊かとは言えぬこと、高音域の輝きに乏しいことがわざわいして、だいご味にひたるところまではいかなかった。

1973/08/04
知的だが緊張の連続
ルードルフ・ケレル

一九七三年八月一日◎東京文化会館

ルードルフ・ケレルという、ソ連から初来日したピアニストを、てっきり新人と思って聴きに行ったらもう五〇歳に手のとどく年ごろで、頭には白いものがまじっていた。しかしこの人は三八歳で全ソビエト・ピアノ・コンクールに初出場、優勝したのが音楽界へのデビューなのだそうだ。どうしてそうなったかというと、彼はグルジヤ共和国トビリシの音楽院在学中に第二次大戦となり、ひとたび音楽を断念、戦後は中学の数学教師をしていたが三一歳で今度はウズベク共和国タシケントの音楽院に再入学し、ついに初志を貫徹して今日ではソ連有数のピアニストと認められ、モスクワ音楽院で教え、国際的にも活躍している。もともと才能に恵まれた人なのだろうが、ここまで来るのは並大抵の努力ではなかったろうと想像される。

演奏には強い意思力と知的な把握が感じられ、リラックスのない緊張の連続という趣が強かった。テクニックは抜群で修行の長期中断など少しも気づかせないのはさすがである。曲目がモーツァルトトのイ短調（K三一〇）、ベートーヴェンの「月光」、プロコフィエフ「第三」、リストのロ短調と、ソナタばかり、それも短調の曲ばかり四曲ならべたところがいかにもこの人らしいと思った。

中では最後に演奏されたリストの大曲が圧巻だった。この曲のようなロマン的、散文的（むしろ断片の集積）な音楽が彼の資質に合っているのは明らかで、それに次いではプロコフィエフもすぐれた出来ばえだった。この二曲では把弦に重量感があり、独特な間《ま》の取り方もよく生きて、説得力のある演奏だった。

しかし、この人は音色に深みと変化が乏しく、また緊張のあまり小部分の加速が過多で、時に聴き手をいらだたせる。もう少し安定した拍節感、一定した速度感が持続してくれないと真の陶酔や感動を呼び起こすのは無理だ。生まじめで、張りつめすぎていて、遊びの魅力を楽しむ境地にまで至らないのかという気がした。

曲目の前半、ウィーン古典派の二曲にこの欠点がとくに目立ったのは当然である。断っておくが筆者はケレルにドイツ式の紋切型リズムを期待しているのではまったくない。ドイツ音楽とロシア人の音楽性はたしかに異質だが、今日では世界各国の新進の才能と個性が独特のベートーヴェン像を描いて妍《けん》を競っている。ケレルにはむしろグルジヤ出身の独自性をもっと積極的に押し出す方向に突き抜けて欲しいと思った。

1973/08/29
音色に澄んだ叙情
ディモフ弦楽四重奏団

一九七三年八月二三日◎東京文化会館

今年の八月は東京でもいくつかの聴き逃せぬ音楽会があった。月はじめのソ連のピアニスト・ケレル、若いオーボエ奏者・宮本文昭のデビュー・リサイタル、そして最近のディモフ弦楽四重奏団。その「ブルガリア国立」の肩書をもつ団体の第三夜の曲目はベートーヴェン（作品一八の三）、ラヴェル、バルトーク（第二番）の三曲だった。

ディモフ、トモフ、チリコフ、コゼフの四人がこの団体を組んだのはそろってソフィア音楽院学生時代の一九五六年とのこと、彼らは世代、職歴、そして当然のことだが音楽活動の経歴をほとんどまったく同じくしている。これほど「等質的」なグループは珍しい。ふつう弦楽四重奏団はもう少しさまざまな個性の寄り集まりだったり、十数年間にはメンバーの入れ替わりもしぜんに起こったりするものだが。

バルトークの第二楽章の民族舞曲ふうの音楽がすばらしい出来であった。終楽章のレントも良かった。アンコールにシューベルトの「死と少女」のスケルツォ楽章が演奏され、これもよかったので、シューベルトやハイドンをもっと聴きたかったと思った。ラヴェルは力演で立派だったが、その官能的な音色美をじゅうぶん楽しませるには至らなかった。リズムがやや重いせいだろう。ベートーヴェンは初期の作とはいえ、ポリフォニー（多声書法）のかみ合いから来る緊張がもっと表現されてしかるべきだと感じた。

つい先ごろやはりブルガリアから来日したカザンジェフ指揮の弦楽合奏「ソフィア・ゾリステン」の時にも感じたが、この国の音楽家の音色はスラヴ人とは思えぬ明るさと澄んだ叙情を感じさせる。「ディモフ四重奏団」では第一ヴァイオリンのディモフにまさにその好ましい特質が集約されていた。

ところで彼らの演奏一般をふりかえってみると、ホモフォニック（和声的）でリズミックな音楽ではなかなか聴かせるが、ポリフォニックな内容的な音楽では退屈になってしまうのはどうしてだろうか。一つには彼らがあまりに「等質的」だからかもしれない。第一のディモフはたしかにいい技術と音楽性の持ち主で、音楽を内面的にとらえようとしているのはよくわかるが、仲間をぐいぐい引っぱっていく迫力に欠ける。それとチェロのコゼフがたまたま調子がよくなかったせいか音程が時折気になったが、ともかく将来の成熟が楽しみな弦楽四重奏団である。数年後にまた聴いてみたい。

1973/09/29

血肉と化している伝統的ドイツ様式

アンネローゼ・シュミット・ピアノリサイタル

一九七三年九月二三日◎東京文化会館

ドイツ民主共和国（東ドイツ）との国交樹立記念第一回文化使節として来日した、美しいブロンドのピアニスト、アンネローゼ・シュミット女史を聴く（主催朝日新聞社）。ベートーヴェンの作品一一〇番のソナタ、シューマンの交響的練習曲、プロコフィエフの第三ソナタ、ブラームスの第三ソナタという重いプログラム、その夜は五日以来の一二夜にわたる日本各地での彼女の演奏の最後の夜だった。

ドイツのピアノ演奏の伝統的な様式が、きびしい鍛錬によって完全に彼女の血肉と化している。といってけっして古くさい感じはなく、ロマン派の楽曲も情緒たっぷりというよりは近代的にキビキビと弾き上げてしまうが、音そのものはじつにどっしりとドイツ的であり、低音がいつも豊かに響いて音楽の土台を形成するあたりが、ドイツのオーケストラとまったく同じ音色であり感覚である。とくにブラームスの演奏にそれが強く感じられた。

ふと女性らしい叙情をのぞかせる瞬間もあるが色気には程遠く、あくまで堅実そのもの、時に気張りすぎのかたいリズムも気になったが（アンコールのショパンの「革命」エチュードなど）、安定したスタイルを終始くずさず押し切ったのはさすがである。

ベートーヴェンはこの曲に特有の端正な形式感と即興性とを程よく両立させ、とくに二回目の「嘆きの歌」から倒立形のフーガにかけての流れはみごとで説得性があった。シューマンは過去の大ピアニストのような陰影の濃い夢みるような演奏とは正反対の、ひたむきで健康なシューマンでとくに和声の微妙な変化が少しももやもやせず、明晰そのものであったことと、フィナーレでのテンポの大胆な変化などに現代感覚を見せていた点が印象に残った。ともあれ、彼女の演奏に東ドイツの楽人としての特色を求めるなら、このシューマンに最も集約的にあらわれていたと思う。

プロコフィエフの第三ソナタは休憩の前に一気に弾かれた三曲の最後ということもあって意外と平凡に終わり、演奏会後半の大曲ブラームスは前記のようにあくまでがっちり構築されて破たんを見せず、伝統の中での年期の入った修行をばっちり見せつけられた感じだった。

西の新人たちの輝かしい音色への感覚や自由奔放な個性に対し、そういう速効性の利かぬ定石のみで勝負してこれだけ聴かせた彼女に拍手をおくる。

1973/10/20

貴重な伝統的風格

ドレスデン国立歌劇場管弦楽団

一九七三年一〇月一六日◎東京文化会館

東独ドレスデンの国立歌劇場管弦楽団が初めて来日したので、その初日を聴きに行った（指揮クルト・ザンデルリンク）。その正式名称、シュターツ・カペルレ・ドレスデンからも想像がつくのだが、楽団の前身はザクセン王国の宮廷礼拝堂の音楽団で、その創立はいまから四二五年前という気の遠くなるような話、何しろ創立時の指揮者はマルティン・ルターの友人のワルターだった。楽団はドイツ音楽史とともに歩んできたと言ってもそう大げさではない。ウェーバーもワーグナーもここの学長だったことがある。

このオーケストラが保持している伝統的な風格は、今や地上にただここだけという貴重なものではなかろうか。ドレスデンにくらべれば、ベルリン・フィルは言うまでもないが、ウィーン・フィルさえも近代的な響きになっているのに気づく。元来がオペラのオケということもあるが、金管が少しも騒ぎ立てず、地味にずっしりと合奏のしんを作り、ホルンなど昔の教科書通り、木管によくとけ合う音色と音量で鳴る。近ごろの明るく鋭く派手な金管とは全くイメージがちがう。

弦はヴィブラートの少なめな純粋な音で、じつに狭い音程でピッタリ合うし、木管のハーモニーもすばらしい。ただ、木管には近代的な機能主義のタフな面が不足なようで、昔ながらのデリケートさとともに蒲柳《ほりゅう》の質も受けついでいるように思われた。現在常任指揮者不在だそうだが、この楽団としんからウマの合う指揮者には歴史上の人物でも蘇生させるほかないのかもしれない。

ワーグナーの「マイスタージンガー序曲」の落ち着いた堂々たる演奏に始まり、つづくベートーヴェンの「第八」は緊張感にみちた力演だった。しかし筆者は「第八」ではもっとふっくらと柔らかくやってこそドレスデンのほんとうの良さが味わえたのではなかったかと思う。ザンデルリンクは力の人である。優雅な四輪馬車を軽やかに走らせたいのに、これでもかと鞭を加え、要らぬ砂ぼこりを巻き上げて全力疾走させせた感があった。

四管編成に増強してのブラームス「第一」はさすがに立派であった。輝きや音量ではこれに勝る演奏もあろうが、清潔な音と格調高い奏法で、内からじわじわ燃焼してくるような演奏だった。しかしアンコールにひかれたウェーバーの「オベロン序曲」はじつに魅力的な演奏で、ウェーバーの劇音楽への天才をこんなにはっきり示した演奏は聴いたことがない。まさに歌劇場弦楽団の本領を、そしてウェーバーの精神が今日までも脈々とこの楽団に伝わっていることを示す好演であった。

ともかく、ドレスデンにこのような古典の香り高い演奏様式が残っていたことには驚くが、今後東西の交流がますます盛んになってくると（来日もその一環だ）、この純粋さはいつまで守り通せるだろうか。

1973/11/10

手すきの紙に似た伝統的香りの良さ

ベルリン弦楽四重奏団

一九七三年一一月七日◎立川市社会教育会館

初来日のベルリン弦楽四重奏団を聴いた。これはドイツ民主共和国（東ドイツ）の団体で、ベルリン国立歌劇場管弦楽団の首席奏者四人により、八年前に組織されたという。じつにすぐれたアンサンブルであり、音楽であった。

われわれは、このような音と演奏様式の弦楽四重奏をこれまで聴いたことがあったろうか。その演奏ぶりは先ごろ来日した、やはり東ドイツのドレスデン国立歌劇場管弦楽団の典雅な持ち味をもっとつきつめ、純粋にしたとでもいったらよかろうか。西側にはもう絶えて残っていない、また同じ東でも、早くから西の諸国と交流のあった地域からはもはや失われつつある伝統的な香りが、東ドイツにだけ保持されているのだ。そのことをドレスデンのオケとベルリン弦楽四重奏団は、はっきり教えている。平たく言うなら手すきの紙や繊細な竹細工にしか見られない良さがそこにある。

近年のアメリカを中心に活動している弦楽四重奏団にありがちのガッとかキーとかいう音とは

まったく縁のない、しっとりぬれた柔らかい、肉感的な音で彼らはハイドン、モーツァルト、ベートーヴェンをひいた。筆者はふと往年のSPレコードのレナー・クヮルテットの甘美な音色を連想した。

しかし音楽の作り方はけっしてロマンティックな、古くさいものではなく、テンポ感やリズム感は現代的である。そして、他の大方の弦楽四重奏が陥っているシンフォニックなダイナミズムも鋭角的なアクセント、金属的な音色（それらの典型はアメリカのジュリアード・クヮルテットに見られる）を注意深く避けて、擬古典的な独特な演奏方式を彼らはうち立てている。いったいに大きな音ではないが、弱音の美しさは格別であった。

第一ヴァイオリンのズスケの音楽性、技術、統率力のすぐれているのは疑いないし、他の三人も美しい音と確かな腕の持ち主である。当夜の曲目中、最初のハイドン（作品三三の二、「冗談」）では素朴で大らかなハイドンを聴かせたが曲尾の、テーマを切れ切れに出すユーモアにはもう一工夫欲しいところ。次のモーツァルト（K四六五、不協和音）では巧まずして優雅さがにじみ出たし、最後のベートーヴェン（予定が変わり「ラズモフスキー」二番）では力にも構成感にも欠けない好演だった。

ともかく、今年度の外来の室内楽の中で屈指の実力者だ。なじみのうすい会場まで出かけて行って良かった。

1973/11/28
荒っぽさ残るが伸び伸びと演奏
ウィーン八重奏団

一九七三年一一月二二日◎NHKホール

ウィーン八重奏団の初日を東京・渋谷のNHKホールで聴いた（ベートーヴェン「七重奏曲」、シューベルト「八重奏曲」）。

クラリネット、ファゴット、ホルンにコントラバスをふくむ五人の弦という編成、第一ヴァイオリンのフィーツが大きな身振りと一人だけ目立つ音色、そして幾分荒っぽい引き方でぐいぐいとリードしていく。昔のウィーンの室内楽に特有の、古風でしっとり落ち着いた味はもはや感じられない。この団体が一九四七年に結成された時は全員ウィーン・フィルのメンバーだったが、今では当時のメンバーは三人残るだけ、フィーツやチェロのミハイはウィーン・フィル団員ではない、ウィーンの音楽も変わってきた。

だが各人が伸び伸びと音楽し、互いに他を聴き合って室内楽を楽しんでいる雰囲気は良いものだ。アメリカの室内楽は目に見えぬところにトスカニーニが立っているような、寸分のすきもない合奏技術を至上とするが、それとはおよそ対極的な原則に立っている。アインザッツ（入り）の不ぞろいも気にしないし、あまり気にならない。

ベートーヴェンは手なれた合奏ぶりで往時の食卓音楽らしい楽しさにみち、さすが腕達者の集まりの貫禄を示した。長大なシューベルトは、よく、聴くより弾く方が楽しい曲と言われるが、代役のホルンがあまり好調でないこともあって退屈した。一夜にこの二曲だけ並べたこと自体にも無理がある。地方公演のプロはモーツァルトやブラームスのクラリネット五重奏曲が入るなどバラエティーに富んでいる。東京公演だけに七、八人編成の大味な曲に限ったのが、もし四千人の大ホールを意識してのことなら誤算であろう。五人が八人になろうとしょせん、室内楽に変わりはなく、この、おそらく二〇万立方メートル前後の大空間をじゅうぶんな音のエネルギーで満たすことは室内楽では到底、不可能だからだ。

筆者は前から五列目に陣どったが、何しろ各奏者から出てくる音たちが数十メートルの空間をかけ抜けて吸音材料の中に潜り込んでいくそのついでにこちらの耳をサッとかすめていく風情で、手ごたえのないことおびただしい。室内楽らしい響きはついに聴けなかった。

だからその夜のＴＶ（ベートーヴェン）と二五日夕のラジオ（シューベルト）でやっとウィーン八重奏団のアンサンブルの作り出すハーモニーを聴いたという実感を味わった。中、小ホールで五重奏やディヴェルティメントが聴ける地方のファンが羨ましい。

1973/12/15

東洋的情趣のユン作品

20世紀の音楽をたのしむ会

一九七三年一二月九日◎東宝ツインタワービル

「20世紀の音楽をたのしむ会」の公演を聴く。入野義朗、戸田邦雄、三谷礼二らを世話人とすることの会も今年で六年目、会場は渋谷の喫茶店ジローから出発してあちこち動いたが、昨今は東京・日比谷の東宝ツインタワービル地下三階の、一種の雰囲気のある場所に落ちついている。

九日夜の曲目は韓国出身でドイツ在住の長いユン・イサン（尹伊桑）の「ガラク」、二年間のポーランド留学から最近帰った七ツ矢博資の「五人の奏者による音楽」、シュトックハウゼンの「シュティンムンク」の三曲だった。

野口龍のフルートと高橋悠治のピアノで演奏されたユンの「ガラク」は、旋律の展開にポイントのおかれた音楽（題意はふし）であるが、東洋の情趣と西欧の現代感覚、技法とのごく自然な溶け合いが感じられた。日本人の作曲家でやはり滞欧年数のひじょうに長い篠原真の音楽でもそうだが、この人たちは作曲様式の上ではほとんど現代の西欧派と区別がない。だが最後の一点できわめて東洋的なのである。美術界にはすでに多くの先例があるが、作曲界にも在欧米の東洋人やその二世の創作が次第にふえて来た。ユンはその先駆者的存在である。

七ツ矢作品は前記の二人に増田睦美のソプラノ、黒澤勝義のホルン、西内荘一のチェロの加わった五人で演奏された。ワルシャワの現代音楽団体から頼まれた新作で、ソプラノの絶叫に始まって終わる間、各楽器にも極限の音域や極端な奏法が要求され、音の運動エネルギーの白熱が快いが、中間部ではしばしば静寂な叙情が流れる。今年度の室内楽の収穫の一つと言える。

さて、唐津東流ほかの六人の声楽家によって約一時間かけて演奏されたシュトックハウゼンの「シュティンムンク」(調律、気分の二義を兼ねる)は極めて特性的な合唱音楽で、ハーモニーはほぼ、自然倍音列の低次の協和音に限られて単調なのだが、発音上は国際音声連盟の音標文字による二一個の母音を駆使してあらゆる音色的発想を要求し、これに見合う全世界の大小の教祖名の呼称などがからむ。全体が弱音で歌われ環境音楽の性格が強い。演奏は一応、曲の特質をよくつかみ、そのおおよその気分を伝えるのに成功していた。だが、作曲者の要求する発音上の彫りの深さ、それが結果する真に多彩な音色変化は聴けなかった。それは、われわれの顔がノッペリしているのに似て、われわれの日常語のニュアンスがいかにも微妙に淡いことから来る宿命的な距離であろうか。

1974

1974/01/26

「一方通行」改革の実験

高橋悠治ピアノ演奏会

一九七四年一月二〇日◎日生劇場

「高橋悠治ピアノ演奏会」が「日生劇場音楽シリーズ第九一回」として催された。

曲目はバッハの「二声のインベンション」全一五曲に始まり、一柳慧・近藤譲・クセナキス・武満徹・湯浅譲二のそれぞれ一九七二年と七三年の作品がつづくという変わったもの。

高橋みずから「このプログラムはピアニストの耳と手の訓練のため、また作曲家を多様なモデルにしたしませるために選ばれた、演奏ではなく、練習である」と解説している。これはわかりいい文章ではないが、たとえばつい先日、ある合唱団の演奏会で高橋の新作が発表された時に彼自身が書いた次の解説とならべると、彼の意図もいくらかわかってくる。そこには「この音楽はひとにきかすための演奏会用作品ではなく、かんたんな準備でだれでも参加することのできる教育用音楽をめざしている」とあった。

今日、脱演奏会的な試みはいろいろなされている。しかし、たとえば遊歩音楽会のような形式的な変革によっても、演奏家と聴衆との間の一方通行的な送り手・受け手の関係は解消しない。彼はこうした固定的な関係（それは音楽教育の場にもある）を形式によってではなく、より深いところから改革しようと考えているように見える。もしそこに居合わせる人みなが、何らかの意味で創造的な活動に参加できるような状況を作り出すことが目標であるなら、「ピアノ演奏会」の看板や優雅な劇場と、彼の行為とが一見いかに不似合いであろうと、一向に意に介する必要はないことになる。

ともかく「だれでもつかえる習字の手本のようなものである」インベンションは、ふつうの印刷楽譜の順序とも、またバッハの原配列（息子フリーデマンの「ピアノ帖」における）とも異なる、独自のシンメトリカルな配置により「一様にみえる全体から細部をとり出す練習」として思いがけぬ姿をわれわれの前に開示した。

この二声部のポリフォニーに対して、クセナキスの「エヴリアリ」は一〇本の指にそれぞれ独立したリズムが与えられ、また全体が強烈なリズムで鳴動する未曾有の難曲と見受けたが、およそ対照的なバッハとクセナキスが、当夜の全曲目の中できわ立って、がんこに、鍵盤によって思考され、もっぱら鍵盤のために作曲され、それ以外にはまったく不向きな音楽であった。日本人諸氏の曲はそれぞれすぐれた音色と趣向にみちていたが、その点がB氏、X氏とまったくちがっていたのが印象的であった。

1974/02/06

鍛え抜かれた歌唱力

長野羊奈子独唱会

一九七四年二月三日◎東京文化会館

「長野羊奈子独唱会――シェーンベルク生誕一〇〇年記念――」を聴いた。歌われたのは二つの大曲、すなわちシュテファン・ゲオルゲによる「空にかかる花園の書」より一五の詩（作品一五）と「月に憑かれたピエロ」（作品二一）で、前者は小林道夫のピアノ、後者は若杉弘指揮の室内楽が協演した。

一昔前ほどではないが、シェーンベルクは今日でもまだけっしてポピュラーな作曲家ではない。その音楽史的意義――おもな点は、作曲は長調や短調の音階によらずとも可能なことを立証したこと――は知られていても、作品はひろく味賞されているとは言えぬ。今年は生誕一〇〇年ということで、初演をふくむ多くの上演企画があると聴くが、この夜はそれへの実り多き、幸先よき皮切りとなった。

「空にかかる花園の書」（一般には「架空庭園の書」）は、オリエントの宮廷の異国情緒をまとった、しかし詩人の内部世界に深く沈潜した、世紀末的ふん囲気の濃厚な詩にシェーンベルクが無調的な音楽をつけたもの。

　長野羊奈子は鍛えぬかれた歌唱のテクニック、目を閉じれば日本人とは思えぬドイツ語、知的な構成、そして何より豊かな音楽表現でじつに内容の濃い歌を聴かせた。小林道夫のピアノもまたこの音楽の集中度、凝集力の強さをこの上なく表現した。元来、この二人はすでに四年あまり前にこの曲をレコーディングしており、そのころステージにもかけたことがある。当時の協演ぶりに見られたひたむきの激しさはその後の年月の間にほどよく発酵して、声と弦の触れ合いはより微妙に、多彩に、高く低く空間を満たした。長く記憶に残る名演だった。

「ピエロ」は演じる側にとっては難曲だが、聴く側にとっては前者よりはるかにわかりやすく楽しい音楽である。原詩はベルギー人のジローのフランス語の詩（シェーンベルクの作曲はそのドイツ語訳）で、やはり世紀末的な不気味な幻想を描くが、要するに昔のイタリアの即興芝居に登場する人物たちの悪ふざけで、度はずれたユーモアさえとび出す。長野がこの曲を歌い、語るのを聴くのははじめてだが、若杉の指揮、野口（フルート）、村井（クラリネット）、植木（ヴァイオリン）、松波（チェロ）、徳丸（ピアノ）の好演に支えられた格調の高い「ピエロ」だった。しかし、もう一歩「あく」の強さや羽目を外した冗談の領域に踏み込んでもよかったのではないかと思った。

1974/02/20

華やかな技巧と見事な歌いぶり

ポール・トルトゥリエのリサイタル

一九七四年二月一七日◎日生劇場

ポール・トルトゥリエのチェロリサイタルを聴く(ピアノ岩崎淑)。

カザルス、シゲティのなきあと、弦楽ソロでこれだけ感銘を与え得る演奏家は少なくなった。若手の中には、テクニックでは彼より恵まれた資質の持ち主がいるかもしれない。しかし求道者を思わせるきびしさと、客を楽しませる音楽家気質を兼ねそなえた幅のひろさにおいて、彼をしのぐ人物は容易に見いだせまい。

今年六〇歳のトルトゥリエはパリに生まれ、長年フランスで活躍したが、二年前から北ドイツのエッセンに居を移した。その理由はつまびらかでないが、演奏ぶりが純ラテン的な感覚性よりは内部から湧き出る情熱と堅固な構築性に重点があるように思われることと無関係ではあるまい。ちなみに、彼は作曲家でもあり「イスラエル交響曲」ほかの大作が何曲かある。

当夜の曲目はまずチェロの学習者なら知らぬ者のないサンマルティーニのト長調ソナタの、微妙に陰影づけされ、しかも柄の大きな演奏で始まり、至難なシューベルトの「アルペジョーネ」ソナタでは、ボーイングの巧妙さに物をいわせたみごとな歌いぶりと、ほとんど協奏曲のスタイルを思わせる華やかな技巧で、些細なきずを物ともせず押し切った。フィナーレをゆるやかなテンポで始め、急速なハンガリーふうの副主題との対照を鮮明に表出した工夫もよく生きていた。

曲目の最後に置かれたラフマニノフのト短調ソナタは当夜の白眉だった。この作曲家らしくピアノ・パートがぎっちり書き込まれた曲だが（岩崎淑の好演）、各楽章にはチェロならではの絶唱型の旋律が配されている。トルトゥリエはそれらスラヴふうの叙情を大らかに歌い上げ、各所に挿入されるサロン音楽ふうの軽いパッセージでは変わり身の早さを見せピアノとの対話を楽しんでいた。

小品ではグラナドス、ニン、サラサーテのスペインふうの小曲で技巧のさえを示したが、予定の曲目が終わったあと、彼は驚いたことに八曲ものアンコールを嬉々とした態度のうちに堂々とひいてのけた。それはウェーバーの「アダージョとアレグロ」に始まり、バッハの第三組曲のプレリュード、第六組曲のガボットをふくむさまざまな性格の、硬軟とりまぜた難曲ぞろいのプロで、たんなる礼奏の域を超えていやが上にも彼の実力——尽きることのない音楽的燃焼力とでもいうか——を思い知らされた。

1974/03/09

心の通い合う和やかな響き

国立ハンガリー交響楽団

一九七四年三月五日◎東京文化会館

初来日の国立ハンガリー交響楽団の初日を聴く。

楽団の創立は一九二三年、指揮者ヤーノシュ・フェレンチクはブダペストを中心に戦前から活躍している六七歳のベテランで国立歌劇場とこの楽団の総監督。国際的にも知られている。

第一曲、ウェーバー「魔弾の射手」序曲。へき頭からじつに親しみ深い、なごやかな響きが、いかにもあの美しく人情の厚い都会からやって来たオーケストラであることを思わせる。もっと鋭い音や輝かしい音の出る楽団は他にあるだろうが、飾らず、気取らず、気張らずに語る彼らの言葉には、内からにじみ出る説得力がある。それに、れっきとしたプロなのに初々しいまでの真摯な演奏ぶりが、最初の一曲で満席に近いファンの心をしっかりつかんだ、と見た。弦のパートには女性のメンバーがかなりいるが、これがまた美人ぞろい。

第二曲、バルトーク「第三ピアノ協奏曲」、独奏はごく若いジュラ・キッシュ。マジャール（ハンガリー）音楽に特有のアクセントを明確に奏出しながら、難所も端然と乗り切り、第二楽章でのモーツァルト的な清澄さと叙情性の表現もよかった。その中間部のスケルツォふうの楽想の部分と第三楽章をあのようにおもしろく聴かせた功績の大半は、しかしフェレンチクの老練な指揮に帰すべきだろう。この曲はたしかにピアノ文献の中で特殊なものではあるが、キッシュのすぐれた音楽性と技術はじゅうぶんうかがえた。

第三曲はバルトークの「管弦楽の協奏曲」。はじめのうち、なぜか乗っていないようだったが次第に調子が出て、第四楽章のショスタコーヴィチの一節を模したといわれる部分のユーモラスな感じは秀逸、とくに終曲は力と輝きにみちた、けんらんたるもので、弦の合奏力と金管の威力が物を言った。

アンコールが二曲あり、まずコダーイの組曲「ハーリー・ヤーノシュ」からの「間奏曲」では民族舞曲のリズムを奔放自在に奏いてのけ、ついでいっそうポピュラーなベルリオーズの「ハンガリー行進曲」の陽気な響きで、彼らの初公演の幕は閉じられた。ハンガリーの楽団というと、すぐジプシーふうの派手な演奏を思う人がいるかもしれないが、この国の古典音楽の伝統は古く、彼らの演奏様式はしごく正統的なものである。ともあれ、アンコールをしない気位の高いオケ、とりすましたオケ、評判だおれのオケ、といろいろ来日した中で、温かい音楽でわれわれと心の通い合ったオケ、としてながく記憶に残るであろう一夜だった。

1974/05/29

深み増したベロフ

新日本フィル定期演奏会

一九七四年五月二四日◎東京文化会館

フランスの若いピアニスト、ミシェル・ベロフが、一年半ぶりに二度目の来日中である。秋山和慶指揮の新日本フィルハーモニー交響楽団第一九回定期で、メシアンの「異国の鳥たち」とストラヴィンスキー「ピアノ協奏曲」を弾いた。

ベロフは七年前、一七歳の時にフランス西海岸の町ロワイヤンで開かれたメシアン作品のみのピアノ・コンクールに出場して優勝、一躍名をあげたことはよく知られているが、それより数年前のほんの少年時代に、メシアンの前でその難曲「幼な児キリストに注がれた二〇のまなざし」を弾いてのけた、という逸話の持ち主である。今や、音の天才少年はすぐれた青年芸術家に成長している。

ベロフの身上は何といっても独特な鋭い感覚とそれを音で表現するのによく適合した、完璧なテクニックを持っていることだ。あの高音部のキラキラした輝きは天下一品で、それは前回にも聴けたが、低音の、重くはないが、つやと張りのあるピーンという響きは、今回加わったものではなかろうか。リズムは正確で美しく、ニュアンスはこの上なく細やかで、そうした彫りも前回より深くなったと思う。

メシアンの「異国の鳥たち」(フランス以外の国の鳥の鳴き声ばかりをモチーフにした特異な音楽)では、もはやメシアンのスペシャリストというレッテルを忘れさせるに足るに自由な、のびのびした演奏の中に前記の特色がよく生かされ、軽妙なユーモアさえ感じさせた。管楽器と打楽器を主とするオーケストラの、時にグロテスクなまでに誇張された特異な表現を秋山と新日本フィルのメンバーは巧みにとらえ、よくベロフと対照をつくり、かつ支えていた。

擬バロック的なストラヴィンスキーの「協奏曲」は、ベロフ自身、小澤の指揮するパリ管とレコーディングしている曲なので大いに期待して聴いた。一九二五年という、前進しようとする力と後へ引き戻そうとする力の相争っている時期の特質を示すこの作品を、ベロフはむしろ淡々と、音楽構造に即した感覚の遊びとして表現した。この曲も管弦合奏が伴奏するが、全体としてベロフにかぶり気味で、細部のニュアンスが不明瞭になったのは残念だった。ベロフの音量は意外と大きくないのだ。

他にモーツァルトの交響第三二番ト長調とベートーヴェンの第四交響曲(好演)があった。秋山和慶の進境は特筆に値する。

1974/05/30

工夫された演出 三舞踊家も好演

ストラヴィンスキー「兵士の物語」

一九七四年五月二七日◎西武劇場

ストラヴィンスキー「兵士の物語」の舞台形式上演を見る。

その前にジョリヴェ「フルートと打楽器の演奏会用組曲」が上演されたが、小出信也を囲むように四人の打楽器奏者、荒瀬順子、岡田真理子、吉原すみれ、高田みどりがそれぞれ数種類ずつの楽器と撥《ばち》を駆使して大活躍、と書くといかにもにぎやかに華やいだステージが想像されようが、曲はごく渋く、打楽器たちは、さまざまな音色で打ち込む点や、かそけく震動する持続の厳密な規定を守るのにいそがしい。女性らしい繊細さはよく出ていたが、もう一歩踏み出した自由さも欲しかった。その座標の上をゆうゆうと泳ぐ小出の笛はジョリヴェ特有の語り口をよくとらえて好演。

さて「兵士」(三谷礼二演出、秋山邦晴訳詞、厚木凡人振り付け、石岡瑛子美術、指揮なし)は大いに楽しい観物であった。まずは三人の舞踊家に拍手をおくらねばならない。厚木凡人の悪魔の、兵士への「作用」の機能的な美しさ、小川亜矢子の王女の不安と喜び、そしてやさしさの背後にさえ感じられる造型的な確かな手ごたえ、橋本政奉の兵士の、その宿命的な肉体人間のタフさ、悲しさ、おかしさ。

三上寛の語り手、串田和美のせりふ役はともに異色の配役だが、演技をふくめ違和感なくとけ込んでいた。元来「読まれ、演奏され、踊られる」というのが「兵士」の副題で、その三者が西欧ではいずれも様式化されていることは、たとえばジャン・コクトー朗読、マルケビッチ指揮のレコードで明らか。だが日本訳では「読まれ」の処理が常に最大の問題点となる。十数年前になるが、岩城宏之リサイタルでの観世栄夫の語りが、最後に謡曲のリズムに結晶した忘れ難い瞬間もあったとはいえ（またごく最近、なにわぶしを援用した試みがあったと聞くが）、この夜は上記の配役を得てくだけた現代語が（最後に文語調でアクセントをつけた部分もあり）一応無難に聴けた。

演出はいかにもこの人らしい、じつに工夫され、よく働き、意外なものまで動き出したりこわれたり、そして何より音楽が絵解きのように視覚と直結した点が印象的だった。

音楽が最後になったが田中千香士、浜中浩一、山畑馨、山口進一郎、伊藤清、田中雅彦、有賀誠門のベテランが達者にこなした。だが私見ではこの音楽は大オケのミニ版なのだから、指揮者がいてもよかったろうに、と思った。

1974/06/05

完璧な合奏力示す

クリーヴランド管弦楽団

一九七四年五月二九日◎ＮＨＫホール

来日したクリーヴランドのオーケストラをロリン・マゼールの指揮で聴く。リヒャルト・シュトラウス、バルトーク、ガーシュウィンの三本立て。

興味の焦点は前回とどう変わったかにある。というのは、この楽団は故ジョージ・セルが四半世紀の長きにわたって手塩にかけ、みがき上げ、文字通り彼の楽器と化していたが、前回七〇年秋にセル自身（とブーレーズ）に率いられて来日した直後にセルは世を去り、やがてマゼールがその後をついで三シーズン目、われわれにとって、この新しいコンビははじめてなのだ。

セルの猛訓練と芸術性のおかげでこの楽団はアメリカでの超A級にまでのし上がったが、しかし、セルの演奏スタイルは両大戦間の新古典主義的な傾向の強いもので、トスカニーニ張りの一糸乱れぬ合奏と圧倒的な力感に人々は舌を巻いたが、それは演奏様式としては、やや時代おくれなものだった。

さて今回はどうか。まず、オーケストラの素材の良さと強固な合奏力が以前のまま維持されているのが確認された。これは結構なことだ。マゼールはいまだ多少しっかり行かぬ感じだが、思いのほか良かった。彼は個性が強い、というのとは少しちがう、クセのある音楽をする人だが、クリーヴランドの伝統に帳消しにされたのか、素直な今日的な感覚で音楽が流れた。セルの厳粛と畏敬は開放的な楽しみに変わった。だが曲目の選択をふくめて、多少の通俗性が加わった点は否定できぬ。この要素がこれ以上になると危険だ。リヒャルト・シュトラウスの「ツァラトゥストラ」が最初の曲目だった。音楽そのものが、ニーチェに「自由に従った」作り方ではあるのだが、多分に感覚的・官能的な面の強い演出、だがオーケストラはみごとであり、じゅうぶん堪能させられた。ただ一つ、弦楽合奏を背後から微妙に支えるオルガンが、まるきり別の方角から聞こえてくる不自然さは絶望的だったが、これは彼らの責任ではない。

バルトークの初期の作で、若さと渋さをつきまぜたような「二つの映像」をこれだけおもしろく聴かせたのはマゼールの才能である。最後のガーシュウィン「パリのアメリカ人」のリラックスした演奏ぶりはセルの時代には予想できぬものだったろう。アンコールのヴェルディ「運命の力」序曲は、二六日夜のアンコール曲ベルリオーズ「ローマの謝肉祭」とともに、完璧な合奏力を誇示した名演で、これだけ弾けるオーケストラはめったにないことを強く印象づけた。

1974/06/19

予想超える出来ばえ

東京室内歌劇場の喜劇二本立て

一九七四年六月一二～一四日◎第一生命ホール

東京室内歌劇場がサリエリの「オペラ問答」とシェーンベルクの「今日から明日まで」の喜劇二本立て初演で第六期目を好調のうちにスタートした（演出栗山昌良、指揮北村協一、若杉弘）。

サリエリ作品では作曲家、詩人、プリマドンナ、女優の四人が登場、各自が鼻もちならぬアクの強さを演じるのが見せどころ。当時のオペラ制作、とくに既製曲に替え歌をつけ、つぎはぎの一曲に仕上げる「パスティッチョ」の安易さを皮肉っているのだが（原題は「まずは音楽、言葉二の次」）、期せずして邦訳オペラでの訳詞捻出の苦肉策を地で行って秀逸。見物は大いに楽しんだが、古典派ウィーンの優雅さ（初演はシェーンブルン宮）がもう少し残せなかったものか。女声陣では荘智世恵・大川隆子（一一日所見）、男声陣では山田純彦・藤沢壮一（一四日所見）が歌も動きも達者。宮廷楽長サリエリの貫禄が再認識できたのも副産物。

シェーンベルク作品は作曲者五四歳の、生涯でもまれな順風の時期に生まれた唯一の喜歌劇。倦怠期の夫婦（とその子供）にテノール歌手とその女友達が登場、日常的な家庭危機を妻の機転でやり過ごしたあと、芸術家たちの軽薄なモダニズムを二人して嘲笑するというお堅いホーム・ドラマ。十二音技法の初期に多い同音反復がイタリア喜歌劇を連想させるとはいえ、音楽は精巧複雑でエネルギッシュ、これを軽く風刺的に演じるのは至難の業であるのに、予想をはるかに超えた出来ばえを示した。とくに夫妻の役（西義一、長野羊奈子、佐藤暉子、女声のみダブルキャスト）は連続する独特なアリオーゾをよく多彩な表情で歌い通し、早口のケンカもピッタリ息が合っていたが、これらは原語（ドイツ語）上演なればこその成功である。西は安定した歌唱で全体の流れの中心となっていたし、長野は音楽と言葉の密度で、佐藤はオペラ的な表現の自由さで印象に残った。もう一組の男女（丹羽勝海、飯田照子、岩崎純子、同前）は丹羽の抜群の声技、演技に支えられて彼らの役割を鮮明に浮かび上がらせていた。

サリエリでは極度に狭く使った舞台を、こちらではゆったりと見せ、夫の関心をひくための妻の仮装という原作モチーフを、和服への着替えや畳の間での設定や結びの日本語せりふにまで発展させたのも、いや味にならず観客をリラックスさせるに役立っていた。シェーンベルクがこれほど聴衆のすぐそばにいるのを見たのは初体験だ。生誕百年記念の催しのうちでもながく記憶に残るものとなろう。

1974/06/22

美しく響かせた平の近作

NHK交響楽団定期公演

一九七四年六月二二・二九日◎NHKホール

NHK交響楽団は六月の定期公演にA、B、C、ツィクルスとも日本人の作品を組み入れた。Aで平義久「オーケストラのためのクロモフォニー」、Bで故深井史郎「パロディ的な四楽章」、廣瀬量平「チェロ協奏曲・悲（トリステ）」、Cで石井真木「オーケストラのためのディポール」。このうち、すでに終わったAB両回について記す（指揮岩城宏之）。

深井作品の作曲年代はとび抜けて古く、昭和八年。作曲者二六歳の出世作で戦前たびたび演奏されたが、戦後はつい先年のレコード録音のみでステージ演奏はじつに三二年ぶり。ファリャ、ストラヴィンスキー、ラヴェル、バルトーク（後になぜかルーセルと変えた）のモチーフを変形引用し、その作風をもじって四つの楽章が構成されているが、けっしてナマの借り物ではなく、全体な深井の音楽になり切っていて個性的、統一的な印象を受ける。しかし戦前には題名と彼自身の解説ゆえに習作的な模索と根強く誤解され、この才人をくさらせたという因縁がある。ローゼンストックは高く評価していたそうだが。

　昔やっとこさ演奏できた曲も、今日のN響は余裕をもって楽々と弾いてのける。しかし、その清潔な、楽天的なまでに健康な演奏は、深井の苦渋にみちた自嘲、皮肉と機知、そして何よりもあのファシズムに傾斜しつつあった時期（「会議は踊る」「自由を我等に」の時代）の不安や倦怠とはかけはなれていたと言わざるを得ない。世代のちがう若い演奏家によるのだから当然かもしれないし、再び新たな誤解の中に置かれる原因は、深井作品の側にもなしとしないのであるが。ともあれ、戦前、戦中の作品の復活上演の機運がこのところさかんなのは結構なことだが、一たび断絶した伝統の再確認はけっして容易なことではないとの感想を得た。

　廣瀬作品はすでにレコードや実演でよく知られている、この分野での秀作の一つで三年前の作。新人堀了介（N響主席チェロ奏者）のソロは細心さと柄の大きさを兼ねた好演で、よく自分を生かし、かつ、この奔放自在な曲を生かすことに成功していた。

　平作品はパリ滞在八年になる作曲者の近作。一分のすきもなく精密に仕上げられた極彩色の音の織物、第七部分（コーダ）はとくに音色のフーガともいいたい独特なポリフォニーを響かせてみごとだった。書法の厳正さと感覚の純粋さは個性を超えて滞欧作曲家に共通の特質となりつつあるように感じられる。N響はここでは深井作品での違和感はなく、今日的な音を美しく響かせていた。

1974/07/24

名技生かし緩急自在に語る

東京五重奏団第一回演奏会

一九七四年七月二五日◎東京文化会館

東京五重奏団リサイタルを聴く。新たに結成されたグループの第一回公演である。五重奏団と聞くと、木管五重奏かと人は思うだろう。だが、これはクラシックとしてはとてつもなく変わった編成で、安倍圭子のマリンバ、宮島基栄のクラリネット、田中雅彦のコントラバス、野口龍のフルート、有賀誠門の打楽器（以上プログラムの順）の五人から成る。

これは楽器の制約から人を選んだグループではない。「ここ数年、偶然に共演することの多かった五人が、偶然ではなく一緒に」やることにしたと一同の名でプログラムに書いている通り、気の合ったベテランが集まってみたら、五人の楽器は以上の通りだった、ということだ。ヨーロッパあたりでは近年、こうした団体は珍しくなく、ピアノ・打楽器・トロンボーン・クラリネットの四重奏団などもある。当然、即興的要素の多い前衛的な新作や即興演奏自体が生命となる。そんな珍奇な編成の古典曲などあるはずはないのだから。

さて、東京五重奏団の公演も日本人の新進、中堅による新作、近作四曲によって行われた。三善晃の「ノクテュルヌ」（この曲のみ再演）が、曲も演奏もすばらしかったと思う。五人の名技をじゅうぶん活かしながら、しかしそれに頼り切ることなく管や弦の伝統的な役割、つまりは旋律的表現力もほどよく生かし、緩急自在な語り口で聴き手（と、そして多分、弾き手をも）をたんのうさせた。一見奔放な五人の演奏が、目に見えぬ意図で作曲者としっかり結ばれているように思えた。昨秋のこの曲の初演が、この団体結成の機縁となったのもうなずける。

他の三曲はいずれも新作初演曲。湯浅譲二の「領域」は五人の稀有の演奏能力を手なれた手法で彼自身の語法に反映させ、しかしいつもの湯浅より多少、運動性の大きい形で、微妙な均衡の上に作品を置いた。

坪能克裕の協奏曲「颪の波紋」は、この本来的に極端な諸要素をはらんでいる五重奏団の特質にストレートに挑み、結果、見た目にはなばなしく、大向こうにおもしろい作品となったが造形的にはつめる余地を残していた。

平義久の「ペンタルファ」はこれとは対照的に、この団体の名技性にほとんど寄りかかることなく、ひたすら自分の歌をすがすがしく歌った。他の三作の中では淡い印象を受けるが、その叙情は純粋だった。

1974/08/19

欲ばり音楽祭

軽井沢アートフェスティバル

一九七四年八月一日〜七日未明◎大日向

今年は石油ショック、引きしめムードの中で迎えた夏だというのに、東には福島県郡山の〈ワンステップ・フェスティバル〉(八月一日—一〇日)、西には福岡県の〈飯塚音楽祭〉(八月八日—一一日)といった大型の催しが新たに生まれ、今年が二回目の〈軽井沢アートフェスティバル〉も昨年に数倍する規模にふくれ上がった。ヤングの世界には経済危機もインフレもあまり関係ないらしい。

筆者は去年につづいて〈軽井沢アートフェスティバル〉に出かけてみた。何からリポートしたらいいのか、いまだに整理がつかぬほど、すべてを貪欲に飲み込んだ音楽祭だった。そういう点ではニューフェースと言えるだろう。これに比べれば、他の音楽祭はたんに東京の音楽会場を山の中の町に移したり、愛好家のための夏季講座にすぎなかった。とにかく、楽しませ、お祭り気分を盛り上げようというねらいのはっきり見えた音楽祭だった。半面、あまりにも盛りだくさんで対象も広がりすぎ、焦点がぼやけてしまった。

＊

いったい何があったのか。ないものを探した方が早いだろう。全部で二〇コマほどの出しものはバロック（構成赤松安）からドビュッシー、ストラヴィンスキー（同若杉弘）をへて前衛（同秋山邦晴）まで、尺八（同三木稔）からロック（同三枝成章）まで、四次元音響（同相沢昭八郎）から映像（同三枝成章）まで、さらには文士劇もどきの作曲家の弾き語り（林光ほか）や音楽評論家の独唱（木村重雄）といった珍プロもとび出し、オペラ歌手たちの追分節、無形文化財「御諏訪太鼓」の壮烈な実演のあと地元の青年会と参加者の交歓盆踊り大会といった「追分夏祭り」（総演出秋浜信夫）のにぎやかさもあった。まだある。午前中のセミナーでは十二音音楽の講義（入野義郎）、邦楽器の解説（宮田耕八朗）、子供たちの作曲発表（先生高橋冽子）、さらにはレコードを賞品にした冗談音楽もどきのクイズ番組（和田則彦）まで用意されていた。

＊

さて、筆者の印象に残ったいくつかの演奏を記すと、野外劇場でのオペラの夕（二日、四日）が、バッハの「コーヒー・カンタータ」（佐藤信演出、小林道夫指揮、中村邦子、中村健ほか）の清潔な演奏と、舞台上演なるがために増幅されたユーモアで聴き手を楽しませた。これと二本立ての、イスラエルの前衛ハウベンストック＝ラマティの「お芝居」という名のシニカルで難解な反劇歌（ベケット作、三谷礼二演出、若杉弘指揮、長野羊奈子、滝沢三重子、原田茂生、岡田知之の打楽器ほか）はヨーロッパの現代音楽祭を思わせる好演だった。

「牧神の午後」と題するオープニングのマチネーにはポピュラーな「前奏曲」は顔を出さない代わりに、フルート（野口龍）の「シランクス」にはさまれて岸田今日子がマラルメ（福永武彦訳）を朗読するという渋い演出（構成若杉弘）。フルート、ヴィオラ、ハープのソナタ（野口、江戸純子、井上久美子）が良く、後半は「ビリティスの三つの歌」（滝沢三重子）を中心にピエール・ルイスに関連したドビュッシーの曲目でまとめられていた。こうした、リラックスした気分で一ひねりしたプロの組み方こそズバリ音楽祭向きなのだ。その夜の東京ゾリステンによるハイドンの交響曲「朝」「昼」「晩」の連続演奏もおもしろかった。

「ペトルーシュカの部屋」と題するストラヴィンスキー・ブロ（四日午後）では渡辺康雄が豪快な「ペトルーシュカ」を聴かせ、別の夜（五日）には高橋アキがシェーンベルクのピアノ曲の全部を弾いた。曲と交互に、トラークル、ベン、あるいはカンディンスキー、クレーらの詩が岸田今日子によって美しく読まれたが、こうした試みも下界のホールではなされにくいことだ。

〈軽井沢アートフェスティバル〉という名がついてはいるが、その主たる会場は軽井沢の二つ先の駅、追分から浅間山に向かって三キロほど登った、大日向にある。その近くに建てられた新しい教会に持ち込んだチェンバロで小林道夫がバッハを弾いたが、人々が扉の外にまであふれた（三日午後）。それだけが旧軽井沢の古くからの集会堂で開かれた「尺八秘技会」では、横山勝也、青木静夫、宮田耕八郎、坂田誠山、酒井竹保ら、当代の名人たちが一堂に会して「鹿の遠音」「鶴の巣籠り」をはじめ古典本曲や諸井誠の「竹籟五章」で文字通り秘技をつくし、伝統の重みを再認識させた（六日午後）。

＊

さて、最終日の夕刻から夜を徹して続けられた「ニュー・ミュージック・メディア・フェスティバル」のコーナーは作曲家三枝成章がプロデューサーとして参加した独立的な性格の強い部分で、特設ステージを前に千二〜三百の若者が集まり、天候にも恵まれて成功だった。この夜の焦点は内田裕也と一八一五ロックンロールバンドなど四つのロック・グループの演奏とそれにつづく深夜のフィルム上映にあったが、豊富な演目に参加者は堪能したようだった。ただ、この夜の催しが〈アートフェスティバル〉全六日間の中でどのように位置づけされるのかは必ずしも明らかではなかった。クラシックと伝統邦楽を楽しんで来て、とつぜん結論はこれだ、と強烈なロックを聞かされ、戸惑った参加者もあったにちがいない。

1974/09/07

卓抜の力量、際立つ個性

ニューヨーク・フィルハーモニック

一九七四年九月一・二日◎東京文化会館

秋に予定されているいくつかの大きなイベントの先頭を切って、ニューヨーク・フィルハーモニックがやって来た。オーストラリア方面の演奏旅行の帰路、ニューヨークでの秋のシーズンが始まるまでの間の一〇日あまりを彼らは日本で過ごし、東京・富山・大阪で演奏する。この楽団としては三度目の来日、今回の指揮者は以前の音楽監督で桂冠指揮者という珍しい終身称号をもつバーンスタインと現在の音楽監督ブーレーズの二人。

初日と二日目を聴いた。初日バーンスタインのマーラー「第五交響曲」と二日目ブーレーズのストラヴィンスキー「ペトルーシュカ」（原典版）とが、二人の並々ならぬ力量ときわ立った個性をフルに発揮して圧巻だった。これだけ魅力的な指揮者を二人もそろえて来日したぜいたくな楽団ははじめてだろう。

オーケストラそのものは以前とまったく同じで、良くも悪くも完全にアメリカのオーケストラであり、しかもその響きはニューヨークという都会の特質を生々しく反映している。つまりヨーロッパのオーケストラのように、一人一人の歌ごころの上に室内楽が成り立ち、それが大オーケストラに成長するという趣からは遠く、まずは常時デカイ音で鳴る全体があり、各パート、各個人はその機能にすぎぬ、という関係である。それはボストン、フィラデルフィアなど多少の差はあれみなそうだが、ニューヨークには敏感さ、反応のすばやさがあり、半面、純正なハーモニーへの鈍感さ、一種の騒々しさ、といったものがある。

さて、初日のバーンスタインのマーラーだが、その情熱の高まりといい、官能的な音色といい、低音になだれ込むはげしい絶望感やオーケストラ全体の不安の吐息など、六五年前にこの楽団に君臨していたマーラーその人が今日に生きていればこうも造型したかと思うばかりに、適切で自在な表現だった。第四楽章、弦楽合奏のアダージェットなどでは、棒はうるさいほどキメ細かく動いたが、音楽の起伏は大らかだった。こうも耽美的にマーラーを再現できる指揮者は彼をおいて他にいないかも知れぬ。なお、マーラーの前にモーツァルトのピアノ協奏曲（ハ長調、K五〇三）が彼自身のソロと指揮で演奏された。この種の試みは滅多に成功せず、外面的な興味に終わりがちなものだが、今回のも感心できなかった。

二日目、ブーレーズはワーグナーの「マイスタージンガー」から始めた。あまりに無造作な開始に一瞬不安を感じたが、曲が進むに連れて各モチーフにはっきりした形態を与えていく指揮法の巧妙さに次第にひきこまれて行かざるを得ない。こうした知的なかけ引きに、ニューヨーク・フィルは完全に反応する。終わって、この平凡な選曲が、じつはブーレーズとニューヨーク・フィルの現在の関係はこうですよ、と報告するのにこれ以上適切な曲があろうか、と思わせて心にくいばかりだった。

　四年前、クリーヴランドのオーケストラとともに来日した時と今回とでは、ブーレーズは選曲も、音楽づくりもがらりと変えている。それは例外的にヨーロッパ的だったクリーヴランドと、もっともアメリカ的なニューヨークのちがいを彼がはっきり意識している証拠であろう。これも一見奇異な選曲のメンデルスゾーン「イタリア交響曲」では、彼はふつうの意味での演奏上の工夫をまったく見せず、しかもオーケストラの諸機能を分解してロマン派楽曲の内部から種々の光を当てる実験をやって見せた。キルヒナー「オーケストラの音楽」では速度と強弱の弾性的変化にオーケストラはみごとに反応し、ストラヴィンスキーでは原曲版に特有なギクシャクしたリズムから異臭を立ちのぼらせ、聴きなれた演奏会用版との大きさをじつに明確に印象づけた。

　ともあれブーレーズがニューヨークを完全に手のうちに入れ、その長所も欠点も総ぐるみにして自分のやりたい音楽の素材にしている貪欲さとずば抜けた音楽の力には目をみはらされる。

1974/09/18

醒めた音、大胆な技

ダニール・シャフランのチェロ

一九七四年九月一三日◎郵便貯金ホール

ソビエトのチェリスト、ダニール・シャフランの独奏会を聴いた（伴奏アントン・ギンスブルグ）。一〇歳の時に生地のレニングラード・フィルと協奏したというが、チェロの天才少年は珍しい。しかし今や五一歳の円熟期、ロストロポーヴィチが国外に出た現在、彼が名実ともにソ連のチェロ界を背負って立っており、今年初夏のチャイコフスキー・コンクールのチェロ部門では審査委員長をつとめた。一〇年ほど前に来日しているそうだが、筆者は今回がはじめてである。

ひじょうに個性的なチェリストだ。他のだれにも似ていないほど特徴がある。あえて言うなら、いわゆるチェロ演奏の通念とはずいぶん遠い。朗々と陶酔的にA線を歌わせるとか、豪快な太い音をC線から響かせることを彼はやらない。胴体の細めな、やや小ぶりに見える楽器から、彼は早目のテンポ、短めな音で知的に感覚的な音楽をつむぎ出す。サラッとした音色で、彼はつねに醒めた音楽を奏する。

シャフランの最大の武器は左手の運指のテクニックで、ふつうの意味でも大変なテクニシャンだが、恵まれた資質をフルに活用して独特な大胆なわざを見せる。遠い距離を無造作に跳躍したり、低い位置（見た目には高いところ）で親指を使ったりしても、音程がピタリと定まって胸のすく思いがする。そうした技法が音楽表現と過不足なく一体になっているのが感じられる。バッハの組曲第六番は、元来高音部にもう一本の弦を持つヴィオラ・ポンポーザという楽器のために作曲されたものので、これをチェロでひくのは至難のわざだが、シャフランは無類のテクニックに物を言わせ、バロックらしい入り組んだ音のあや（プレリュード、ジーグ）や叙情（アルマンド、サラバンド）、軽妙さ（ガボット）を見事に表現した。最初のプロコフィエフのハ長調のソナタではその近代感覚や叙情の面に光が当てられピアノと共に好演だった。フランクのヴァイオリン・ソナタの編曲がひかれたが、ある意味で彼のチェロがヴァイオリン的であるにしても、音域や音量の点でピアノとの関係に不自然さが残るし、それを意識してか表現にも誇張が目についた。スペイン色に統一された小品（グラナドス「間奏曲」、ラヴェル「ハバネラ」、ファリャ「火祭の踊」）は、技巧的には見事だったが音色と情緒にもう一つ魅力の乏しいのを惜しむ。ともあれ、シャフランがリードするソ連チェロ界の将来こそ注目に値する。

1974/10/09

すぐれた歌と演技

東京室内歌劇場公演「検察官」

一九七四年一〇月五・六日◎郵便貯金ホール

東京室内歌劇場の例年の秋の特別公演（芸術祭主催公演）はゴーゴリ原作、エック作曲の「検察官」だった（日本初演、初日所見）。

おもしろさと物足りなさ相半ばした上演だった。よかった点は声楽上のことで、個々の歌もアンサンブル（とくにフィナーレ）も迫力があった。もっとも、フレスターコフと市長の妻や娘との恋の遊戯で、エックが自作の「聖アントワーヌの誘惑」から引用したフランス語シャンソンを歌わせる場面の皮肉な味は利いていなかったが。個々の歌手の演技では市長の小田清が、そのエネルギッシュな人物の横柄な自信と卑屈、有頂天と絶望を熱演して舞台を引き締め、フレスターコフの曽我淑人も偽物の不安定な心理を体あたり的に演じ、市長の妻の西内玲、娘の加納純子はいささか上品すぎる色気ではあったが、歌も演技もすぐれていた。

他の歌手たちも達者に役をこなしていたが、しかし、たとえば全員がフレスターコフに賄賂を送る場面（エックはここでゴーゴリのじょう舌をパントマイムに変えた）で、たんなる身振りのこっけいさで観客を笑わせる結果となったり、フレスターコフのいで立ちが現代のアメリカ青年ふうで、それが二重の風刺までには至らず（戦後のドイツでなら効果的だったろう）、幕切れの化石した人物像もとってつけたような印象を受けた。

「検察官」のオペラ化はこのエックのが唯一であるのは、原作がオペラ・ブッファの類型におさまり切らず、演技の絵そら事と、一九世紀初頭のロシアの残酷なリアリズムとが一体になっているための作曲と上演の困難さにあることはいうまでもない。このオペラは元来一九五七年に南ドイツ、シュベチンゲンのロココふう小劇場で、今ミュンヘン・オペラと共に来日しているギュンター・レンネルトの演出で初演されたもの。当時の舞台の「悲しげにくすぶる石油ランプからサモワールまで、部屋の片すみの聖画から床の上の汚れたガラクタまで、退廃の香気を発していない何物にも欠けていなかった」と評された情景はエックがロシア民謡のふしまわしやムソルグスキーのパロディ、トロイカの鈴の音までとり入れた作曲上の意図とよく合っていたと思う。

今回の上演では管弦楽のスラヴ色と鋭い風刺のリズムは聴かれず、もっぱら穏健で精巧な現代音楽ふうに鳴り、舞台もまたロシアを主題としたイタリア喜歌劇のようだった。エックの意図は、音楽だからこそ可能な、各瞬間に悲劇を透かして見せる、鋭い現代の喜歌劇を展開するにあると思うのだが。

1974/11/20

神経の細かな合奏

フィリップ・ジョーンズ・ブラス・アンサンブル

一九七四年一一月一五日◎東京文化会館

初来日のフィリップ・ジョーンズ・ブラス・アンサンブルを聴く。

ロンドンのシンフォニー・プレーヤーたちによって結成されたトランペット四、トロンボーン四、ホルン一、チューバ一、計一〇人から成る団体で、曲により五人から一〇人までの編成をとり、曲目は中世から現代におよぶ。

いわゆるブラス・バンドの通念からへだたること遠く、あくまで室内楽的な、神経の細かい合奏ぶりを見せ、響きはまことにやわらかく、ニュアンスに富んでいる。トランペットのジョーンズはじめ名人ぞろいだが、中でもホルンとチューバがひときわ音色と技術にすぐれている。ホルンはトランペット群とトロンボーン群のつなぎの役だし、チューバは全体の低音で、この二つの重要なポストががっちり固まっているから、トランペットやトロンボーンは自在に運動できる。

一六、七世紀の作品では、フランス系統の舞曲とドイツの塔の音楽（市役所などの塔の上の奏楽）と、イギリスの宮廷音楽とが、それぞれはっきりと彩りを異にして鳴り響いた。しかも、同種の音楽をリュートや木管や鍵盤楽器で聴く時に感じるとりすました優雅さよりも、人間くさい生活のリズムといった、生々しく熱いものが伝わってくる。これは新しい経験であった。

現代曲はプレムルー、ブリテン、ベネットとイギリス作曲家の三曲がとり上げられたが、曲はともかくとして、どのような響きや形式にもあいまいさを残すことなく、じつに明快な処理がなされていた。曲ごとにステージ作りに裏方さんをわずらわさず、自分たちでキビキビ動いて時にユーモラスに振る舞うなど、いかにも金管奏者気質の陽気さを見せていた。

膨大な数に上る日本の金管奏者への好影響という置き土産を期待したいが、それはこちら側の問題でもあるだろう。

演奏の対照に興味

武満徹フェスティバル

一九七四年一一月一七日◎日生劇場

〈武満徹フェスティバル〉が日生劇場音楽シリーズ第百回を記念して開かれた。

ここ一〇年ほどの武満の主要作（大管弦楽曲以外の）を九曲ならべ、満員に近い聴衆を集めてえんえん三時間弱、出演者の多彩な顔ぶれからもまさに〈フェスティバル〉と呼ぶにふさわしい一夜だった。

前半は邦楽器を用いた作品で「エクリプス」（琵琶・鶴田錦史、尺八・横山勝也）、三面の琵琶のための「旅」（同）、雅楽「秋庭歌」（宮内庁楽部）が上演された。ここでは作曲者武満の存在は、まさに伝統邦楽における作曲者のようであった。彼の追究する、微妙に移ろいゆく音の姿は、以前に作曲され、用意されていたものにはちがいないが、演奏者たちによって音になった瞬間にはじめて音楽そのものが生まれる、という印象が強いのだ。いわば作曲と演奏は一如であった。

後半、洋楽器によるプログラムでは、その呼吸がさまざまに変化するのが興味深かった。オーボエの名手ホリガーのソロによる「ディスタンス」（笙・多忠麿）とホリガーがカメラータ・ベルンを指揮した「地平線のドーリア」が前半ともっとも対照的で、そこでは武満の不確定なニュアンスは、まず確定的な座標を設定した上で、それを精密に測定しながらわずかにずらせるという作業の結果、得られるのであった。そこには、西洋音楽における作曲と演奏の明確な職能的区分が厳然として存在していた。

一方、高橋アキによるピアノ曲「フォー・アウェイ」、荘村清志によるギター曲「フォリオス」、若杉弘指揮による「ユーカリプスⅠ」（オーボエ・ホリガー、フルート・野口龍、ハープ・渡辺万里、カメラータ・ベルン）ではかなり状況がちがっていた。彼ら邦人洋楽家と武満作品の関係は、図式的にいうならホリガーと鶴田、横山の中間で、高橋がもっとも後者寄り。

他に別項のフィリップ・ジョーンズ・ブラス・アンサンブルのための新作曲「ガーデン・レイン」の初演があったが、象徴があらわな実在として提示される違和感が残った。年月をかけて温められるのを待とう。

1974/12/25

手ごたえ感じたマーラー

東京都交響楽団定期公演

一九七四年一二月一九日◎東京文化会館

東京都交響楽団の定期公演を聴いた（指揮渡辺暁雄）。曲目は武満徹「ノヴェンバー・ステップス」（琵琶鶴田錦史、尺八横山勝也）とマーラー「第七交響曲」の二本立て。五楽章、一時間二〇分を要するマーラーは、かつて昭和一二年にクラウス・プリングスハイム氏が東京音楽学校（今の東京芸大）の管弦楽団を指揮、初演して以来、外来オーケストラをふくめても今回がはじめて。

都響といえばその誕生はつい先日のような気がしていたが、明年二月で一〇周年を迎え、今回の定期も第七〇回、しかし正楽員の平均年齢はほぼ三〇歳でこれは東京の七つのオーケストラでいちばん若い。足を引っぱる鈍重な高年齢層プレーヤーがおらず、技術と感覚にすぐれた若手で固めていることは都響の強みである。弦の音色は美しく、金管の力量もなかなかだが、木管はややキメ手を欠く感がある。

武満作品ではこうした特質がプラスに作用して好演、鶴田と横山の丁々発止の共演ぶりにいつもながら聴き手は息をのんで聴き入っていた。しかし、このすでに評価の定まった作品に、そろそろ別の独奏者が挑戦してもよいころだ。それを期待するのは筆者だけではあるまい。

マーラーでは、この至難な大曲を若々しいエネルギーに物を言わせて、とくに第一楽章ではたしかな手ごたえを感じさせる力演ぶりを見せた。終楽章では多少力の限界が見え、細部の混乱がなくはなかったが、全体としてはよく渡辺のキメ細かい指示についていた。

しかし、マーラーに特有の世紀末的ニヒリズムや、管弦楽の全体が大きく息をつく、その厚みの軽さの微妙な表現となると、都響にはまだ体で覚えこまねばならぬ多くのものが残されているのを感じる。ワルツを基調に不気味な楽想の出没する第三楽章はあまりに明快に通過したし、第二・第四楽章の「夜の音楽」でも、沼のような夜のしじまを感じるには至らなかった。繊細さ、敏感さを失わずに年齢を重ね、重厚さを身につけていくのはオーケストラにとって最難事だが、都響もその壁を乗りこえる時期に直面している。

それにしても、交響曲の歴史の頂点にあるこの曲が三八年間も放置されていたことは、日本の交響楽団のレパートリーがいかに片よっているかを示す好例の一つで、それを打破した都響の姿勢は高く評価されるべきだろう。

1975

1975/01/22

底に流れる日本的情感

諸井三郎「ヴァイオリン協奏曲」

一九七五年一月一四日◎東京文化会館大ホール

東京都交響楽団の一月定期公演で、諸井三郎のヴァイオリン協奏曲（昭和一四年作曲）が初演された。独奏はコンサートマスター小林健次、指揮は山岡重信。

昭和七年からの二年間ベルリンに留学した諸井三郎は、帰国後数年を経た時期に、主要作を集中的に生み出した。第二、第三交響曲、チェロ、ファゴット、ヴァイオリンの各協奏曲、弦楽六重奏と三重奏、第二ピアノ・ソナタ等。しかし氏は戦後まもなく文部省視学官となり作曲界の第一線から退いた。主要作の初演がかくも遅れた理由の一つはそこにある。

ヴァイオリン協奏曲は三つの楽章が休みなしに連続する三五分ほどの作品、当時の日本に、他にこれだけのヴァイオリン協奏曲があったとは思えない。作風はまさに一九三〇年代の新古典様式で、当然、今日的ではないが、しかし全体の形式は必ずしも西欧の協奏曲の定型をとらず、独自の構成が工夫されている。だが、各部分には明りょうな主題が設定され、主題の形成と展開に創作の主力が注がれている点は伝統的なドイツの作曲法を踏まえている。主題の造形は中間楽章スケルツォでもっとも成功しており、序章と中間楽章後半のアリアでは日本的な情感が流れる。氏はいわゆる日本的な作曲とは対立的な西欧技巧派と目されて来たが、この曲の内容にはむしろ東洋ないし日本的な性格が濃厚に感じられた。それはまた、昭和初期の欧風モダニズムに対する反省期に入った昭和一〇年代の日本の作曲界の特徴でもあった。

指揮者の山岡重信が、この曲に限らず戦前の日本の管弦楽曲を数多く掘り起こして初演、蘇演の回数を重ねている努力は高く評価されねばならない。これは音楽界に限らないが、戦前の業績はすべてご破産にして、戦後の世代にのみ関心を示す傾向が音楽批評界にも根強い。それが大きな誤りであることを、諸井のヴァイオリン協奏曲の三七年目の初演が改めて教えているように思われた。

1975/03/19

音楽の力だけで心を動かす

カール・ベーム指揮ウィーン・フィル

一九七五年三月一六日◎ＮＨＫホール

カール・ベーム指揮、ウィーン・フィルハーモニー管弦楽団の初日を聴く。ベートーヴェン「第四」「第七」。

すばらしい音楽会だった、の一語につきる。こうした真の完成品に接すると、日ごろわれわれが暮らしている音楽の世界を超えた、ヨーロッパ文化そのものと相対している、という実感を味わう。この楽団や、それが属しているウィーン・オペラの人事や運営が、この国の行政府の最上層とつねにかかわりを持っているのも、まことに当然のことに思える。

さて、八〇歳のベームの指揮ぶりはけっしてカッコいいものじゃない。むしろ無骨だが、要所要所で示す決然たる、はげしい身振りをふくめて、まことにむだなくツボにはまったもの。ウィーン・フィルの来日は五回目だが、ベームとのコンビははじめて。今回、もっとも純正な古典のシンフォニー語を聴く思いがした。

ベームは、近年流行の力と速度と輝きをめざす音楽作りとはおよそ正反対。じっくりと踏まえたテンポで楽想を端正に、たんねんに歌い上げ、じわじわと燃え、ついに充実し切った頂上を現出する。「第七」の終楽章での途方もないクライマックスはまさにベームの独壇場というに価するもの。はからずも、彼が一〇年前に来日してベルリン・ドイツ・オペラを振った時の「フィデリオ」の終幕の感銘を思い出した。彼こそは純粋に音楽の力だけで人の心を動かすことのできる最後の指揮者かも知れぬ。

ベームにこたえるウィーン・フィルもまた、最高に立派であった。弦のやわらかさは予想をこえてやわらかだったし、木管の純粋なピッチによるふっくらとしてハーモニーも期待通りに楽しむことができた。リードを持つ木管やホルンの強奏時における素朴な、なまなましい音色はウィーン・フィル独特のもので、ベームもそれを積極的に活用して曲にアクセントをつけていた。

しかし、ウィーン・フィルでもっとも驚くに足るのはベームの存在にもかかわらず、アンサンブルがきわめて自発的に成り立っていることである。ベームの操る一本の糸に大筋では従いながら、楽想の起伏に応じて弦楽器群のむしろ奥の方から音型がわき上がり、旋律が舞い上がり、かと思うと一瞬のうちに弱奏のさざなみと化すなど、この微妙さをきわめた有機体は自己の恵まれた機能を存分に楽しんでいるかのようだった。この楽団恒例のアンコール「美しく青きドナウ」もベームの下では何と格調高く鳴り響いたことか。

1975/05/10

現代物に真価

ポール・ズーコフスキーのヴァイオリン

一九七五年五月七日◎西武劇場

ポール・ズーコフスキーのヴァイオリンを聴く（「今日の音楽」最終日、ピアノ高橋悠治）。

現代物が得意なこの三二歳アメリカ生まれの才人は、奏法も表現も相当に変わっていて、あえて言うなら彼は非ヴァイオリン的にヴァイオリンを弾く。フラジョレット奏法（倍音で笛のような音を出す奏法）やヴィブラートをつけぬ弱奏で彼は雄弁に語りかける。その反面、弓が弦をじゅうぶんに噛み、深いヴィブラートで幅広く旋律を歌うようなやり方は、はしたない、とでもいうように意識してやり過ごす。

ブラームスの「第一ソナタ」を彼が選んだのは一種の挑戦であり、自己顕示でさえあるが、成功ではなかった。その理由は、甘美なロマンティシズムに欠け、従来の演奏習慣とかけはなれているからではなく、彼自身のスタイルの追究がなお徹底を欠き、知的な工夫の段階にとどまっているからであろう。

これに反して、ケージの「六つのメロディー」と「ノクターン」（アンコール曲）では、現代人のニヒルな倦怠感がよく表現されていたし、アイヴズの「第二ソナタ」ではアメリカの小説で出会うようなザラついた手ざわり、対照のどぎつさ、疲れを知らぬ生命力といったものが高橋の好演と相まって強い印象を与えた。

武満「ヒカ」の叙情、高橋「六つの要素」の感覚と難技巧がごく自然に弾かれるのを見ると、彼が天性、今日の音楽語法に向いているのを改めて実感する。その点で、クセナキスの「ミッカ」は圧巻であった。四分の一音を基礎にして、しかもグリサンド奏法に終始し、時折起こる弓のはげしい跳躍がそれを中断するこの恐るべき難曲（無伴奏）を、彼は呆れるほどみごとに弾いてのけた。微分音で歌われるギリシャの民族音楽の気分と、かつてパルチザンとして闘ったという作曲者のはげしい性格がよく表れていた。クセナキスの「数学的」音楽から作曲者の人間性がにじみ出るような演奏はめったに聴けないものだ。

1975/05/21

活力と色彩感豊か

モスクワ室内管弦楽団

一九七五年五月一六日◎東京文化会館

バルシャイ指揮、モスクワ室内オーケストラの東京公演は、九年前の初来日の時に劣らぬ聴きごたえのあるものだった。この団体は一九人（六・四・四・三・二）の弦楽合奏を主体としている。ふつう、バロック音楽を専門に演奏する団体は一二、三人が標準だから、それより一まわり大きい。編成が大きくなると、とかく合奏の精度が鈍化し、さりとて大オーケストラの表現力には及ばぬ中途半端な性格に陥りがちなものである。過去に、そうした外来の室内オケをいくつも聴いた。だがモスクワからはそうした気配は感じられない。レパートリーも広いし、その演奏スタイルは、たんに一糸みだれずきっちり、という段階を超えた、ダイナミックな、色彩感豊かなものである。チェロ、バスのパートをはじめ、各奏者の技術はひじょうに高く、いわばコンサートマスターの集団みたいな、ぜいたくな団体と見た。

聴き終わった後味は、何しろオール・ソ連曲目だったので、たっぷり、こってりと、ロシア音楽に浸った、という感じであったが、けっしてうんざりした訳ではない。

まず、エストニアの現代作曲家リャエッツの大味な凡作「協奏曲」でみごとな合奏力が示されたあと、プロコフィエフの初期のピアノ曲「束の間の幻影」からの一五曲が、バルシャイ自身の編曲で聴き手を楽しませた。すぐれたヴィオラ奏者でもあるバルシャイは、じつに豊富な音のイメージの持ち主であることが、このアレンジと演奏からよくわかった。彼が高い音楽性に加えて現代的な色彩感覚の持ち主でもあることが、モスクワ室内オケの魅力と名声の源泉にちがいない。プロによるとバルシャイはハンガリー生まれとのこと、それとこれとは微妙に関連があるのかも知れぬ。

最後の曲目はショスタコーヴィチの交響曲第一四番「死者の歌」で、六年ほど前の作。交響曲とはいえ、一一もの楽章のすべてにソプラノ（カスラシヴィリ）かバス（ネステレンコ）かその二重唱の加わる事実上のカンタータで、純器楽曲の第一五番とともに辞世的な傾向の強い音楽。ロルカ、アポリネール、リルケの露語訳にキュヘルベケル原詩一編のことごとくが暗く、陰惨な、いかにもロシアふうの深いなげきとうらみの旋律に乗せて歌われる。第七・九・一〇楽章での二人の歌唱と、女性のチェロ奏者の好演が印象に残った一方、重要なパートである三人の打楽器奏者の、まるで大オケと協演しているように気張った、ニュアンスを欠く強烈な打撃音には参った。

1975/06/16

大胆な今日的な音

ひばり児童合唱団定期演奏会

一九七五年六月一二日◎都市センターホール

「ひばり児童合唱団・第八回定期演奏会」を聴く（指揮田中信昭、三林輝夫、制作皆川和子）。

三年ほど前に三善晃「オデコのこいつ」と間宮芳生「マンモスの墓」を初演、レコード録音して一躍注目をあびた団体だ。子どものコーラスだから童謡や小学唱歌がレパートリーかと思ったら大違い、この夜の曲目もいわゆる小児科音楽の固定観念を大胆に破った、今日的な音が子供の純真素朴な歌声で流れた。

一柳慧「ヴォイス・フィールド」では谷川俊太郎の「ことばあそびうた」のおもしろさが、いわゆる五線譜にお玉じゃくしふうでなく自由に表現され、子供たちは歌ったり、リコーダーを吹いたり楽しそうだった。

高橋悠治「自然について（エピクロスのおしえ）」（初演）は無限大をかたどった横8字形にすわった子供たちと、古代哲人の対話がスライドをはさんで歌われていく。この曲でもふつうではない歌い方（音のとり方やリズムの上で）を子供たちは難なくこなしていく。

精巧な書法による三善晃「おてわんみその歌」――東京のわらべうた――、前田憲男によるジャズふうのアレンジのモーツァルト「アイネ・クライネ」では、伝統的なハーモニーも美しく響いて、一柳作品、高橋作品では戸惑いを感じたらしいお父さん、お母さんたちを安心させたみたいだった。「ひばり児童合唱団」にせよ、つい先日の、日生劇場の〈間宮芳生の音楽〉で歌った「荒川少年少女合唱隊」にせよ、彼らがわれわれの耳をも楽しませるようになったのはごく近年のことだ。彼らはまったく上手だ。だが、子供の音楽的素質は昔も今も大した変わりはないはず。では何が変わったのか。かつては閉じられた世界にあった子供の合唱を、諸傾向の作曲家や専門の指揮者の手に解放した主催者の意識が交わったのだ。子供の感覚は本来、敏感なもの。彼らの現代曲への共感の姿は、味気ない小中の学校音楽への頂門の一針でもある。

1975/06/21
あまりにも古美術品的
ウルブリッヒ弦楽四重奏団

一九七五年六月一八日◎虎ノ門ホール

ウルブリッヒ弦楽四重奏団の、東京での第二夜を聴いた。曲目はハイドン「ひばり」、ベートーヴェン「ハープ」、ラヴェル（ヘ長調）の三曲。

この団体としては初来日だが、各メンバーは一昨年秋に来日したドレスデン歌劇場管弦楽団に所属している。第一のウルブリッヒがそのオーケストラの第一ヴァイオリン四席、第二のビュロウが同一八席、ヴィオラのツィントラーは三席、チェロのディルナーは首席（いずれも来日時のプロによる）といった構成。

西側の音楽産業からは長く「鎖国」であった東独のオーケストラや室内楽は、今日的な演奏スタイルに「毒され」ていないから、伝統の香り、いぶし銀の美しさ、手すきの紙の良さ、といった「定評」がもっぱらで、このウルブリッヒも大局的には例外ではない。むしろその典型だ。そうした演奏スタイルは具体的には、弓の速度や圧力がつねにある限度を超えず、音程は三度音と六度音が低目で、いわゆる純正調に近い和声がよく守られ、音色の純一を保つためにポルタメント奏法（次の音に行くのに指をずらせる）を多く用いたりすることから来ている。一昔前に存在したウィーンのコンツェルトハウス弦楽四重奏団のしっとりした味わいは日本人好みだったが、ウルブリッヒもそれらへの郷愁をかき立てるのか、地味な曲目なのに客の入りは大変良かった。

しかし、彼らの演奏は今日的な鮮烈な感動とはおよそ無縁な、いわばことのたたずまいや古美術品の感触にごく近いものである。早い話が、一九二〇年代、三〇年代に録音された往時の弦楽四重奏団の演奏（近ごろＬＰレコードにさかんに復活している）を聴いているような、浮世ばなれの珍しさ、タイム・トンネル的体験に、それはよく似ている。

だが、かつて来日した東ベルリンの弦楽四重奏団の演奏は、奏法や解釈は古式の伝統を強く残しながら、テンポやダイナミズムの点で現代的であったし、ウルブリッヒらが所属するドレスデンの管弦楽団も、指揮者がその素材の長所を生かして現代感覚で処理する時、すばらしい効果を発揮することをわれわれは知っている。

ウルブリッヒらが、意識して自らの演奏様式を古都の姿や博物館の陳列品に仕立てているとは思いたくないが、当面、彼らがこうした行き方によって受けていることも事実だろう。そこに、彼らが現代の音楽家として何の迷いも感じていないとしたら、むしろうらやましい限りという他ない。

1975/07/19

瞬間を凝縮させ全体を導く

エーリッヒ・ベルゲル指揮の読売日響

一九七五年七月二日◎東京文化会館

エーリッヒ・ベルゲル指揮の読売日本交響楽団定期公演を聴く。曲目はベートーヴェン「皇帝」協奏曲（アンドレ・ワッツ）とブルックナー「第七」の二本立て。

初来日のベルゲルは日本ではほとんど無名にひとしい存在だが、彼の指揮はたいそうおもしろかった。今年四五歳、ルーマニア生まれの彼は同国内で名を遂げた後、三年前から西ドイツに在住、その前後からベルリン・フィルにすでに八回も客演しているそうだ。

ベルゲルの音楽作りの特徴は、ふつうのように起承転結の約束に従って音楽を流す、というのと少しばかり違っている。彼は、きわめて充実した瞬間をまず作り出し、そうした瞬間を継起させていくことで音楽の全体を成立させる。彼にあっては、ある瞬間はたんに拍子やリズムの基点ではなく、そこから始まるフレーズに含まれる全音楽内容がそこに詰め込まれる決定的瞬間であり、しばらくはそのおのずからなる展開がつづき、やがて次の充実した瞬間に渡す、いわば点の連続だ。

ふつうのように、拍子と表情とが別々に示されるのではなく、彼にあっては時間の座標の設定と同時に、これから起こるべきテンポ、強弱、感情、感覚などの諸要素のすべてが一瞬に指示されるから、当然身振りは鋭く、激しく、大きく、情熱的でエネルギッシュである。ロマン的情緒を懐かしむ人には不向きな音楽家も知れぬが、ベートーヴェンもブルックナーも実に今日的な、鮮烈な音で鳴り響いた。いや、正しくは、それが十分予想される指揮ぶりだったと言うべきだろう。

つまり、読売日響はベルゲルのこうした新しい想念から来る要求に懸命にこたえていたが、管楽器に何度か不連続線が通過したのを別にしても、両者の間に埋めきれぬギャップが残ったことは否定できない。一つにはベルゲルの鋭く激しい切り込みが、あまりにナマのまま、すばやく音に化してしまうからで、オーケストラがより大きい容量でそれを受け止め、ワン・クッション置いて自発的な響きをわき上がらせるような演奏ができれば、彼の意図はもっとはっきりした形をとって表れたであろう。

ともかく、幻の指揮者とか称されるチェリビダッケにつづいてルーマニアから第二のきわめて個性的な指揮者が出たことは興味ふかい。ブルックナーのスケルツォやフィナーレはとくに良かった。ワッツの才と技よりも、筆者にはベルゲルの新しい考えの方がずっとおもしろかった。

1975/07/05

幅広い音楽性と練達の技

マリウス・コンスタンとシルビオ・ガルダ

一九七五年六月二八日◎東京文化会館／六月三〇日◎厚生年金会館

フランスから指揮者マリウス・コンスタンと打楽器の名手シルビオ・ガルダが初来日、東京フィルハーモニー交響楽団の定期と同団出演の民音定期で、ジョリヴェの「打楽器協奏曲」（両日に共通）その他を聴かせた。

フランスには、ストラスブール打楽器合奏団という六人組の名人グループがあるが、ガルダは彼らよりも一まわり若い世代、現代作品を得意とする点は前者に共通している。

ジョリヴェ作品では、長目のばちをカッコよく振り切りティンパニをいいリズムでたたき（第一楽章）、ビブラフォンを叙情的に歌わせ（第二楽章）、木琴を、最弱音から音のけっして割れぬ最強音まで、多彩なニュアンスで扱い（第三楽章）、さてはトム・トムを中心にジャズ・ドラマー張りのエクサイティングな「カデンツァ」を演じる（第四楽章）など、ジョリヴェを題材にして、驚くべき幅の広い音楽性と練達の技を見せた。彼の本領である、より前衛的な曲目での妙技を聴くチャンスがなくて惜しかった。

一方、指揮のコンスタンは、いかにも神童タイプの、どんなに目新しく錯綜としたスコアも、ややすやすと料理して姿よく聴き手に提供する能力の持ち主で、初演物のレコーディングが多いのも、そうした特技を買われているせいである。

しかし、こういうタイプの指揮者が名曲を振ると踏み込みの足りない結果に終わることが多い。今回の彼もその例にもれない。だが、ストラヴィンスキーの「ペトルーシュカ」（民音）では、バレエ指揮者の経歴に物を言わせて、ステージをほうふつとさせる劇的な雰囲気を出していた。ドビュッシーの「海」（定期）は、東フィルの熱演にもかかわらず平凡な出来。ビゼーの「交響曲」（民音）では、昨秋の「魔弾の射手」の時と同様、東フィルの古典への弱さを露呈した。もっとハーモニーを！

ともあれ、近頃N響以外のオケの曲目に、これは聴いておこう、と思わせるものが増えてきたのは楽しみだ。今回の東フィルがその好例。

1975/09/13

伝統と絶縁した演奏形式

アンサンブル・タッシ

一九七五年九月七日◎日生劇場

アンサンブル・タッシの公演を聴く。ピアノのピーター・ゼルキンを中心にアメリカ人の若手奏者たち、カヴァフィアン（ヴァイオリン）、シェリー（チェロ）、ストルツマン（クラリネット）の四人が二年前に結成した団体で、TASHI（チベット語で幸運の意味だそうだ）と染め抜いたシャツ姿（ゼルキン）やふだん着の真っ赤なズボン（ストルツマン）などで登場。今日でも、もっぱら燕尾服に威儀を正して演奏する東欧諸国の伝統的な室内楽とはもう、まったく音楽への向き合い方が根底からちがうことが、音の出る前からはっきり予想できる彼らの登場であった。

第一曲のバルトーク「コントラスツ」ではヴァイオリンとクラリネットが奔放に熱情的に振る舞う一方、ゼルキンが作品の古典的な構成感をよく押さえて好演。クラのストルツマンの自在なテクニック（とくに最弱音）がとくに注目をひいた。

シェリーとゼルキンの協演によるベートーヴェンのチェロ・ソナタ（作品一〇二の一）は、ある意味ではもっともタッシ的演奏であった。英雄的なベートーヴェン像とは無縁の、朗々とした歌いぶりや息の長いフレージングを故意に否定し、耽美的・刹那的な感覚美を表出していくやり方は、父（ルドルフ）ゼルキンのファンにとっては、鼻もちならぬものと映るだろう。しかし、このような演奏形式は、げんにアメリカの若手の演奏家の間にだんだんと広まりつつあるし、やがてはヨーロッパにも及ぶだろう。現在、彼らを支持しているのはロックやジャズをも楽しむアメリカの若者たちであり、それらからの広い意味での影響が、こうした演奏様式にまで及んでいるのを否定することはできない。誤解を恐れずに言うなら、それはＬＳＤやポルノが日常化しつつあるような時代と社会とがクラシックの演奏様式に反映した現象と言えるのではあるまいか。

最後の、メシアンの大曲「世の終りのための四重楽曲」では、作品のもつ強烈な宗教的幻想や現実ばなれの超ロマン性にこれほど鋭く迫った演奏に出会ったことはない。他にヴァイオリンのカヴァフィアンが武満の「悲歌」を、ややロマン派の小品のごとき味付けで弾いた。彼女の才能も大したものだが、四人のうちではもっとも若く、個性の開花は将来を待つべきだろう。なお、タッシの四人によって武満の新作「カトレーン」（一日、東京厚生年金会館、小澤指揮の新日本フィル協演）が好演のうちに初演されたことを付記しておこう。

1975/11/01

自在な変化で魅了

アンドレ・プレヴィン指揮のロンドン交響楽団

一九七五年一〇月二六日◎厚生年金会館

アンドレ・プレヴィン指揮、ロンドン交響楽団を聴く。

ロンドン響は四度目の来日、もちろんすぐれたオーケストラだが、それほど魅力的な音を持っているわけではない。なのに、今度の来日が東京、地方ともに沸いているのは、ひとえにプレヴィンの人気のせいにちがいない。たしかに、彼の指揮ぶりには、スター的要素じゅうぶん、といった趣がある。

曲目はウォルトン「ポーツマス・ポイント」、チャイコフスキー「ピアノ協奏曲」（韓国の若いチョン・ミュンフンが驚くべき技巧の冴えと音楽性を示した）、ストラヴィンスキー「火の鳥」組曲の三本立て、アンコールにラフマニノフ「ヴォカリーズ」のオケ編曲が演奏された。

そのラフマニノフはじつにプレヴィンならではの、オーケストラ演奏の美技というか妙技というか、ともかく彼独特の境地で聴き手を酔わせた。その旧世界にぞくするロマンチックな嫋嫋《じょうじょう》たる旋律線を、緩急・強弱を自在に変化させながらあくまで耽美的に表出したが、そのキメ細かい指示は執拗をきわめ、奏者と聴者をしっかりつかんで、ぐいぐい引っぱる力は並大抵のものではない。この辺に彼の人気の秘密があるのだろう。

周知のようにプレヴィンはベルリン生まれ、幼少時そこで音楽勉強をはじめたが、成年時代はハリウッドで多くの映画音楽を手がけて成功、その後クラシック指揮者に転向、というより元来の道に戻った人だが、そのポピュラー界での豊富な経験が彼の今の音楽に大きく影響しているのは否めない。クラシックの紋切り型の拍子感から脱した、ポピュラー含みのビート感のうえに、クラシックが信条とする楽譜にしがみつき、作曲家の考えを忠実に再現するといった観念を超えたところで、彼は自分の音楽を展開している。

今回の来日曲目にドイツ物としてはブラームスの第一しか入っておらず、他は英・米・仏・露の作品に限られていることも、これと関係があるし、さらにロンドン響の特質もプレヴィンのイメージとよく合致している。つまりドイツのオケのように低音でガッチリ全体を包むことがなく、木管はフランスのそれのように感覚的にすぎず、弦はじつによく旋律を歌う。過去七年間にプレヴィンがそう育てたのであろうが、本来それはロンドン響の持ち味でもあったもので、たしかに両者は相性のいい組み合わせと言える。イギリス、カナダ、アメリカの楽人たちの今日的演奏スタイルの一つの頂点がここに集約されている、と見てよかろう。

1975/11/29

多彩さ見せた廣瀬作品

岡田知之打楽器アンサンブル「邦人作品の夕べ」

一九七五年一一月二三日◎中央会館ホール

岡田知之打楽器アンサンブル「邦人作品の夕べ」を聴いた。

ＮＨＫ交響楽団の打楽器奏者である岡田は、数年前から仲間や門下生と打楽器アンサンブルの演奏やレコード録音を活発に行っているが、今回は岡田を中心に四人の弟子を加えて結成した新編成での初演奏（他に打楽器二、トロンボーン三、チェレスター一の賛助出演があった）。

末吉保雄「テーバイの七つの門の踊り」（一九六六）はパリ現代バレエ団がヨーロッパでレパートリーとしている「アンティゴーヌ」の中の戦いの一場面だそうで古典的な書法によって躍動的な力感を過不足なく表現した作品であった。アンサンブルもよかった。

石桁真礼生「打楽器のための級数的遠近法」（一九六三）は題名のように等差級数や黄金比を導くフィボナッチの数列を音符の時価や拍子に当てはめるなど、古典的書法の中で能《あた》うべく精緻で柔軟なリズム表現を意図したもの。この種の書法（ミュジック・セリエル）に特有のふん囲気ないし時代様式が感じられ、興味深かった。

石原忠興「打楽器のためのタペストリー」（一九七三）はトロンボーン、チェレスタを加えた大編成の力作。さまざまな音色の発見とそれらの対照的な配置が巧みに行われていた。ただ、この曲で各奏者が指揮者もどきに腕をふりまわして拍子をとったのは目ざわり。どうしても必要ならスマートにやらないと。

廣瀬量平「モザイク」（一九七四）はこの夜の白眉であった。素材的には打楽器の通念を拡大してブレーキ・ドラムやタイ、バリ島の民族楽器まで動員し、しかも同種のもので少しずつ音の高さのちがうのを各種そろえて奏法もまことに多彩。縹渺《ひょうびょう》たる広がりから極度の集中まで、不安の顫動《せんどう》から開放的な乱打まで、表現の自在さ、振れ幅の大きさは打楽器のみのアンサンブルであるのを忘れさせた。いや、それはもっとも打楽器に即して作曲されていたからであろう。最後に全員が這いつくばってスーパーボールで床をこすって奇音を発せしめて終わったのは秀逸。しかし日本の聴衆はどうしてあのユーモアに何の反応も示さないのだろう。外国だったらドッとわくのは必定だ。演奏も廣瀬作品が最高。

さて聴き終わって、どうも作品発表会を聴いた、という気分が強く、ために拙文も作品評に傾いた。岡田を中心としたチームワークの固さはよく出来上がっていたが、作品を下敷きにした、各人のいっそう個性的な、奔放な名人芸を今後に期待したい。

1975/12/13

音色にチェコの民族色

イルジー・ビエロフラーベック指揮の日本フィル

一九七五年一二月一〇日◎東京文化会館

日本フィルの第二七七回定期公演で、チェコの若い指揮者ビエロフラーベックを聞く。この秋は室内楽団、室内オーケストラなどチェコの団体の活動がさかんで、つい先月も中堅指揮者コシュラーの豊かな才能を都響定期（ブルックナー「第五」）で楽しんだばかりだ。

さて、日本フィルの曲目はドヴォルザーク「スケルツォ・カプリチョーソ」、ヤナーチェク「タラス・ブーリバ」、マルティヌー「第六交響曲」（日本初演）というチェコ作品のみでしかも魅力的な配列。

明けて三〇歳のビエロフラーベックは、オペラ劇場の裏方からのたたき上げという旧タイプではなく、指揮者コンクール優勝というコンサート型の俊英組の一人。前者が「下から」の、職人型の、無理のない音楽作りに傾くのに対し、後者は個性的な音のイメージを明確な演出プランによって意欲的に実現しようとする。彼もまさにそういうタイプで、この瞬間、どういう音楽を彼が要求しているか、それがじつにはっきりとわかるような（ややわかりすぎる点が彼の若さであろう）指揮ぶりだった。

マルティヌーがじつにおもしろかった。二三歳でプラハを去ってパリに出、のちアメリカに渡り、第二次大戦直後プラハ音楽院教授に招かれるが、短期間で再亡命したこの作曲家の最後のシンフォニー（アメリカにて一九五三年作）は、西欧ふうの近代感覚と素朴なスラヴ旋律、複雑な不協和音のもやもやと協和音の明快な響きとの両極の間を、絶えずあてどなくさまよう、というきわめて特性的な音楽。鳴り出してすぐ、彼自身の回想——多くは失意と悲劇の連続の——と気づいたが、とくにフィナーレの幕切れで、短い歓喜の爆発がただちに絶望の挽歌に急転したのにはドキリとさせられた（ああ！　日本フィルの諸君にそこでもう一味、深刻な表現が欲しかった）。しかし何という象徴であり、予言であろう。

ビエロフラーベックは、この交響曲を、けっして劇的に、情緒的にではなく、むしろ叙事的に、しかも作曲者の不安、焦慮、不意の状況の変化をキメ細かく描き出す方向で取り組んだのは成功だった。

ドヴォルザークとヤナーチェクでも、彼は旋律をいわゆるスラヴふうにこってり歌わせるというありきたりのやり方ではなく、鋭いアクセントと、たとえていうなら黄土色っぽい独特の音色をオーケストラからひき出す、という方法でチェコの民族色を出していた。将来の楽しみな指揮者である。

1975/12/15

’75回顧
外来はね返せず低迷

今日の日本の洋楽界は、邦楽界ならばさしずめ平安時代の後半ころと似た情況にある、というのがわたくしの持論である。

どういうことか、一応説明が必要だろう。いささか古い話になるが、少なくとも五世紀半ばごろから新雅楽・百済楽・高麗楽・渤海楽・唐楽・伎楽（中国地方の）・林邑楽（ベトナムの）・渡羅楽（タイの）などが宮廷や寺院で行われ、また雅楽寮なる国立音楽舞踊学校（七〇一年設置、当初の教官数三七、学生定員三五六）でそれらは猛学習された。

伎楽をわが国に伝えた百済の人味摩之《みまし》ほどの有名人でなくとも、多くの名手が朝鮮や大陸から来日し、その名技は称えられ、相互に比較され、日本人は大陸のいずれの民族の音楽を学ぶのが得策か、など大いに議論されたことであろう。

さて、一千年を経て音楽の輸入先は欧亜大陸東縁へと移り、日本中にドイツ楽、フランス楽、イタリア楽……が満ち満ち、来日楽人の美技は日々新たに称えられ、比較の方法論は今や精緻をきわめる。が、民族としては千年前の経験の反復であり、東と西と対象は異なるが、反応のパターンは同じであろう。つまり、往古の東洋音楽輸入の様相は、おそらく唐の滅亡（九〇七年）あたりをピークに量、質とも激減し、淘汰や整理がなされ、ほぼ同時に催馬楽・今様・田楽など和製の音楽がだんだん現れるようになる。こうした変化の様相が、昨今の西洋音楽輸入と創作活動のバランスの上に出てきていると思うのである。

たしかに、今日なお見かけ上、西洋音楽の輸入はさかんであり、今年来日したオーケストラだけでも、何と一〇団体を数える。しかし何かそこにはマンネリ化が感じられ、量的にはともかく、質的にはピークが過ぎたように思える。たとえば、その外来オーケストラ一〇団体の中で、われわれが真に新しい体験として感銘を覚えたのはブーレーズがＢＢＣ響を指揮したオリジナル版の「火の鳥」（ストラヴィンスキー）くらいのもので、他は、絶品だったベームとウィーン・フィルのベートーヴェンやブラームスをふくめ、体験の焼き直しに過ぎぬものが大部分だった。

外来のオーケストラやオペラ団への新鮮な驚きや喜びが急速に失われていく最大の理由は、ヨーロッパの音楽創作力の弱化、むしろ枯渇にあるだろう。持参の曲目が、ベートーヴェン、チャイコフスキー、ドヴォルザークと毎度固定しているのは、あながち呼び屋の商策のせいばかりではなくて、ハイドンが訪英のたびに新作交響曲でロンドンっ子を喜ばせたような芸当は、音楽の意味が変わってしまった今日では不可能事にぞくする。

だが、外来のオーケストラやオペラ団に新鮮な驚きを感じなくなっているのに、なおかつ、彼らが大挙来日し、それをみんなが聴きに行くのは何故かと言えば、彼らが日本の団体よりも上手だからであり、楽しめるという簡単きわまる一事につきる。古典派・ロマン派の音楽をウィーンやベルリンのオーケストラと言わず、ヨーロッパのそれ以上に日本人がやれるようになる日はついに来ないだろう。おそらく、奈良朝・平安朝の日本の楽人も朝鮮や唐の楽人以上に三韓楽や唐楽を上手にはやれなかった。それが自分たちの音楽、つまり後世の邦楽を生み出した唯一の理由だった。

しかし、個人として来日した指揮者たちが日本のオーケストラを振ってよい仕事をした例もいくつかあって、ギーレン（N響、ツィンマーマンなど現代物）、ベルゲル（読売日響、ブルックナー「第五」）、そしてボストンの小澤（新日本フィル、武満・ラヴェル）がとくに印象に残った。むしろ、オケぐるみでくるより単身赴任のほうが曲目選択が自由にできるのだ。

今日、音楽家のほとんどがヨーロッパやアメリカを知り、何人かはそこでの活動歴を持ち、また音楽ファンの半数がヨーロッパやアメリカを知っている。この事実は外来演奏家のありがた味をひところよりいちじるしく低下させたと同時に、逆に、あちらで聴いたのをまた日本で、と再会の期待感を高めることにもなっているようだ。ともあれ、今年も全体で千数百人に上る外来音楽家日本で活動し、その分だけ確実に日本の演奏家の活動は圧迫された。だが、開かれた国際的音楽マーケットの東京では、日本の音楽家の実力もいやおうなしにきびしい国際的標準で評価される。これは長い目にプラスだし、こればかりは平安時代にはなかったことだ。

専門家の低迷状態に比べて明るい材料は、アマチュア、とくに学生オーケストラ、学生コーラス、児童合唱などの活動に今年はとくに創造的な意欲がみなぎっていたことである。そのいちじるしい例の一つに一二月に入って行われた早稲田大学交響楽団・グリークラブ楽友会によるショスタコーヴィチの第一三交響曲（エフトシェンコの詩による）の本邦初演の快挙があった（指揮山岡重信、独唱岡村喬生）。練習に時間がかかったことは想像がつくが、その成果の立派さは、ほとんど玄人の団体をしのいでいた。

'75回顧
ベスト5

・ブーレーズ指揮ＢＢＣ響によるオリジナル版「火の鳥」の演奏（五月）
・ミュージック・トゥデイにおける高橋悠治・林光「通り抜ける歌」。特に高橋大海による林光「恨歎里」の演奏（五月）
・小澤征爾指揮アンサンブル・タッシと新日本フィルによる武満徹「カトレーン」初演（九月）
・田中信昭指揮ひばり児童合唱団及び荒川少年少女合唱隊の演奏と録音活動（特に三善、間宮、一柳、高橋作品における）
・優れた演奏による「平尾貴四男室内楽選集」の完成（ＲＣＡレコード、井阪プロデューサーによる）

1976

1976/02/04

作為なしの自然

ドレスデン・フィル演奏会

一九七六年一月二九日◎日比谷公会堂

ドイツ民主共和国（東ドイツ）からギュンター・ヘルビッヒ指揮のドレスデン・フィルハーモニーが来日、ほぼ一カ月間に全国で二〇回公演した。去る一月二九日夜の東京公演の曲目は、シューベルト「未完成」、メンデルスゾーン「ヴァイオリン協奏曲」、ブラームス「第一」という古典のポピュラー名曲ぞろい。

創立一〇五年というのにドレスデンにはさらに兄貴格のシュターツ・カペルレ（国立歌劇場管弦楽団、四八年秋来日）があり、そちらは創立四百二十何年とか。大変な音楽古都からの客だ。

「未完成」は出だしの低音弦が信じられぬほど柔らかく始まり、思わずひざを乗り出したが、進むにつれ魅力が減じていくのは木管に名人が少なく、弦の能力に限度があるせいだろう。フレーズの終わりをちょっとゆるめる古い歌い方がいまだ残っている。彼らに比べると東欧のあらゆるオーケストラがいかに技巧本位に走り、聴かせるための演出にこっているかがわかる。しかし作為なしの自然な音楽の流れで真の感動を誘うのは、これはさらに大変なことだ。

二曲目メンデルスゾーンは独奏者が代役のシェンクで、可もなく不可もなく終わったが、ブラームスの「第一」ではヘルビッヒの腕に一段と力が入り、よく引きしまった演奏になった。前に聴いたシュターツ・カペルレはいかにもオペラのオケらしく、金管は地味でホルンなど木管に融けこむ風情だったが、このフィルハーモニーはそれと対象的にいかにも音楽会のオケらしく、金管も華麗に力強い。両端楽章では力動感にあふれ、中間楽章での叙情的な味も快かった。しかし、目標がちがうこととは別に、前者の演奏には安定した様式感、芳醇な響きから来る格、といったものがあり、それをフィルハーモニーに求めるのは無理のようだ。

アンコールのワーグナー「マイスタージンガー序曲」では、この曲から加わった若い大柄なトランペット奏者が、弦をしのぐレガートで歌い、鮮やかな歯切れのよさでリズムを刻み、ついに金管群をリードしてすばらしい燃焼に導いた。ソリストとして来日したこともあるギュトラーという奏者だそうで、こういうこともあるのかと驚かされた。彼の協奏曲を聴きたかった。

1976/02/07

強く明快に「古典交響曲」

ワシリー・シナイスキー指揮のモスクワ・フィル

一九七六年二月二日◎東京文化会館

ソビエトの二八歳の青年指揮者で、一九七三年にベルリンのカラヤン国際指揮コンクールに優勝したワシリー・シナイスキーを聴く。振ったオーケストラは国立モスクワ・フィルハーモニー・アカデミー交響楽団で、一カ月ほどの日本公演も終わりに近い一夜。

第一曲のプロコフィエフ「古典交響曲」がもっとも好成績だった。ダイナミックな身振りで自分の主張を強烈に明確に、時には必要以上と思われるほど強調して、自分の父親くらいの年齢のプレーヤーたちをグイグイと、有無を言わさず引っぱっていく。才能は疑いないし、情熱、技術、積極性、明るい性格（答礼の表情から察せられる）など、まさにコンクール優勝タイプの音楽家だ。楽曲のどの部分をどう処理するかというプランが明快なことと、若々しい熱気が、プロコフィエフの初期の作品によく合致して、とくに演奏の楽でないフィナーレが賞讃すべき出来ばえだった。

第二曲はエリソ・ヴィルサラーゼをソリストとするチャイコフスキーのピアノ協奏曲。グルジア出身、漆黒の髪を長く垂らした彼女は恵まれた、すばらしい技巧を満喫させてくれたが、味わいの深さには欠ける。この曲でもシナイスキーは意欲的に振り、ふだん陰に隠れがちの木管を前面に出させたりした。

さて、最後のチャイコフスキー「第五」。これは一口にいって前代未聞、おそらく空前絶後のチャイコフスキーだった。けっして賛辞ではなく、逆である。第一楽章ですでに演出の図式がまる見えで、興ざめであった。この部分を足早に、その代わりこの楽句でたっぷり踏んばって、といった工夫は昔にくらべると誰でもやることで、とくにカラヤンあたりのお家芸だけれども、シナイスキーはその結果の芸術表現ではなく、それ以前の計画案を読み上げる段階に止まった。第二楽章で、われわれは何も、こってりした情緒をいつも期待はしないが、行進曲になっては味気ない。第三楽章ワルツはスケルツォのよう、フィナーレは唖然とするほかない機関車のばく進であった。しかしここで図らずもこのオケの合奏力の高さが証明された。あのテンポに破たんを見せずよく追随していた。しかし、これがソ連の若い世代の典型的なチャイコフスキーとは思わない。問題はむしろ、ソ連のオーケストラの百年一日のごときチャイコ、チャイコ、チャイコフスキーという能無しのプロ建てにある。彼のようなタイプの才人はストラヴィンスキーはじめ、適当な現代曲がいくらでもあるだろうに。

1976/02/28

鋭い切り込みに物足りぬ演奏陣

エドワルト・マータ指揮の読売日響定期

一九七六年二月二三日◎東京文化会館

昨年あたりから、東フィル、読響などに次々と個性的な外国人指揮者が登場するのは大きな楽しみだ。それはN響が同じ外来でも顔ぶれがほぼ固定しているのと対照的だし、またぞくぞくやってくる外来のピアニストや室内楽団などと比べると、指揮者の方が平均して役者が上だ。日本からもすぐれた指揮者が輩出しているが、世界的に若手指揮者の層が厚くなりつつあるのはたしかなことだ。

読売日本交響楽団の今月の定期に登場したのもその一人、メキシコ生まれ三四歳のエドワルト・マータ、すでに十年来国際的な活動をしているが今回が初来日。

第一曲、マータの師であるメキシコの作曲家、カルロス・チャベスの「シンフォニア・インディア」では、その鮮烈な色彩感を生々しく描出するためにマータは全力投球した。しかし、彼のイメージにある原色的な音色や躍動的なリズム感のはたして何割を読響は実現し得たろうか。この曲の性格が日本人の音楽性ときわめて遠いことはたしかだが、しかしマータの鋭い切り込み、すばやい身振りと読響の反応の間には少なからぬギャップが感じられた。

第二曲、プロコフィエフの第三ピアノ協奏曲のソリストにはソビエトの中堅ウラジーミル・クライネフが登場した。急速な楽章では堅固な技巧に物を言わせて猛テンポで突進、硬質な音と相まってこの作曲家の鋼鉄のような力性感の一面のみ強調された。ゆるやかな部分では叙情性は出ていたが、プロコフィエフ特有の風刺やユーモアの表現があまりにどぎつく、ニュアンスに欠けた。今の段階ではこの人も、われわれの前を絶えず通りすぎていくコンクール優勝者の一人にすぎぬようだ。この曲でのマータの棒は、先ごろ聴かされたマキシム・ショスタコーヴィチの砂をかむような指揮とくらべ、溜飲の下がる爽快なものではあった。

バルトークの「弦楽器・打楽器・チェレスタのための音楽」は木管金管を欠く編成のためにふつう演奏会の前半に置かれるが、この夜あえて最後においたマータの野心的な意図はかなり達成されたと言える。音色と力動感の要求は彼の資質から当然としても、多声的な第一楽章や清澄な第三楽章の処理も入念で、読響の弦も好演だった。これに反してティンパニ、チェレスタ、ハープあたりのバランスが何やらでこぼこだったのが惜しまれる。木琴の音色のさえていたのが耳に残った。

1976/04/26

現代作品の要求を実現

ジャンカルロ・カルディーニピアノリサイタル

一九七六年四月二二日◎イタリア文化会館ホール

一九六〇年代以降、現代音楽の作風がひどく変化したため、有名人だろうと無名人だろうと、ふつうの来日音楽家が、自国の現代作品を演奏することはまず不可能になった。そのため日本にある外国の公的文化機関、たとえばアメリカ文化センター、ドイツ文化研究所、イタリア文化会館などが、それぞれの国の今日の音楽状況を日本に紹介する目的で自国の作曲家や現代傾向に強いプレーヤーを招き、入場無料の音楽会、音楽祭を催すことが、ここ十数年の間に何度かあった。

今回のイタリア文化会館におけるジャンカルロ・カルディーニのピアノリサイタル（その第三日）もまさにこのような一夜で、前半に松下、一柳、武満、高橋が、後半にロンバルディ、デ・アンジェリス、ベリオ、ポレーナ、ブソッティが演奏された。ともに驚くほど多傾向な作風が集められ、明らかに通常の演奏会には組みこめない作品がふくまれていた。

カルディーニは自身作曲家でもあり、こうした使命を十分に果たすことのできる才能の持ち主だ。

現代作品が要求する鮮烈な音色、鋭いリズムの表出を開放的に、リラックスした気分で実現するばかりでなく、ユーモアの感覚も多分にあり、とかくガマン道場になりがちなこの種の音楽会にサロン的なふん囲気さえ感じさせた。

日本人作品では各人の個性がよく弾き分けられていた。グラフィックによる一柳作品では、騒音ふうの発想よりはあくまで音楽的な和音の、それが一個ずつ変化する劇的な変化がいかにもイタリア人演奏家らしかった。イタリア作品では予想通りベリオとブソッティが抜群で、とくに後者で、ピアニストの指が運動しながらいつしかキーをはなれ、肩から頭へとはい上がったのは秀逸で、この作曲者が画家や俳優をも兼ねる人物だったことを想起させるに十分だった。教育目的という、伝統和声によるポレーナ作品には戸惑いを感じた。

1976/05/01

絶叫・衝撃音なき前衛演奏

サウンド・スペース・アーク第三回公演

一九七六年四月二八日◎東京文化会館

「アーク」第三回公演にいく。今度メンバーに加わったクラリネットの鈴木良昭、あとは以前からのフルートの小泉浩、ピアノの高橋アキ、打楽器の山口保宣、ハープの篠崎史子の五人から成る、前衛音楽の演奏グループだ。

きわだった印象から書くと、全体がじつに静かな音楽会だった、ということ。もちろん燃焼の時間も少なくなかったが、とかく前衛音楽につきものの高音域の絶叫や猛烈な衝撃音の連続といったオーバーヒートがぜんぜん聴かれず、しごくクラシック(というのもおかしいが)だった。ということは、七曲中六曲まで初演曲で占められていたにもかかわらず、五人の意識に、とくべつの音楽を紹介しているのだ、という気負いがまったくなくて、彼らのごく日常の音楽行為を聴衆と共有することができたからだろう。それはたしかに、多年前衛音楽ととり組んで来た彼らの音楽的な成熟を示すものである。

それは一方では当夜の選曲とも関係がある。現代音楽には明らかの季節の変わり目が訪れており、ひところの意欲ムキだしの、実験的手法の羅列の時期は完全に終わった。海外で前衛音楽演奏の経験の豊富な彼らが、最近の世界的な傾向を反映させたのがこの一夜出会ったとも言えるだろう。

外国曲がポーランドのトマシュ・シコルスキ、アメリカのケージとテニー、ソ連のデニソフと、独・伊・仏以外から選ばれていたことも、いわゆる前衛以後の音楽会らしかった。日本作品は松平頼暁、山口保宣、篠原真。

最初のシコルスキ「無題」と最後のテニー「エオリアン・モード」（ただし、ほとんど五人の即興演奏）は、単純な音型のえんえんたる反復のなかに微細な変化を生み出していくクールな作品で、しかもそれをやや過冷ぎみに演奏したところに「アーク」の今日的演奏姿勢がはっきり読みとれた。ケージの初期のハープ独奏曲「ある風景のなかで」はロマン派小品のように美しく弾かれ、つづくモスクワ音楽院教授デニソフの「オード」は、ソ連作曲界の知られざる一面、つまりこんなに西とよく似た語法で自己表現している作曲家がいたのか、と改めて驚かされた。

松平頼暁「コヘレンシー」はこの人らしい独特な発想が音の遊びと通い合うといった趣の音楽、自作自演の山口「ヴィジターⅠ」は彼の楽器たちに静かな息吹を与え、色彩ゆたかな歌を歌わせた。篠原の「レラシオン」は音楽内容の充実した儀式を思わせ、深い感銘を残した。

1976/05/12

行き過ぎた撮影自由

ディアスポラ・ムシカI

一九七六年五月四日◎東京・日経ホール

「ディアスポラ・ムシカI」を聞く。バスーン奏者の浅野寿公《よしかず》、打楽器奏者の山口保宣、同アメリカ人で訪日中のマイケル・ランタ（かつて万博西ドイツ館でシュトックハウゼンと協演した人）の三人による前衛音楽の会。

　この「音楽離散体」なる団体名と、ちらしの「写真撮影・録音などの行為はすべて歓迎します」のうたい文句、「弁当つき」入場料、などが人目を引いたわりには、盛況でなかった。

　まず、ランタ「トランシッツ2」が作曲者と山口で演奏された。ライヴの電子音とアジアの民族楽器をふくむ多数の打楽器による、えんえん一時間近い、ほとんど即興的な音響の場が、作られてはこわされ、また新たに作られていく。西欧音楽に絶望しながらも、そこから逃れられない業のごときものを背負っているランタ独特の音の世界が展開され、興味深かった。この間、ステージ上にはつねに十数名を下らぬアマチュア・カメラマンが入れかわり、立ちかわり二人の打楽器奏者、とくにランタに近く迫り、それをまた取材するプロ・カメラマンも入り乱れる騒ぎとなったが、ランタの音楽はそんなものに少しも邪魔されぬどころか、まさにディアスポラ（その本来の意味は他民族間に住む宗教上の少数離散者のこと）たるランタの存在が強く浮かび上がる効果さえ加わった。

第二曲は浅野のバスーンでバッハの無伴奏チェロ組曲第二番。中音域、低音域の安定した温室に加え、高音域がやや安定を欠くのが惜しい。バロック音楽では楽器の互換性を前提とした曲もあるが、バッハのチェロやヴァイオリンの無伴奏曲はそれを厳しく禁じる作風。それを承知であえて挑戦するのは結構だが、もう一つつき抜けた大柄の名人芸に徹するか、当世ふうの電子音響的変容を試みるかどちらかに行きつかないと中途半端の感が残る。ともかく、ステージは浅野をモデルにした撮影会におちいり、バッハどころじゃなかった。じつは筆者はストロボの閃光に耐えかね、後半ロビーに脱出、スピーカーからのの彼の音楽を楽しんだ、カメラマンに自制を求めるアナウンスは遅きに失した。

山口の「ヴィジター2」は先夜の「アーク」公演の続編の感、最後の諸井誠「有為転変」は四年前の邦楽器の版とは大幅に趣をかえ、喜多島隆夫の詩を奏者たちが唱えたり、野菜を小道具に、その即製ジュースの会場配りといった遊びを伴う演出は真意をはかりかねるうちに終わった。

1976/06/02
よくわかる音楽観
自作を指揮のペンデレツキ

一九七六年五月二八日◎東京文化会館

ポーランドの作曲家で世界的にも知名度の高いクシシトフ・ペンデレツキがはじめて来日し、大阪フェスティバルに出演して大阪フィルを指揮したあと、東京都交響楽団の定期公演を指揮した。曲目はすべて彼の自作ばかり、これはオケの定期には珍しいケースだった。

ポーランドは東欧諸国の中では前衛芸術がさかんで、音楽もその例外ではない。ペンデレツキは一九六〇年前後に、西欧の最前衛の作曲家としてデビューしたが、彼の前衛的な姿勢は長くは続かず、六五年ごろから受難曲、オペラなど伝統的な大形式に向かった。四三歳の今日、彼の芸術はすでに完成して、安定した作風に到達している。

ヴァイオリンとオーケストラの「カプリチオ」(一九六七)が、当夜の曲目では群を抜いてすぐれており、同奏者で都響のコンサートマスター小林健次がこの難曲をみごとに征服し、曲に生命を吹き込んだ。元来スラヴ系の音楽家は弦楽器にすぐれた伝統を持っているし、彼自身若いころヴァイオリンを弾いただけあって、外見上は新しい意匠のコンチェルト形式に、深い奥行きと弦楽器演奏に特有の楽しみを加えるのに成功していた。オーケストラの新しい音色や奏法もこの曲ではよく曲想に合致し、所を得ていた。

「広島への犠牲の哀歌」(一九六〇)は弦楽合奏の曲だが、作曲当時としてはおよそ想像もできなかった珍奇な奏法(駒の反対側をひいたり、あちこちをたたいたり)を用いて弦楽器の出せる限りの音をはき出させ、しかも厚みと迫力のある一編の音詩に仕上げた秀作。音楽内容が素直なせいか、急速に古典的な様相を呈してしまったが、都響の弦楽陣はよくペンデレツキの要求にこたえ、独特のきしり音や音の霧を効果的に再現していた。

「交響曲」(一九七三)は作曲者の十数年間の音楽語法の集大成で部分的には興味ある音色やそれらの対比が聴かれたが、長さに見合うだけの内容の必然性と構成上の工夫がじゅうぶんとは言えず、最近作「ヤコブのめざめ」(一九七四)も新味に乏しかった。

彼の指揮ぶりはいかにも作曲家の指揮らしい率直なもので、何より彼の音楽観がよくわかっておもしろかった。たとえば諸楽器に自由な奏法を選ばせ、偶然の出会いに期待し、奏者の自発性に任せた方がよさそうに見える個所でも、彼は昔の西洋音楽に対するように、エネルギッシュに棒を振り、明確な指示を与えずにはいられぬようだった。

1976/06/09
個性的な音と様式
トゥールーズ室内管弦楽団

一九七六年六月三日◎東京文化会館

南フランスの都市トゥールーズから室内オーケストラ（一二、三名の弦楽合奏）が二度目の来日、各地の楽旅もほぼ終わった一夜を聴く。

編成こそ他に多くあるバロック演奏団体と同じだが、じつに個性的な音と様式を持っていて、なかなか楽しめた。イタリアの楽団のように明快な音ではっきり旋律線を描くのではなく、ドイツの楽団のようにがっちり形式を踏まえた上で情熱を注入するのでなく、東欧のそれのように技巧に物を言わせるのでなく、トゥールーズはふんわりと柔らかい響きで快適な気分を作っていく。フランス流の音楽芸術の理想をかなり高い程度で実現していると見た。

第一曲はクープランの組曲「リュリを賛えて」で、このヴェルサイユ時代の巨匠が約半世紀をへだてた先輩をしのんで書いた典雅な合奏曲が曲、演奏とも当夜の最高だった。この曲がヴァイオリン二部に通奏低音という、ヴィオラ抜きに書かれていることも、軽くしなやかに、ニュアンスを身上とするこの楽団に向いていたし、何より「リュリは精霊たちと合奏する」とか「リュリのアポロンへの感謝」といった古風な幻想的雰囲気を、現代人のユーモアも失わずに格調正しく再現したのはさすがだった。

響きのやわらかさは格別で、注意してみていると各人のヴィブラートのかけ方（速度と大きさ）が大変ちがう。意識してそういう方法をとっているのか、響きの要求からしぜんそうなるのか、一種の音色混合が成立して、それがソフト・フォーカスな音像を結果するらしい。

第二曲目はクリスティアン・バッハの「チェロ協奏曲」。ただし開始部のテーマの様式からも、高音部のパッセージや重音奏法がさかんに出ることからもクリスティアンの作ではあり得ず、かつてサン＝サーンス所持の手稿を今世紀はじめアンリ・カサドシュがヴィオラまたはチェロ用にアレンジした偽作と思われるが（確認はしていない）、そんな考証ぬきで美しい曲を楽しい演奏で提供しようという姿勢が、またいかにもこの楽団らしい。団員のマルシャンドーが確実な技巧で、ロココふうの音の織物に近代のテクニックを加味したこの難曲を、けっしてムキにならず、いい意味でノンシャランに弾いてのけた。ルイ王朝の楽団もおそらくこういう態度で日常の音楽をやっていたのだろう。こういう感じは同じフランスの楽団でも大オーケストラからは想像できない。

あと、ヘンデルの合奏協奏曲とブリテンのシンプル・シンフォニーが演奏された。

1976/09/11

戦前曲再現に成功

新交響楽団「日本の交響作品展」

一九七六年九月三日◎東京文化会館

新交響楽団の創立二〇周年記念「日本の交響作品展」を聴く。このアマチュア・オーケストラは一貫して芥川也寸志の指揮下で活動をつづけて来たユニークな団体、定期で三一回通算七三回の演奏回数を数える。前半一〇年は労音例会への出演が多かったようだが、後半は自主活動一本でがんばっている。少数の学生、主婦のほかメンバーのほとんどはサラリーマン、中には社長さんもいる。

今回の公演ではプロもめったに取り上げない戦前の日本のオーケストラ曲（昭和九年から一二年までの作品）を、期待以上の好演で曲の姿のありのまま再現して成功だった。きけば四月以来毎週一回、夜の定時練習で積み上げてきた成果らしく、成せば成るのアマ精神には敬意を表しておきたい。

箕作秋吉の「小交響曲」（昭和九年）はこの晩学の作曲家が三九歳でなお西欧音楽の創作原理への熱烈な学習精神を失っていないのに感動させられる好演だった。

大木正夫の組曲「五つのお伽話」（昭和九年）は戦前の演奏では八方破れの印象が強かった曲だが、

この夜の演奏は作者の強い個性と思い切った管弦楽法をむしろおもしろくきかせた。

平尾貴四男の「古代讃歌」(昭和一〇年)はプロの新響(現N響)の当時のコンクール入賞作、地味な曲だがこの作者の音楽への誠実な取り組みや内なる情熱のはげしさがなまなましく再現された。

尾高尚忠「日本組曲」(昭和一一年)はウィーン国立音楽学校卒業制作のピアノ曲をのちに管弦楽化したもの、マスターしたドイツ的な技法で日本的感性を表現した安定した作品で、当時作者自身の指揮で現地でも演奏しているだけあって、逆にいうならこの夜でもっとも驚きの少ない曲であった。

早坂文雄「古代の舞曲」(昭和一二年)は比較的初期の作、より晩年のいわゆる汎東洋主義への萌芽が見える一方、泰西名曲の影響のあとも、ダイナミックな力演を通じて歴然と感じられた。

ともあれ、西洋の技法を学びつつこの時期に特有の日本的情緒がどの曲にも表れているのが一つの時代様式を感じさせた。今回は物故者ばかりだったが、生存者のみの次回(一〇月一一日昼、東京文化会館)にも期待したい。

なお、プロ巻末のくわしい作品表は貴重な記録だが、プロ本文の作曲年代がそれとほとんど不一致なのはどうしたことだろう。

1976/10/09

器楽奏、フルに活用

東京室内歌劇場「ルクレーシアの凌辱」

一九七六年一〇月五日◎東京・第一生命ホール

東京室内歌劇場の八年目のシーズンは、ベンジャミン・ブリテンの初期（一九四六年作）のオペラ「ルクレーシアの凌辱」で幕をあけた。

イギリス初演七年後の昭和二八年に演奏会形式で本邦初公演し、その翌年にはステージにもかかったこの作品が、当時とはすっかり世代の交替した歌手たちによって、どんなに近代感覚あふれる歌と演技の見せ場になっているだろう、と期待に胸をふくらませて出かけたのだが、その点ではさして変わりばえがしなかった、つまりあの二二、三年前の、当時の最高スタッフによる上演が相当に密度の濃いものだった、ということに改めて思い至った次第であった。

当時すでに感じたことだが、この作品は現代オペラとはいえ、半音階を極度に避けた平明な作風が今になっては何とも中途半端で、イギリスでは初演された直後の三カ月で一〇〇回上演されたというその大衆性が音楽の弱さにつながり、今や裏目に出ていることは否定できない。しかし作風はともかく、八人の歌手、指揮者とも二一人の演奏者という制約をフルに活用している腕前は認めねばなるまい。

二人の語り手（中村健、瀬山詠子）がいちばんの大役だが、両そでに立ちつくすだけでなく時には演技者たちの傍らに近づき（演出、鈴木敬介）、控え目に動きながら、劇の展開の主導的役割をじゅうぶん果たしていた。ことさら言及するのはおかしいのだが、二人の日本語はよく判り（訳詞宗近昭）、不自然さのなかったのは幸いだった。ルクレーシア（斉藤允樹代）、タルキニウス（工藤博）、コラティヌス（築地利三郎）らも好演だったが、決定的瞬間での言葉と演技と音楽のピタリと定まらぬもどかしさが残った。これは訳詞上演であるかぎり避けられぬことなのだが。

N響メンバーを中心とする器楽奏者たちの功績は小さくなかったし、これまで室内歌劇場の公演が二台のピアノでオーケストラに代えていたのを思えば、オリジナルな編成の上演は結構なことだったが、しかし、メンバーの腕が良かっただけに、ステージ下に広く散開した一三人（指揮者のピアノとも）のアンサンブルのバランスや弱音での劇場表現にいっそうのデリカシーを望みたかった。凌辱場面に至る木管合奏の美しさが印象に残った。最後に若杉弘の、声と器楽の渾然たる響きをつくり出すいつもながらの巧みさに拍手を送る。

1976/10/13

自在な芥川の指揮

新交響楽団「日本の交響作品展」第二回

一九七六年一〇月二日◎東京文化会館

芥川也寸志指揮・新交響楽団の創立二〇周年記念「日本の交響作品展（昭和八年―一八年）」の第二回、現存の五人の作曲家の作品を聴く。

前回（物故作曲家五人の作品、九月三日）とくらべ、平均年齢でわずか二年半、作曲年代の平均で五年若くなっただけなのに、この時期の作曲界の技術、内容の急激な向上、充実がうかがえ、芥川のニュアンスに富む指揮ぶりとアマチュアとは思えぬ新響の演奏ぶりは前回にも増して好調であった。

清瀬保二「小組曲」（一九三五）では作品のフレッシュな感性、入念な管弦楽法、楽章間対比の妙がよく生かされ、とくに弦楽器群のみずみずしい音色と対位法楽句の程よいバランス、それに木琴など特殊打楽器の効果が印象に残った。

高田三郎「山形民謡によるバラード」（一九四一）は戦前すでにこの曲の原型のポケット版スコアが刊行されていた秀作。民謡（子守唄）の旋律はオーボエ、フルート、クラリネット、第一ヴァイオリンが適度に叙情的に、清潔に歌い上げて美しかった。フーガ部分はより分厚く、がっちり響かせた方が作曲者があとで加筆したコーダの意味もより生かされたろう。

　諸井三郎「小交響曲」（一九四三）では第一楽章アレグロ・グラツィオーソがこんなに早いテンポで軽妙に運ばれるのを聴いたことはなく、新たな視点からの未知の美を開示した。終曲レント・アッファービレは敗色濃い戦争末期の悲痛な感情にみちた音楽だが、それがワン・クッションおいた醒めた叙情で再現され、今昔の感を深くした。

　伊福部昭「交響譚詩」（一九四三）の演奏はこの日の圧巻で、作曲者とエゾ地の大自然との交感から生まれた大らかな歌は、師の音楽に心から共感しつつ造形していく芥川と、それに敏感に反応する楽員との間に理想的な交感状態を現出し、この意義深い企画のクライマックスとなった。

　この日の聴衆はアマとプロの技術に上下があるか、音楽する心とは何か、指揮者の役割は何かを考えたにちがいない。一〇年後、三〇周年記念にもまた、プロにできない企画、プロ以上の成果を新響に期待しよう。

1976/11/13

名人技に頼りすぎ

ヴォルフガング・サヴァリッシュ指揮のスイス・ロマンド管弦楽団

一九七六年一〇月二八日◎東京文化会館／一一月七日◎日比谷公会堂

スイス・ロマンド管弦楽団をその現在の音楽監督サヴァリッシュ（就任七年目）の棒で聴く。オーケストラが十年一日のごとく高水準を維持しつづけるのがいかに難事業であるかを、この楽団は身を以て示している。

故アンセルメ（彼が一九一八年に創立した）の指揮で一九五〇年代から六〇年代前半にかけて録音された数多くのレコードは、フランスふうの香気にみちた、しかも精妙きわまる演奏で高い評価を得ていた。だが、六八年に初来日した時、彼はすでに引退後で（同行来日はしたが）、かなり資質のちがうクレツキーの指揮下で楽団は混迷していた。往年の香気を残しながらも盛りをすぎた果実のようだった。

さてサヴァリッシュの下でどうなったか。初日はフランス曲目のみ（ベルリオーズ「幻想」マルタン「弦楽エテュード」ラヴェル「ラ・ヴァルス」）でこの日はなかなか好調であった。以前よりもドイツ色の勝ったオケに変容して立ち直りつつあるように見えた。「幻想」は昔からこの楽団の十八番だったが、アンセルメ時代のフランス古典精神に、さらにウィーン古典主義の語り口が裏打ちされた端正な演奏だった。マルタンでは弦楽群の高い演奏能力が証明され、ラヴェル（特にアンコールの演奏）では弦と木管が往時の官能的な音色を想起させ、しかもサヴァリッシュのウィーンふうのリズム表現にもよく反応してすぐれた演奏だった。

それで、一〇日後の日曜マチネーのドイツ曲目（シュトラウス「ドン・ファン」モーツァルト「交響曲K二〇一」ベートーヴェン「田園」）にも期待して出かけたが、こちらは失望だった。さきのフランス曲目ではドイツふうの演奏様式がむしろプラスに作用していたのと反対に、ドイツ曲目では生地のフランスふうの音色や奏法が前面に出て、がっちりした取り組みに欠ける結果となった。バイリンガル（二国語併用）はスイス人の特技だが、音楽の世界は別らしい。ともかく、この楽団は日常的な厳しい訓練の積み重ねをきらい、個人の名人技に頼りすぎているようだ。

六八年来日時の五四パーセントの楽員しか今日まで残っていない。コンサートマスターはじめ楽員の入れ替わりがはげしいのだ。名称は同じだが、アンセルメの現役時代とは別の楽団が今育ちつつある、といえるだろう。

1976/12/07 日本人に親しまれたブリテン

惜しい再ブーム後の死

ベンジャミン・ブリテンが死んだ、と聞き、彼の二つの作品「シンフォニア・ダ・レクイエム（鎮魂交響曲）」と能によるオペラ「隅田川（カーリュー・リバー）」を改めて、レコードでしんみりと聴き直したところである。

「隅田川」の幕切れ、墓前の場面で死んだ子供の声がとつぜんきこえ、狂女の、寒気と絶望の入り混じった一声がそれに折り重なる瞬間は、昔から幾百幾千とあるオペラの中でも類のない、感動的な場面にちがいない。原作者である世阿弥の息子、観世元雅のイメージは、様式を教会の寓意劇に、筋を中世のイギリスに移してなお、損なわれることなく残っている。台本を知日英詩人プルーマー（戦前各地の学校で英語教師）に委ねたのも賢明だった。

ブリテン自身一九五六年に来日して「隅田川」の舞台を彼の目で見た深い感動がオペラ化の発端となったのだが、当時、彼は生涯の芸術的伴侶であったテノール歌手のピアーズを伴い、われわれ作曲家の何人かと会見の席に現れた。その日に、彼らは「隅田川」を見てきた様子であった。ピアーズがアウアウアウなどと謡の発生をまねて見せ、一同を打ち興じさせる傍らでブリテンは物静かに、ほとんど質問も発言もせずに座っていた。

その、五六年の来日時に彼はＮＨＫ交響楽団を指揮して前記の「シンフォニア・ダ・レクイエム」の日本初演をしたが、じつはこの曲には因縁話があった。一九四〇年、政府は「皇紀二六〇〇年」を祝って独仏伊ハンガリーの四カ国から寄せられた、新作管弦楽曲を、歌舞伎座で披露公演したのだが、じつはイギリスからはブリテン（当時二六歳）のこの曲が届いていたのだ。

だがそれが死者追悼の曲であるのに困惑し、怒った軍国時代の役人の手で、楽譜は内務省の金庫に眠らされてしまった（今、現物は芸大図書館にある）。

彼はもちろん、そのことには触れずに淡々と指揮し、戦後の若者のさかんな拍手を受けていたのが印象的だった。印刷されたスコアにはただ「両親の思い出に」と記されてあった。

良心的徴兵忌避者であった彼は、第二次大戦中も創作の筆を休めることなく「ピーター・グライムズ」を筆頭に次々とオペラを世に送り出した。日本人もじつによくブリテンを演奏し、聴いた。こんなに日本人に聴かれた現代作曲家は他にいない、オペラに限って当時の公演記録を拾ってみるなら――

「ルクレーシアの凌辱」（五四年、二期会）「ピーター・グライムズ」（五六年、同）「ねじの回転」（五八年、ラモー）「ノアの洪水」（六〇年、大東学園）「オペラをやろう」（六一年、藤原）「真夏の夜の夢」（六二年、二期会）「アルバート・ヘリング」（六二年、同研究生）という壮観であった。

当時は現代音楽ばやりの季節でもあったが、しかし歌手やオペラ団には、十二音音楽や前衛は受け付けないが、ブリテンなら、という気分があったと思う。あまり半音階や不協和音を多用せず、しかし昔風のありきたりの響きではなく、適度な新しい感覚を慎重に、巧妙にとり入れ、楽器編成に簡素でも大きなステージ効果を発揮する彼の作風は、本国ばかりでなくドイツやアメリカでもひろく迎えられたのである。

しかし、日本ではその後の一〇年間、「戦争レクイエム」（六五年、読売日響特別公演）のほか大作の上演を見なかった。すっかり忘れ去られた観があった。ところが「真夏の夜の夢」の再演（七二年、芸術祭公演）をきっかけに、少し大げさに言うと五〇年代のブームの再燃が始まった。「隅田川」（七五年、東京室内歌劇場）「燃える炉」（同、東京オペラ・プロデュース）「放蕩息子」（七六年一二月予定、同）の教会オペラ三部作の合間には「ルクレーシア」の再演（七六年、東京室内歌劇場）もあり、新たな視点から見直されようとしている。

トーマス・マンによる「ヴェニスに死す」は本邦未初演だが、思えばあのオペラの初演（七三年六月、イギリス）の指揮をすでにかれは自分でとることができなかった。心臓手術の予後を養っていたのだ。あの大作が彼の寿命を縮めたのだろうか。

1976/12/11

知的な印象を受ける

アラブの弦楽器ウード公開演奏

一九七六年一二月一二九日◎都市センターホール

ウードと称するアラブの代表的な弦楽器は、西洋のリュートと日本の琵琶の中間の形を示す点でわれわれに興味深い存在だが、これまで一度も本格的に紹介されたことがなかった。今回、イラクの名手ムニール・バシールが国際交流基金の招待で来日、ただ一回の公開演奏が行われた。

黒衣に身を包み、音楽家というより宗教家を思わせるバシール氏は、伝統的な手法による即興演奏を三曲行った。第一曲が最も長く約二二分つづいた。緊張して待った最初の一音の、いくぶんびり気味のさびた音色で、ウードが西洋近代の楽器のいずれよりも、むしろ東洋のそれに近いことをわれわれは直感した。しかし、二個つづいた単音のあと、急速に奏された五音符から成る音型や、前の音型を残しつつ新しい音を付加していく変奏法、定期的なようで自由な拍節法は、西洋でも東洋でもない、アラブ独特の手法というほかないものであった。この曲では即興的な変奏法の基本が示されたようで、精巧な構造の中に次第に名人芸が導入され、再び単純化して同音の反復の中に消え入るように終わった。

つづいて演奏された第二の曲は九分ほどの長さだったが、三曲中で最も変化に富んだ興味深いものだった。四分の一音のような微小音程や、幅広い二度に聞こえる四分の三音などが交錯し、複弦の余韻が微妙にからんでデリケートな響きが作られる一方、とつぜんに、はげしいトレモロによる和声的な楽句が鳴り出し、前者ときわ立ったコントラストを作るなど、驚くべき変化に富んだ演奏であった。

三曲目は六、七分で終わったかと思うが、これはいささか近代的、西欧的の曲だった。力強い和弦奏法や、スペイン舞曲ばりの拍子感のある楽想など、むろんほんとうの起源はこちらにあるにせよ、ギター音楽を思わせる楽想や奏法がむしろ違和感を感じさせた。

ともかく、古くからギリシャの影響下に独自な理論体系をもち、乾燥した風土に、イスラム教の戒律の下で育ったウードの音楽は、情熱に走らず情緒的でさえなく、叙情に流れることもなく、きわめて知的な印象を与えた。これにひきかえ、日本音楽がいかにしめっぽいかを、改めて思い知らされた。

1976/12/16

'76回顧
ベスト5

・ポリーニ ピアノ演奏会における、ブーレーズ「第二ソナタ」の演奏（三月）
・レコード、東京混声合唱団二〇周年記念「合唱音楽の領域」（四月）
・芥川也寸志指揮、新交響楽団（アマチュア）による戦前の「日本の交響作品展」（九、一〇月）
・東京クヮルテットの東京公演（九月）
・廣瀬量平「管弦楽のためのクリマ」（日本フィル定期、一一月）

1976/12/25
「第九」の季節に貴重な体験
マーラー「第十交響曲」の日本初演

一九七六年一二月二二日◎東京文化会館

渡辺暁雄指揮、東京都交響楽団定期公演でマーラーの「第十交響曲」の日本初演を聴く。

交響曲は九番が最後という作曲家はベートーヴェン以後何人かいるため、マーラーも健康の衰えとともに十番の筆を進めるのを恐れていた、と未亡人アルマは手記で語っている。しかしほとんど完成している第一、第二楽章のほか、第五楽章までの多量の草稿が残されているので、これを完結させようという誘惑に抗しかねる音楽家は少なくなかった。ついにイギリス人クックの手で、たんねんに整えられた復元版が、作曲者の死後六〇年ほどして完成、一九七二年にロンドンで初演された。都響定期で四、五、七番をここ数年間に上演してきた渡辺暁雄が今回取り上げたのもそのクック版である。

草稿には「悪魔がおれと踊る」（当初の第二楽章、のちの第四楽章「スケルツォ」の表紙）だの、「すっぽり布をかぶせた太鼓、その意味がわかるのはお前だけ。ああ！　ああ！　ああ！　我が竪琴《たてごと》よさらば！　さらば、さらば、さらば、さらば、ああ、ああ」（第四楽章末尾）とか、「お前のために生きる！お前のために死ぬ！　アルマよ！」（全曲の末尾）といった凄絶な書きなぐりが散見される（草稿の複写版が出版されている）。

しかし音楽は、第四楽章の末尾から第五楽章の序にわたって、大太鼓の強打による、まさに止まりそうな脈搏を思わせる不気味な表出（前期の書き込みと関連がある）以外には思いのほか常識的に鳴り、ゆるやかなテンポの第一楽章や、スケルツォのトリオのレンドラー舞曲などはただただ美しく響き、第三楽章「プルガトリオ」（煉獄）はパラディーゾ（楽園）のごとく楽しかった。だが、死に直面した天才が思い描いた音はもっと鋭くきしみ、激しく引き裂かれていたのじゃなかろうか。

クックがマーラーになり替われるはずもないが、オーケストレーション（管弦楽法）の上で、彼は安全度の高いやり方、つまりは金管に弦を重ね、木管にも弦を裏打ちし、あれこれ重ねすぎたきらいがある。何より、巨匠の最後の仕上げ、つまりは画竜点睛という決定的な作業を欠いているから、マーラーの周辺を彷徨してついにマーラーには行きあたらぬもどかしさがつきまとった。

とはいえ「第九」の季節に「第十」を聴いた貴重な体験は長く記憶に残るだろう。近ごろ好調の都響の八〇分にわたる力演に拍手をおくる。

1977

1977/02/05

貫禄、純正音程の美しさ

アンリ・オネゲル

一九七七年一月三一日◎東京文化会館

アンリ・オネゲルが来日し、東京で二夜にわたりバッハの無伴奏チェロ組曲、全六曲を演奏した。彼は今回はただそれだけのために来日したようで、東奔西走、今宵は札幌、明晩は福岡といったハードスケジュールをこなすのが当たり前になっている外来演奏家としては異例のことだ。二夜の演奏会のうち、一月三一日夜、東京文化会館小ホールでの第二・四・六番の演奏を聴いた。

白髪、村夫子然とした、まったく飾り気のない物腰でステージにあらわれた彼は一九〇四年ジュネーブの生まれ、クレンゲル、アレクサニアン、カザルス、フォイアーマンと今世紀最高のチェロの師につき、長年にわたりアンセルメの下でスイス・ロマンド管弦楽団のソロ・チェリストであった。昔のファンならおなじみの、ブッシュ指揮のブランデンブルク協奏曲のSPレコードの演奏に若い日の彼が加わっていたと知れば、世代と演奏スタイルのおよその見当はつく。しかし七二歳で弦楽器奏者として現役というのはカザルスのような巨人は別として珍しい。

かなり即興性の強い、主観的な演奏であった。長年手塩にかけ、細部まで知り尽くしているこの名曲を、古希を越えた枯淡の境地で自分なりに味わい楽しむといった風情の感じられる演奏であった。構築的な演奏ではなく、むしろ叙情的で、その意味では彼はドイツ的よりは明らかにフランス的な感性の持ち主であるが、形式感は明瞭で各舞曲の性格の対象や舞曲内部の構成感が無作為のうちに浮かび上がってくるような趣があった。

おそらく彼も若いころはもっと古典主義的な、骨組みのがっちりした音楽をやっていたのではなかろうか。それが年と共に一方では読みの深さを増し、他方では技術や体力に見合う形で、自由に楽想を展開するように変化していったと思われる。しかし、依然として両大戦間の新古典主義の演奏様式が彼の演奏のバックボーンになっていることを感じさせた。

音色は華麗さや輝かしさはないが、しんのある暖かい音で、豊かな響きを失っていない。重音の純正音程の美しさには、若い世代の弦楽器奏者からはきけない貫禄があった。

元来五弦の楽器のために作曲された難曲である第六番を、ほおを紅潮させながら弾き切ったあと、アンコールに組曲第三番のブーレが典雅に、またカザルスの「鳥の歌」が師へのオマージュの心をこめて歌われた。

ヨーロッパにおける音楽の伝統の深さを感じさせられた一夜であった。

1977/02/16

個性強く、骨格しっかり

クリスティアン・ラルデとマリー＝クレール・ジャメ

一九七七年二月一〇日◎郵便貯金ホール

フランスからの二人の音楽家クリスティアン・ラルデ（フルート）とマリー＝クレール・ジャメ（ハープ）の、来日最後の音楽会を聴く（浅妻文樹指揮・東京アカデミカーアンサンブルの協演）。

フルートとハープは、モーツァルトの協奏曲や近代フランスの室内楽で相性のよい楽器ということになっているが、この二人は、筆者もプログラムの紹介ではじめて知ったのだがご夫婦なのであった。また、ジャメは戦前からハープの名人として名高かったピエール・ジャメの娘で、当夜の出演者のだれよりも長身、大柄の、スケールの大きい、したたかな名手であった。したがってラルデの笛に夫唱婦随の伴奏を優雅に奏するといった風情とは縁のない、ともに個性の強い、骨格のしっかりした音楽をきかせた。

ラルデは伝ハイドンとモーツァルトの、ともにニ長調の協奏曲を吹いた。彼のは金のフルートである。その材質と関係があるのかどうか、音色は硬質で、フレージングのはっきりした、明晰な、知的な古典演奏である。華麗さはないが、とくに低音部が音量ゆたかに、確実な音程で歌われるのが印象に残った。

ジャメはヘンデルの協奏曲とダマーズの小協奏曲（プロにジャメ編曲とあるが「ジャメによって世界初演がなされた」の意味だろう）を演奏したが、長身を利してあの大きなハープを見るからに楽々と操り、ヘンデルの冒頭から、低音の充実した響きがよく鳴るのに驚かされた。弱音から強音までのニュアンスも自在につき、リズムがいくらか自由すぎる感がなくもないが、形のはっきりした、たくましい音楽であった。技巧的に難曲とおぼしき現代のダマーズでは、鋭い感覚の裏に女性らしい叙情味ものぞかせて好演だった。

東京アカデミカーの、やわらかい響きと端正な奏法は、古典曲ではソリストたちをこの上なく引き立てていたが、ダマーズではリズムの切り込みにもう一歩の感が残った。

最後にラヴェルの七重奏「序奏とアレグロ」（クラリネットに村井祐児、ヴィオラに浅妻）が、ラルデの要所をおさえたリード、ジャメの名人技で、たんにフランスふうの感性とニュアンスの音楽としてでなく、むしろ古典的な造形性を印象づけた。

アンコールには前記モーツァルトの協奏曲の第二楽章と、バッハのフルート・ソナタのシシリアーノ楽章の編曲が、これだけはいく分、夫唱婦随スタイルで和やかに演奏された。

1977/03/19

往年の作風への理解と共感

井上頼豊「日本のチェロ曲半世紀」

一九七七年三月一五日◎青山タワーホール

「日本のチェロ曲半世紀」と題する井上頼豊氏のユニークな企画による、二回連続リサイタルの第一夜を聴く（ピアノ村上弦一郎氏）。

曲目は一九二八（昭和三）年から一九四三（昭和一八）年までの間に作曲された八人の日本人作曲家（うち半数が故人）の八曲から成っていた。当今は若手の日本人チェリストで国際的な活躍をしている腕達者が少なくないから、ふつうの音楽ファンをより楽しませるチェロのリサイタルは他にいくらもあろう。この夜が、楽興の時というよりは、聴衆が演奏家とともに過ごした学習の一ときといった雰囲気であったことは否定できないが、日本のチェロ界の歴史と共に歩んで来た六五歳の井上氏ならではの選曲、往年の作風への理解と共感、技術を超えた表現への情熱に対して、超満員の聴衆は惜しみない拍手を送っていた。

最初に演奏された諸井三郎「一楽章のソナタ」（一九三〇）は作曲者の留学前の若書き、じつは諸井門下の筆者さえ未聴の曲で、若き日の植物生理学者田宮博氏が民谷宏の芸名（？）で初演以来ほぼ半世紀ぶりの再演という。語法の獲得と形式への志向が前面に出ている一方、個性の確立した留学後の特質もすでに見えて興味ふかく聴いた。つづいて故箕作秋吉「睡蓮」（一九二八）のロマン派ふうの叙情と山田一雄「無伴奏ソナタ」（一九三九）の奔放なモダニズムがきわ立った対象を示して第一部を終わった。

第二部はまず、戦前によく演奏されたフランスふうのしゃれた小曲、服部正「びろうど」（一九三三）にはじまり、つづいてチェリストの故倉田高「日本人形の踊り」（一九三七）、指揮者としても活躍した故尾高尚忠「夜曲」（一九四二）の二曲が、演奏会用商品のあるべき姿とこの楽器の演奏効果を知りぬいた、いかにも本物を踏んだ玄人の作であった。このあたりでは井上氏の技巧もひときわ冴え、チェロは朗々と鳴った。

一転して、戦死した尾崎宗吉「夜の歌」（一九四三）はうめくような重苦しい挽歌であった。応召の間、短期間シャバにいた折の作だそうだが、筆者の知る明朗な好青年のイメージとあまりに結びつかぬのが大きな驚きだった。最後に池内友次郎「日本古謡によるバラード」（一九三四）が「春のやよいの」の歌詞で知られる古歌の叙情を失わず、チェロの性能を生かした佳作、これは当夜の曲目中もっとも知られた曲でもあった。礼奏に山田耕筰自身の「のばら」編曲。ピアノの村上氏の今日の聴衆の側に立ってのよき協演は特筆に値した。

1977/04/20

現水準での最高のでき

若杉弘指揮・東響のマーラー「第三」

一九七七年三月一三日◎東京文化会館

各オケの定演でマーラーの交響曲が一週間以内に三曲も並んだのは珍しい。しかも難曲ぞろいの「第三」(東響、一三日、若杉弘)、「第五」(読響、一四日、クルツ)、「第七」(N響、八・九日、ギーレン)であった。このうち、久しくナマに接していなかった「第三」に出かける。東京交響楽団を聴くのも久方ぶり(アルト長野羊奈子、日本女子大学合唱団、ひばり児童合唱団が共演)。

マーラー三六歳の一八九六年に書き上げられた一時間半あまりを要する「第三」は、時にこの上なく高貴な楽想に輝き、時に俗臭紛々たる効果の追求におちいる。一筋縄ではいかぬ複雑な内容をもち、世紀末芸術の一典型だ。若杉は高貴ロマン派の時代様式と、マーラー特有の変転極まりない曲想の変化を完全に把握して少しのあいまいさも残さず、オケを強力に引っぱって今日のわれわれの水準で最高のマーラー像の再現に成功した。

東響は全体として若杉の要求にこたえて好演ではあったが、どのパートも同じように上出来だったとはいいかねる。青春の謳歌と絶望の挽歌が隣り合う長大な第一楽章では、金管楽器群の健闘（とくにトロンボーン・ソロの上原則明）をたたえたい。反面、大多数が若い女性奏者から成るヴァイオリン・パートからは、マーラー特有の、厚い金管の層をつきぬけて鋭く射るような高音の響きはついに聴かれなかった。暗雲を貫いてサッと一条の陽光がさす瞬間は来なかった。女性奏者だからとは言わぬ。滞ステージ時間の総計の不足であろう。

自然の賛美とシニカルなユーモアの混じり合う第二・三楽章のあと、第四楽章ではとつぜんニーチェの「ツァラトゥストラ」からの永劫回帰の詩句が導入される。これを歌った長野は、知的な内容にふさわしい完全に抑制された感情をもって（ついでに言えば、能面のような表情で）、はじめは管弦楽の一パートのようにさり気なく加わり、次第に自己の存在を主張して魅力ある声楽曲としてこの特異な楽章を、みごとに成立させた。一転して天国へのあこがれを歌う第五楽章でのソロと合唱団も過不足なく所を得ており、終楽章では再び管弦楽のみで人間愛のテーマをゆったりと幅広く、大きく歌い上げ、感動の中にこの大曲をしめくくった。この楽章ではヴァイオリン群のやわらかい音色と繊細な表情が印象に残った。

1977/05/21

音色・リズム感抜群

クリスティナ・オルティス

一九七七年五月一八日◎東京文化会館

ブラジルの女流ピアニストで二七歳のクリスティナ・オルティスを聴く。

彼女は一九歳でアメリカのヴァン・クライバーン・コンペティションで第一位をとり、その前後から国際的に活躍、その後ロンドンに居を定め、来日も二回目。南米、とくに新しい国ブラジルの芸術には、今日のヨーロッパにすでに失われた純ヨーロッパ的な伝統と、野性的な生命力とのふしぎな混合があり彼女の音楽もその例外ではない。その上に昨今のロンドンにたむろしている一群の若手の演奏スタイルも身につけており、ともかく彼女の豊かな才能を存分に楽しませた音楽会であった。一見小柄であるが、重いプログラムを逞しい腕で精力的に、やすやすと弾いてのけた。

何より音色とリズムの感覚が抜群である。その音はけっして鋭く輝かしいものではなく、むしろ、しっとりとやわらかく、しかもしんのある、よく伸びる音である。全身がバネのようなリズム感の持ち主だが、ペダルの扱いもじつに繊細でそのためにハーモニーはつねに明快そのものだった。

曲目はまずベートーヴェンの「告別ソナタ」にはじまった。これを前座に置いたことからもわかるように、今ふうのあっさりとした好ましいベートーヴェンで、昔ふうの美学からはやれテーマの輪郭がどうの、構成感がどうのと指摘される余地もあろうが、今日の若手のベートーヴェンは気張らず、めりはりをつけず、こうである。ただ、もう一つふっ切れないものが残っているようにも思われた。

つづくシューマンの「謝肉祭」はみごとだった。生気溌剌たる、多彩な、音楽的にも豊かな快演だった。筆者は、毛頭、皮肉でなしに、よい意味で彼女の生地リオのカーニバルのエネルギーと色彩が、無意識にせよ「謝肉祭」に投影しているのじゃないか、とふと思ったことであった。

休憩をはさんでドビュッシーの「版画」ではやはり第二曲「グラナダの夕暮」のハバネラのリズムに独特のうま味があり、つづくブラジルのヴィラ＝ロボス「悲しみのワルツ」「白いインディオの踊り」はまさに彼女ならではの名演。最後のラフマニノフの難曲「コレッリの主題による変奏曲」ではピアニスティックな技巧の限りをつくすパッセージの底に流れるテーマの、スペインの古楽ラ・フォリアのリズムがつねに生命感をもって躍動していた。今後がますます楽しみなピアニストだ。

1977/05/28

やわらかい独特な響き

ウィーン・ブロックフレーテ・アンサンブル

一九七七年五月二四日◎郵便貯金ホール

ユニークな響きをもつ、六人（うち女性一人）のメンバーから成るウィーン・ブロックフレーテ・アンサンブルを聴く。五年前の結成で初来日。

リーダーのクナイスが向かって右の端に位置し、全員が半円形にならぶが、曲によってはフルメンバーでなく、二人、四人、五人などの合奏をきかせる。

近年はこうした古楽器による合奏団は各国にあり、むしろ流行でさえあるが、この団体の特徴はブロックフレーテ（たて笛のフルート、リコーダー）の一族のみを用い、しかも通常のバロック・スタイルの楽器でなしに、ウィーンの博物館所蔵の、より古いルネサンス・タイプの楽器のコピー（アメリカ製）を大小七種用いていることにある。それらを曲ごとに、互いに交換して吹いたのも快い情景だった。もっとも、二メートル近いコントラバス管は受け持ちがきまっており、また女性奏者は時にタンバリンを打ってリズムをとった。

レコードで予想はしていたものの、最初の曲目、フェラボスコのパヴァーヌが始まった時に、そのふんわりとやわらかい、しかも高音域から低音域まで純一な音色で統一されている独特な響きには改めて感嘆せざるを得なかった。満席に近かった客席が、思わず一瞬息を殺して耳を傾けたほどだった。強いてたとえるなら、パイプオルガンの弱奏のようで、しかも純正音程のハーモニーの美しさはさすがウィーンの音楽家と思わざるを得ないものだった。

ジョスカンの「ラ・スパーニャ」の軽妙さとアンドレア・ガブリエリやパレストリーナの「リチェルカーレ」の端正さの対照が印象に残るルネサンス曲目の後に、休憩をはさんでバロック曲目に移り、ファン・エイクの「天使のナイチンゲール」とテレマンの「ファンタジア」でソロの名技が示され（前者ホーフシュテッター、後者は若い女性のグロイアー）、オトテールの組曲では二重奏の妙技（クナイスとミッターマイヤー）を楽しませた。

当夜のAプロがルネサンス曲目とバロック曲目に限定されていたのは残念で、Bプロでベリオや篠原の現代作品をきける人をうらやましく思わずにはいられなかった。

1977/06/29

二人のイスラエル人中堅指揮者

モーシェ・アッモンとエリアフ・インバル

一九七七年六月二三日◎東京文化会館

二人のイスラエル人指揮者が時を同じくして来日した。一人はモーシェ・アッモン（四六歳、初来日）で東京交響楽団を、他はエリアフ・インバル（四一歳、二度目）で日本フィルハーモニーを振った。両者とも、いくつかの国際指揮者コンクールでの上位入賞や優勝歴をもち、ヨーロッパを中心に活躍中の中堅である。

アッモンは都響定期でブルックナーの第七交響曲を演奏した。最初からゆったりしたテンポで、主題をねっちりと歌わせ、副次的な楽想もていねいに拾っていく。明快な棒だが、オケを強引に引っぱるのでなく、自発性をひき出しながら次第にクライマックスにもっていく呼吸はなかなか巧妙だった。第二楽章アダージョではユダヤ人特有の弦楽器のしっとりした音色とねばりのある歌い方がオケのメンバーに乗りうつったかに見える瞬間もあったが、これとワーグナー・チューバ群との対比が何回もしつこく反復されてついに爆発的な頂点を迎えるまでの長い経過も、だれることなく自然な持続感があった。ワーグナー・チューバをはじめ、ホルン、トロンボーン、チューバなど中低音域の金管群は好演で、よくアッモンの要求に答えていたと思う。終曲はごたごたと諸要素がつめ込まれているが、アッモンは手ぎわよく処理して内容の濃い音楽に仕上げていた。他に内田光子のソロ（好演）によるモーツァルトのピアノ協奏曲（K四六六）があった。

アッモンはまだ自分の様式を完成させてはいないが、（指揮者の世界で四〇代は新進だ）、与えられた素材を駆使してキメ細かい音楽表現を行う本能的な資質を豊かに所有しており、将来の大成の楽しみな指揮者であることがこの夜の演奏で印象づけられた。

一方のインバルは日本フィルの特別演奏会「イスラエル音楽の夕べ」（二二日、日比谷公会堂）で聴いた。マーラーの第一交響曲が主曲目で、これは数日前の同団定期でもとり上げている。彼の音楽づくりは、すでにすみずみまで演出計画が計算されつくしているそのプランの通りに、練達の棒さばきでオーケストラを安全確実に運行させる、といった趣のものである。いささかのあいまいさもなく、楽想は彼のイメージのままに造形されていくが音楽語法のひき出しの数はそれを反映するかのように定型的な身振りがしばしば目についた。

もっとも当夜の日本フィルは、各パートが平均してじゅうぶんインバルの要求にこたえていたとはいいかねるし、会場の音響性も彼にとって不運で、持てる才が不発に終わった感もあり、他日よりよい条件で聴いてみたいと思った。

他にゲルブルン「チェロ協奏曲」（団員でイスラエル・フィルで活躍していた山岸宜公のソロ、好演）とベンハイムの「イスラエル組曲」（抜粋）があった。後者のような凡曲が今時、何で出て来たのか。

ユダヤ人は過去にも現在も、もっとすぐれた音楽をいくらも書いているのに。

1977/07/13

技術も感覚も調和

辰巳明子・高橋アキのデュオ・リサイタル

一九七七年七月五日◎東京文化会館

辰巳明子（ヴァイオリン）と高橋アキ（ピアノ）の〈デュオ・リサイタル〉は満席の盛況だった。

曲目はジョン・ケージ「六つのメロディー」にはじまり、ユン・イサン（尹伊桑）「ガザ（歌詞）」、八村義夫「インプロヴィゼーション」、武満徹「悲歌」、シューベルト「ソナチネ」（ト短調）、ストラヴィンスキー「協奏的二重奏曲」、そしてアンコール曲にはサラサーテでもクライスラーでもなく、バルトークでさえなく、スコット・ジョプリン（ズーコフスキー編）「マグネティック・ラグ」が選ばれ、にぎやかなシンコペーションをまき散らしたのがいかにもこの二人の音楽会らしかった。

最初のケージ作品は、ヴィブラートなしでひく、フラジョレット音（笛のような高い倍音）の多い、非ヴァイオリン的な曲。ということはジプシーふうの一九世紀ヴァイオリン音楽との断絶を意図した音楽で、ピアノ・パートもふつうの二重奏のようにはかみ合わぬ。音楽会の最初にこの曲を置く冒険を承知で、あえてこれを出発点としたことに二人の姿勢がはっきりとあらわれていた。ユン作品は古典的な意味での演奏技巧も大変だが、内容的に充実した音楽で、激情のあとのカタルシス的効果がきわめて美しい。二人の演奏は感覚的にも精神的にも、すぐれたものだった。

ついで八村と武満のそれぞれ旧作が、この上ない共感をもって、いわば昔からあったヴァイオリン音楽のような自然さで再創造された。ということは、決して西洋ロマン派音楽ふうにではなくさりとて現代日本作品にとりくんでおります、という格別に気色ばんだ趣でもなく、である。高橋のピアノはすでに周知のことだが辰巳のヴァイオリンがそうだと確認できたことは、将来の楽しみが一つ増えたことだ。

シューベルトの「ソナチネ」が、ふつうの音楽会ならば古典曲のあいだにドビュッシーかプロコフィエフが一曲まぎれ込んだような具合に、ポツンと置かれていた。しかし、それが格式ばった古典派名曲としてよりは、民謡を思わせる快い休息の場所となっていたのは成功であった。シューベルトはそれでよいが最後の、したたかな名人技を要求するストラヴィンスキーでは、むしろ伝統的な様式感をベースに両者の対立と闘争をより深刻に展開すべきだったろう。

なお、二人は五月にベルリンで、好評のうちにリサイタルを開いており、その曲目には上記のうちのケージ、ユン、武満が含まれていた。

1977/07/27

星とともに降るサウンド

徹夜コンサート「THE MEDIA 3」

一九七七年七月二三日◎狭山湖ユネスコ村

初来日のアメリカ前衛作曲家テリー・ライリーを迎え、狭山湖ユネスコ村の野外ステージで徹夜コンサートが行われた。催しの名称THE MEDIA 3をプリントしたTシャツが入場券がわりで、これを着た二〇〇〇人のヤングが集まった。現代音楽を因襲的コンサート形式の、息をつめての聴きとりから解放しようとの一念から、作曲家三枝成章が軽井沢（七四年）、静岡県のつま恋（七六年）と開催して来た、ロックなどを交えての大がかりなイヴェントの三回目、今回のプロデュースは三枝と高橋悠治の二人、全体のまとまりの上に、テリーという目玉の存在と有利な立地条件が加わり、前二回をしのぐ成果をおさめた。

筆者が到着した九時すぎからもいろいろな演目があった。金子マリとバックス・バニーがロックのヒット曲目ばかりでなく、佐藤聰明、藤枝守、池辺晋一郎らクラシック作曲家の新作を演奏、一柳慧が近作キーボード曲を自演、さらに台湾の音楽家李泰祥の胡弓ほかの民族楽器と滞日中のガイジン前衛作曲家ランタ、ベッカー、タイテルバウムに高橋、佐藤允彦らの加わった集団即興演奏（繊細な民族楽器と電子音楽とのかみ合いに今一息の感が残った）があり、つづく映像と音楽（高橋）による紙芝居「地獄の話」（浜口国雄）は深刻な戦争体験からの「天皇制イデオロギーを告発」で、その歌（中山千夏）と器楽はシンプルで効果的だった。

真打ちライリーの登場は深夜というより払暁にちかく、鍾馗《しょうき》のような顔に赤と白の祭司のような服をまとい、あつ手のじゅうたんにおおわれた祭壇の向こう側にものものしく陣どった。大型のモビール彫刻がいくつか、照明にチラつくなかで世界初演と銘打った「シュリ・カメル・トリニティ」三部作のえんえんたる即興演奏がはじまった。

祭壇は裏へまわるとどこにもある二段鍵盤の電子オルガン、彼はこれでごく単純な音型を少しずつ変化させながら演奏し、同時に傍らにおいたテープレコーダーにそれを録音しながら、わずかにずらせて再生送出する。こうして得られる四チャンネルの信号が会場をとりまく四群のスピーカーから、唸るような、打ちふるえるようなサウンドとなって聴衆の頭上にふり注ぐ。

広大な空間に正確にリズムを打ち込むための技術的精神的修練と独特な音楽的個性は認めざるを得ないが、西欧の前衛的芸術家にありがちなインド＝東洋指向の神秘性や教祖的雰囲気はとってつけたようでいただけない。ベンチに仰向けになると、カシオペアも北斗七星も宵の口とはすっかり位置を変え、やがて東の空が白みはじめた。

1977/09/24

派手すぎる狂女の動き

ブリテンのオペラ「カーリュー・リヴァー」

一九七七年九月二六日◎聖三一教会

能の「隅田川」をほぼ忠実にオペラ化したブリテンの「カーリュー・リヴァー」（一九六四年作曲）が、東京オペラ・プロデュースによって上演された。

ブリテンの〈教会オペラ三部作〉中、音楽はもっとも精妙、イギリスでの初演時すでに大評判で当時渡欧した能楽団に「隅田川」上演の注文が多く出たほどだった。ただしブリテンはこれをたんなる異国の物語とせず、中世イギリスの教会で聖職者が演じる寓意劇の形に仕立てている。

したがって音楽はグレゴリアンから中世初期多声楽のホケトゥスと称する音符の呼び交わしを思わせる楽句、同音反復の発声法、オルガンの響きなどをわざと取り入れる一方、ブリテンとしては異例なほど、笛や打ち物の切りつめた象徴的な用法に能楽囃子の様式を反映させ、歌手のパートもアリアを避けて語りに徹している。中世キリスト教会に透かし彫りのように中世日本の精神世界が重なり合った特異なリブレット（滞日体験あるプルーマー）と音を、どのようにステージ、否、教会の空間に展開するかに上演（演出、早野寿郎）の興味や成否はかかっている。
なまじ「本家本元の意識からの日本化」を避け「遠いイギリスの物語として」とらえられていたのは当然であり、その面では成功といえよう。しかし、笛の簡素な、しかし不気味なフラッター奏法につねに伴われる狂女（丹羽勝海、好演）が、どうしてあんなに派手に動きまわる必要があるのだろう。意味深いわずかの動き、その生み出す緊張感が子を失った母親の憑かれた姿を浮かび上がらせる、といった音のイメージであるように思うのだが。

一方、闊達自在なホルンの響きに伴われる船頭（平野忠彦）の動きは逆の意味で予期に反するなど、スコアから予想される動と静、西洋と東洋、キリスト教世界とその対比物の鮮明な対比や微妙なニュアンスに、人物の動きが必ずしも伴わない感が残った。修院長、修道士らの動作と表情がもう一つ本物の聖職者に近かったら狂女の救済も真実味をおびたことだろう。だがこれもわれわれにはじつにむずかしいことなのだと思う。

七人の奏者による器楽（指揮なし、音楽演出黒岩英臣）はより引きしまったテンポとより精妙なバランス保持の上で指揮者を置いた方がよかったのではないか。何より、子供（幽霊）の声が聞こえる、あの肺腑をつく一瞬の声の重なりの間合いがしっくりとは行かず残念だった。新訳詞が口語文語混在の典型的な在来調であったのにもやや失望した。

ともあれ、印象深い一夜の上演ではあった。

1977/10/19

才能の表出、なお一歩

ウリ・セガル指揮の東京フィル

一九七七年一〇月一四日◎郵便貯金ホール

三三歳、イスラエル生まれの指揮者、ウリ・セガルが東京フィルハーモニー交響楽団に客演して「モーツァルトの夕べ」を振った。

まだ若く無名の人だが、六九年ミトロプーロス・コンクール優勝はじめ欧米での指揮歴は豊富で、FMでしばしば紹介されているためか、かなりの客入りだった。すばらしい才能の持ち主で、高い音楽性のひらめきが感じられる瞬間がいくつかあった。反面、必ずしも好調とはいえぬこのオーケストラを把握し兼ねて、砂を噛むような部分も散見された。

最初の曲目、第三九番（変ホ長調）の交響曲は、序から提示部の前半にかけての大らかな流れ、提示のくりかえしをいくらか高揚させて展開部へ持っていくあたりはみごとだった。第二楽章もよかったが、フィナーレのとくに前半はまことに落ち着きのない不安定な演奏となった。彼のリラックスした中庸のテンポをオケがつかみ切れぬことに主因がある。そうとわかって回避策をとれぬところは彼の若さだ、と評することもできようが、むしろ彼の全体の劇的な表出プランからは、安易な妥協が不可能なのだ、と見たい。ともあれ、彼はヨーロッパでも合奏力の点では抜群の南西ドイツ放響の終身客演指揮者に指名されている人で、いかにも平常そうした「名器」と仕事をしている若手らしい、繊細で野心的な音楽づくりを感じさせる。

第二曲目、第二一番（ハ長調）のピアノ協奏曲では独奏者井上直幸が音楽的にも技術的にも高水準の好演を示し、セガルの協演ぶりもよかった。真の名演には距離があるが、弦の和声の中からピアノの音型が濁らずにわき上がってくるのが快かった。

第三曲目、第四〇番（ト短調）交響曲では、第一楽章の開始が感心できなかった。第三九番終曲の場合と同じで、少しゆっくり目の、ひきにくいテンポにオケが乗り切れず、弦の中音域とか木管とかが、流れを乱すのだ。そのことは三九番の一楽章や協奏曲の二楽章でも起こった。セガルには不運というほかない。四〇番も提示部のくりかえしでやっとテンポとリズムが安定し、第二、三楽章は比較的好調、終曲は細部のみがきが不足で楽しめなかった。

初夏の頃来日したアッモン（都響、四六歳）、インバル（日本フィル、四一歳）と今回のセガルと、イスラエルの俊秀を三人そろって聴いたが、やはりアッモンの芸術がもっとも大人、インバルはやや硬直、セガルが当然ながら若さの魅力という点で好印象を残した。今後も来日して欲しい指揮者である。

1977/11/05

前衛の亡霊が咲かせた徒花

シュトックハウゼンの雅楽作品

一九七七年一〇月三一日◎国立劇場

国立劇場第二二回雅楽公演〈舞楽〉というタイトルの催しで、まことに不思議としかいいようのない出しものを見た。シュトックハウゼン作曲の、LICHT-HIKARI-LIGHT（これが題名の正確な標記法らしい）、副題には——歴年——とある。

題名の肩書き「四人の舞人と管絃のための」が額面通りなら、舞楽の形式や精神に沿った現代の新しい創造物であるべきだが、私見ではまったくそうではなくて、雅楽はたんなる音源にすぎず、舞人は運動の表現にすぎないから、おそらく雅楽の代わりに西洋楽器を、舞人の代わりにバレリーナを登場させた方がまだしもスッキリしたであろう。

ステージ上に大きく緑色で1977の文字が描かれており、最後の7の文字の上では一年の舞人、次の7の上では十年の舞人、以下百年の、千年の舞人がそれぞれ固有の楽器の音色に伴われつつ、互いに大きな運動量の差をあらわしつつ舞う。その意味づけは一〇月二七日付本欄の彼自身の解説にくわしいが、とにかく視覚的にはその効果ははっきりせず、美しいとも感じられなかった。背景の窓を歴年を数える数字がやたらと走るのがひどく目ざわりであった。

最もひどいと思われたのが（日本人の出演者の人達にはまったく気の毒だが）、その歴年を妨害し停止させるために悪魔の走り使いが登場することで、燕尾服に菊の花束を持った男達、ワゴンを押してくるコック、本もののバイクに乗ったぬいぐるみのサルが、本装束の舞楽の舞人たちと何やら演技めいたからみをするのには目をそむけずにはいられぬ観客も多かったろう。批評の効果も、ユーモアの効果もさっぱりで、公演そのものに絶望を感じさせる効果だけは十分であった。一〇万円札の大プラカードが舞台を横切るころには、それが何なのかと考える気力も失せた。終わり近く雷が鳴り、舞台が暗くなった間だけ、雅楽が生き生きと生命力をとり返したように感じられた。

一九五〇年代の前衛の亡霊が西欧文化の衛星国で季節はずれの徒花《あだばな》を咲かせた、というのが大方の感想のようだった。西欧の知性が非西欧を物質的素材としか見ない時代は、未だ終わっていない。だが、それと同種の危険はわれわれの内部にもある。今回の上演の最大の教訓はそのことだ。

1977/12/03

奔放な情熱ほとばしる

バルトーク弦楽四重奏団公演

一九七七年一二月二九日・三〇日◎都市センターホール

ペーテル・コムローシュの率いるバルトーク弦楽四重奏団（ブダペスト）による、バルトークの弦楽四重奏曲全六曲の二夜にわたる公演を聴いた。

この団体は結成後すでに二〇年。来日も今回が三回目のベテランである。第一夜に一・三・五、第二夜に二・四・六と、難曲を一気に、しかも安定した合奏ぶりを最後まで残さず、情熱のたかまりを最後まで失わずに弾き切り、曲の良さと相乗効果できき手に十分の満足感を与えた。

この団体の特質は全員が抜群の演奏技術を身につけていることで、そのことは、結成後の数年間に三つほどの室内楽コンクールで賞を獲得していることにも表れているし、最近前任者と代わったチェロのメゼーも、六三年のカザルス・コンクールの優勝者（堤剛、ソ連のホミツェルと共に）であり、今回もさえた腕前を見せていた。ともかく、全員の名人技が、自由奔放な音楽づくりを可能にしていることは確かだが、何といってもコムローシュの音楽性とリードぶりの優秀さに負うところが大きい。

音色は、一世代先輩のハンガリアン弦楽四重奏団（セーケイほか）などにくらべると、東欧特有のくせがなく、近代的な明るい音色になっている。さりとて、とくに美音でもなく、第一番、第六番などのテンポのおそい楽章では、より美しい音が欲しいと感じる個所もあった。

この団体の真価が発揮されるのは急速な楽章でしかも混み入った受け渡しがつづくような場面で、第三番の後半、第四番の第二・五楽章などは圧巻であった。早めのテンポで、エネルギッシュにたたみかけ、少しも破たんを見せない。バルトークの感じた危機感は、荒々しい音のきしりや、強い緊張感をみなぎらせたピチカトで忠実に再現されていた。

リズム感はすばらしいが、しかしそれは必ずしもマジャール（ハンガリー）農民の土臭さに直結しない。この点でも彼らは、一昔前の東欧の団体のように、あまり民族色を強調することはない。その演奏スタイルはいちじるしく国際的である。ただ、奔放な情熱のほとばしりに、いかにもハンガリーの音楽家を感じる。

第六番の悲劇的曲想や中間楽章の劇的性格はむしろ叙事的に淡泊に表出されていた。アンコールでベートーヴェン作品一八の二の終曲が、この団体の基本的な演奏スタイルを示すかのように、速いテンポで鮮やかに弾かれた。

1977/12/13

'77回顧
ベスト5

・「ゴシック期の音楽」マンロウ、ロンドン古楽コンソート(ポリドール盤レコード、二月新譜)
・若杉弘指揮マーラー第三交響曲の演奏、東京交響楽団他(四月一三日、東京文化会館)
・隠れキリシタンのオラショ実演(七月八日、国立劇場小劇場)
・クナセキス「旋回」ベルリン・フィル・チェロ十二重奏団の演奏(一一月一一日、大阪フェスティバル・ホール)
・マニタス・デ・プラタ公演(ジプシーのギター奏者、一一月二九日、東京西武劇場)

1977/12/16

感動薄い外来オーケストラ

実力ある日本人指揮者に期待

東京新聞

今年も外来オーケストラでにぎわった。春にはウィーン・フィル（ベームとドホナーニ）とアムステルダム（ハイティンク）、シカゴ（ショルティ）、秋にはレニングラード（ムラヴィンスキー）とベルリン・フィル（カラヤン）。わたくしも、その中のいくつかに行ったが、一つとして感動を味わったものはなかった。

ウィーン・フィルの初日では時差ボケか、ベートーヴェン第七でヴァイオリンが一人、大ポカをやったのは気の毒というほかなかった。ショルティは下士官が兵隊を叱咤するようだったし、ベルリン・フィルは戦車が水の上を滑走するようで、味わい深い音楽はついに聴けなかった。ただ、ベルリン・フィルのメンバーのチェロ十二重奏団の公演（大阪）はおもしろかった。クセナキスの「旋回」の鮮烈さに息をのむ思いだった。彼ら自身も、自前のステージで思い切り自発性を押し出すのを楽しんでいるようだった。

＊

外来指揮者では、ベテランのギーレンがN響を振って湯浅譲二の「オーケストラの時の時」を丹念に再創造したのが忘れられない。都響を振ったイスラエルのアッモンも良かった。彼は来年から都響の常任になるそうで楽しみだ。もう一人、読売日響に来たルーマニア人のチェリビダッケが話題を提供した。これは不思議な御仁で、音楽の実力は相当にあると見た。だがそれ以上に芝居気たっぷりで、楽員や聴衆を催眠術にかけることに喜びを感じるらしい。才能と屈折した意識が奇妙に同居する。ある意味では典型的な現代人であった。

西欧の音楽産業によって、にわかにヴィルトゥオーゾに仕立てられたソ連のピアニスト、ベルマンは、過労がたたって、病気で来日が遅れ、演奏もパンチが利かず期待はずれ。これに反しヴァイオリンのクレーメルはおもしろかった。ソ連人とはいえ、ラトヴィアのリガ出身の西欧感覚の持ち主、しかし純西欧ではなく、つまりは彼の内部でのそのかっとうが彼の音楽を特異なものにしているのだ。

暮れに聴いたイスラエルのズーカーマンは、ますます艶美豊麗な音となった。要するに外来音楽家の日常化と聴衆の欧米旅行の日常化から、よほどの個性でないと感銘を残すに至らない。

＊

弦楽器といえば、クラシックではないが、ジプシーのギター奏者、マニタス・デ・プラタにはまったく舌を巻いた。大変な芸であった。南フランス、カマルグ出身だそうで、字も楽譜もダメなのだそうだが、あれは凄かった。フラメンコよりむしろルンバ系の曲がおもしろく聴けた。あの精気はクラシック奏者にはもはやない。ただの美音では感銘は薄い。

日本人の指揮者では、若杉弘が東京交響楽団定期を振ったマーラーの第三が立派だった。ケルンの常任のポストを射止めた彼の実力と東響の熱演の相乗効果である。へっぽこ外国人指揮者より、実力ある日本人指揮者に好みの曲を振らせた方がはるかに好結果が期待できる。

年末の第九にはついぞ足を向けたことはないが、今年あたりから切符の売れ行きが鈍ってきたという話も聞く。ふたをあけてみないとわからないが、そろそろ熱のさめるころかもしれない。一一月には、実績のあった呼び屋の倒産があり、メータとロス・フィルのコンビの来日中止というハプニングがあった。たしかに、客は音楽家と曲目を選ぶようになった。

第九の隆盛はコーラスを通じて名曲への大衆参加という効用もあるわけで、そのコーラスは久しい以前から隆盛がつづいているが、今年わたくしは新しい経験にぶつかった。それは、以前にプロのコーラス用に作曲したかなりの難曲ばかり三曲、名古屋と藤沢と東京のそれぞれのアマチュアのコーラスで、いずれも好評のうちに演奏されたことだ。歌いにくい曲で、とこちらが恐縮すると、練習が楽しいという答え。つくづく日本人の音楽感覚の進歩を感じさせられた。学生オケの水準向上と共に、うれしい傾向だ。

＊

それと関連して、小学・中学の音楽の授業の旧態依然たるつまらなさを指摘する声を、あちこちで聞く。客観的に言って、日本のあらゆる音楽現象の中で、そこが最も弱い部分だろう。過日、広島での音楽教育関係のシンポジウムで、わたくしは、現行のように洋楽一辺倒の、しかも専門教育を薄めて程度を落としたような体系とは根本的に発想のちがう、たとえば自由な表現を出発点にした第二指導要領の研究こそ急務ではないか、と訴えた。五〇歳台以上の先生方の反対論と、二〇歳代、三〇歳代の先生方の賛成論の対比がきわ立った。希望はある、と思った。開かれた討論の場はここにも必要だ。

秋に国立劇場が上演したシュトックハウゼンの雅楽「ひかり」くらい、各新聞・雑誌の批評が一致して痛烈にダメと言い切ったものも珍しい。西洋の創造力の弱化と民族遺産尊重の意識と、そのへんの実相が主催者に読み切れていなかった。

二〇世紀の喜寿の年の音楽界も、さまざまな悲喜劇を残しつつ終わる。

1977/12/17

問題点をはらむ「成功」

高橋悠治の異色リサイタル

一九七七年一二月九日◎増上寺ホール

高橋悠治リサイタル「不屈の民」、ゲスト、林光と題する異色の音楽祭に出かけた。会場は広くはなかったが満席の盛況だった。

この二人のコンビによる音楽会はクラシックとしては珍しい政治的アピールを含んでいる。一昨年五月の西武劇場での「通り抜ける歌」でもそうだった。彼らは、それを音楽の純度をまったく落とすことなしにやり抜こうと意図しているようにも思われる。その面では今回も成功であったが、まさにその点に、逆の意味で問題点を感じるむきもあるのではないか、と思われた。

プログラムの中心は高橋の独奏したただ一曲の長大かつ演奏至難なピアノ曲であった。それはアメリカ人フレデリック・ジェフスキー（RZEWSKI, 一九三八年生まれ）の「〈不屈の民〉による三六の変奏曲」（一九七五）と題する曲で、休みなしに弾きつづけて正味五五分かかった。

そのテーマはアジェンデ政権下のチリで、一九七二、三年ごろにおそらく来たるべき危機の予感の中で歌われていた「団結した民衆はけっして打ち負かされはしない」に始まる長い歌で、これが入念な構成と作曲技法の枠をつくして六曲ずつ六部から成る変奏曲に仕上げられている。各変奏はたとえばヴェーベルンふう、ブラームスふう、レーガーふう、あるいは戦を思わせる激しいトッカータふうの曲など万華鏡のようにこの民衆歌を分解し注釈する。

周知のようにアジェンデ政権は軍部クーデターにたおれ、彼は多くの同志と共に落命した。その二年後にジェフスキーがこの大曲を書いた意図は平凡な推測だが、アジェンデへの追悼と同志へのはげまし、というつもりであろうか。

この変奏曲には、さらに二曲の民衆歌が途中に引用、そう入されていた。一つはイタリアの有名な歌「すすめ人民（アヴァンティ・ポポロ）」、もう一つはブレヒトの詩にアイスラーが作譜した「連帯性のうた」で、ジェフスキーはそれによってこの作品を一九七三年九月のチリの事件との関連から、より広い時間と空間の中に押し出そうと考えたのであろう。

この三つの歌を、ピアノ演奏に先立って林光が、高橋と林の日本語訳によって、ついでに付言するなら、じつにみごとなソルフェージュで紹介した。その歌いぶりからこれらの歌の背後の民衆のエネルギーを想像するのは困難だったが、当夜の聴衆の多くは彼の余技（？）を無心に楽しんでいたようであった。

1977/12/28

文人ふうの人柄にじむ

ジャン＝ジョエル・バルビエのサティ

一九七七年一二月二三日◎西武美術館

エリック・サティの音楽に造詣の深いフランスのピアニスト、ジャン＝ジョエル・バルビエの演奏会を聴く。

「オジーヴ」「グノシエンヌ」「自動筆記」「ジムノペディ」ほか、知られている曲、そうでもない曲とりまぜ二〇曲ばかり（一題名に数曲ずつ）、一時間半ほど、よくサティの本質を伝える純一な音楽的時間が流れた。われわれのサティへの先入観との主な相違点はニュアンスの豊富さ、つまり強弱の差が大きくその段階が微妙なこと、曲によりアクセントが強くリズミックなこと、曲によりテンポが早めなこと、などであった。サティのように選びぬかれた少ない音で簡素に作られた音楽では、こうした工夫が曲の姿を大きく変え、ややもすると変人の閉鎖的な音楽と見られていたサティの音楽を、活力のある、胸襟を開いてだれとでも気安く語り合える解放的な音楽に変容していたのが印象的だった。

それはバルビエ氏のサティへの打ち込みようの深さというだけでなく、初老の氏の文人ふうの人柄（詩人でもある）が、ふつうのコンサート・ピアニストとはちがう方向からの音楽へのアプローチを可能にしているからにちがいない。今日の音楽界は技術主義、エリート本位だが、それに背を向けつづけたサティへの共感と献身は、むしろそうした傾向を越えた地点に今日の音楽のあり方を見いだそうとする感性と知性の持ち主——氏のような——によってのみ可能なことだろう。

後半の曲目は、サティとほぼ同時代者でやはり一種のアウトサイダーであったセヴラックの組曲「セルダーナ」が、カタロニアふうのリズムをこだまさせて魅力的に弾かれた。フィナーレの「騾馬曳きたちの帰還」だけはやや知られているが、この組曲全体をとり上げるピアニストはまずいない。こうしたローカルな作曲家（ピレネーのふもとに住んでいた）の郷土色ゆたかな秀作をとり上げたのも、いかにもこの人らしかった。

ここ数年、サティは一種のブームと言えるほど若い人たちに聴かれている。クラシック・ファンの間に名曲名演の洪水にあきた人たちが少なくないことを示すものであろう。演奏会場ではない場所で、専門技術や教養の関門を通らずに楽しめる音楽が求められている、ということでもある。当日も満席の盛況だったが、サティばかりを東京で四日、さらに京都でも札幌でも、という現象は一面では現代音楽の前衛的作風への頂門の一針と言えまいか。

1978

1978/01/01

日本人の感覚を生かせ

実力ある演奏家は海外に流出か

社会新聞

紀元二〇〇〇年まであとわずか二二年、昭和三三年（ついこの間のことだ）から現時点までと同じ距離だけ未来に歩けば、世界は第二一世紀を迎える。

二〇世紀芸術という言葉がモダニズムの、前衛の代名詞であった時代は過去のものとなった。少なくとも音楽の世界では、二〇世紀音楽と言うに価する創造活動は二〇世紀前半までで終わっている。シェーンベルク、ストラヴィンスキー、プロコフィエフ、バルトーク……。

後半は創造の様相ががらりと変わって、いまだ価値ある作品を生み出していない。だから、通念としての「二〇世紀音楽」は括弧にくくられて音楽史に組み込まれ、真の創造物を模索しながら、二〇世紀の後半が空しく経過しつつあるのが、世界の音楽創作の状況なのだ。

日本の作曲界は少し事情がちがう。この世界も平たく言えば「追いつけ、追い越せ」みたいなところがあり、今や武満徹、石井真木、湯浅譲二、高橋悠治らは欧米の第一線と並んでいる。

国内のコンサートなどで見る若手の作品は、内容はともかく、技法としては五〇年代、六〇年代にまで迫っている。もう一つの問題が「日本回帰」で、和楽器や民俗芸能を素材とする洋楽の隆盛だ。これは世界的な状況の一環である。

七八年以降の日本の作品界を主観的に展望するなら、純洋楽スタイル追随は、古典派、ロマン派指向であろうと、前衛指向であろうと、愚の骨頂という意識がもっと明確になること。そして、民俗素材を使うか使わないかにかかわらず日本人の感性、感覚を洋楽手法に巧みに生かした作品が、内外でもっと評価されるようになること。実際は、芸大や各音大作曲科のカリキュラムがそこまで考慮して改められる必要があるのだが、まァ、七八年度にはムリであろう。

つまり、そこでは一八、一九世紀西洋の音楽理論が教科課程の主流を占めている。生徒たちは一九世紀のパリやウィーンの作曲家になるのじゃあるまいに。

演奏面では、春に小澤征爾が常任指揮者をつとめているボストン・シンフォニーを率いて来日することに典型的にあらわれているように、才能のある日本人演奏家は今年もどしどし欧米に活動の場を求めて流出するだろう。海外のオーケストラで弾き、オペラ劇場で歌い、音楽学校で教えている日本人は、今や数百人を下るまい。

それは待遇がいい、環境がいい、快適な生活が保証されている、といった外的条件もさることながら、なんといったって、彼らが学び、打ち込んでいるモーツァルトやベートーヴェンを最も深く味わって喜んでくれるのは、欧米の大衆であるからだ。日本の大衆は欧米の大衆ではないし、日本の洋楽ファンは少数エリートの一過性の趣味、という傾向は依然、変わらない。

演奏会は今年も表面的にはにぎわうだろうが、事業家にとってはだんだん厳しくむずかしい時代にはいるだろう。昨年あたりから、いいものにしか客がつかぬ傾向が目立っている。

1978/01/18

古典と前衛 過不足なく表現

小林健次と一柳慧の合作リサイタル

一九七八年一月一三日◎東京文化会館

小林健次＋一柳慧デュオ・リサイタル――1を聴く。

すでにチラシの段階で、この催しがたんに小林（都響コンサート・マスター）のヴァイオリンをきかせるだけのリサイタルを越えた、一柳（作曲家で練達のピアニスト）との合作で何かひとつありそうな音楽会、との予感を人々に抱かせたためであろう、この夜は「うるさい」聴き手がずいぶん集まった。そして、その人たちをも納得させ、満足させた会であった。

前半バッハ、クラム、ケージ、後半ハイドン、一柳、アイヴズというプロは紋切型のヴァイオリン・リサイタルの常識からは八方破れの大胆さだが、これが結果的には成功で、彼ら自身の特質を知り抜いた選曲であった。

まずバッハ（ソナタ第四番）がはじまった瞬間、小林のヴァイオリンの豊かでやわらかい響きが聴き手を温かく包み、場内の緊張を一挙にほぐした。彼の音はこれまでどちらかと言えば線の細い、感覚的に鋭いものだったが、ふんわりとしかも充実した響きで、一柳の風格あるピアノと共に、バッハの対位法が淡々と紡がれていくのを聴くのは快いひとときであった。

二曲目は一転して、近年アメリカで売れっ子になっているジョージ・クラム（四つのノクターン）の、アメリカの現代美術や詩をまざまざと思い出させる音楽。感覚と粗野、洗練と生命力が奇妙に均衡を保ち、高踏的に見えて大衆的なこの前衛的佳品を、この国での遊学と活動の豊富な二人はさすがに過不足なく表現した。つづいてジョン・ケージの初期の、しかも同名曲（ノクターン）が、いわば時間を先取りしたエコーのように鳴った。

前古典派ふうの、ハイドンの珍しいソナタでは、はからずも上記前衛的に内部奏法があるため外部から運び込まれたやや年代の古い、響きの枯れたピアノの音がかえって興を添え（けがの功名というべきか）、そのあと一柳の新作「シーンズ」が初演された。この曲は昨秋初演された合唱曲「シンタックス」と共に作曲者の近年の高揚と熟達の境地を示した秀作で、伝統的音楽語法や奏法、効果を必ずしも否定せず、また以前の超前衛的作品でのオスティナート（同音型反復）の手法もここでは楽興の高まりのプロセスとしてよく所を得ていた。最後のアイヴズのソナタでの二人の力演はこの痛切な曲の全容を伝え、アンコールのヴェーベルンが静かにこの異色のリサイタルの幕をひいた。

1978/01/28

激しい指揮に温和な音

トロント交響楽団東京公演

一九七八年一月二五日◎東京文化会館

カナダのトロント交響楽団が三四歳のイギリス人音楽監督アンドリュー・デイヴィスの棒で二日間だけ東京公演を行った。その第一日を聴く。

このオケはじつは日本の楽界とは縁が深く、かつて小澤征爾が音楽監督を四年間つとめ、その間に武満徹の「ノヴェンバー・ステップス」をレコード録音し、小澤自らオケを率いて日本公演をしたこともあった。九年前になる。一方デイヴィスは五年前にイギリス室内オケと来日している。そのことを筆者は忘れていたのだが、この夜デイヴィスの指揮に接したとたん、当時の曲目やリストまで思い出したほど、この人の身振りには特徴があり、個性的である。その棒さばきは動作への急発進・急停止・瞬間静止が特徴で、また両手とも大きな円を描くなど、激しく大きい。ところが、その音楽は見かけ上のギクシャクした動きとうらはらに、むしろ地味なほど正統的であり、リズムの明瞭な、さわやかに流れる音楽だ。

オーケストラは相当に優秀で金管群はとくにすぐれ、木管や高音弦もいい腕をもっている。デイヴィスはもしかすると、より感覚的な鮮明な音色を欲し、時にはつき抜けるような鋭い音や地の底からわき出るような低音を望んでいるのではないか、とその身振りから想像されるが、オケは温かく、穏和な、中庸な音と表現で答えていた。それはおそらくこの国の音楽生活、芸術のあり方の伝統と関係があるだろう。

第一曲ベルリオーズの序曲「ローマの謝肉祭」がさっそうと弾かれたあと、第二曲、カナダの現代作曲家マクミランの弦楽合奏曲「フランス系カナダ人の民謡による二つのスケッチ」が古典派音楽のような響きで美しく流れた。第三曲、マーラーの「子供の不思議な角笛」からの六曲はカナダを代表するアルト歌手モーリン・フォレスターが深みのある声で、あるいは深刻な、あるいはユーモラスな内容を表情ゆたかに歌った。歌にも貫禄があったが伴奏のデイヴィスがマーラーの微妙な室内楽的な管弦楽法を巧みに操縦して歌唱を支えた功績は大きい。この曲目の久々の好演を聴いたという実感を持った。

最後のチャイコフスキー「第四交響曲」をデイヴィスは今日のスタイルと感覚で歌い上げた。ねばらず、さりとて急ぎすぎず、淡々と、しかし要所要所で感覚的な音色をひらめかせ、フィナーレでは白熱的な輝きを見せた。落ちついた気分で、しかも楽しい音楽を聴かせた一夜であった。

1978/01/28

「西洋ばなれ」と無の表現

ネガティヴな理念を貫く

公明新聞

わたくし達、いわゆる洋楽クラシックの作曲家は、長い間西洋の古典派・ロマン派の音楽を手本にして来た。わたくしもリートやソナタを書いた。それらの作品は当然、西洋人の作品にくらべれば日本的な音で鳴るが、結局のところ、そうした作曲をするということは「西洋音楽史演習」「西洋作曲様式実演」にすぎず、創作よりは学習に近い作業ではないか、と思うようになった。

いつから、と断定することはむつかしいが、一九六〇年代の経過の中でだんだんとわたくしの中に「西洋ばなれ」の傾向が起こり、七三年の秋に東京混声合唱団（田中信昭指揮）が初演した「追分節考」が新たな方法の出発点となった。その曲の説明を手短かにすると、全体は日本民謡（碓氷峠の信州側と上州側で歌われた七種の追分節や馬子唄）をコラージュ（貼り絵）ふうに扱ったシアター・ピース（合唱団が動き、多少の演技をする）で、スコアは存在せず、各種の音楽素材を指揮者がその場で即興的に構成していく。指揮者は西洋音楽でのように集中制御のために棒を振ることを一切やらず、キッカケを与えるだけであるが、むしろ真の構成者（コンポーザー）は彼であり、作曲者は素材を集め、原案をつくり、背景の和声（西洋の体系とは無関係の、日本的な音組織に徹した和声）を抽出し集約しただけで、いわばアノニマス（無関係）的な趣が強い。

さらに、曲のはじめの方で上原六四郎著『俗楽旋律考』（明治二五年脱稿、本邦初の民謡論）を数人の女声が朗読し、これに対し数名の男声がさまざまな奇声（発声法は厳密に指定）を発する。それは上記理論書の誤りや、上原が校長をしていた東京音楽学校（今の芸大の前身）の、当時の誤れる音楽政策への揶揄であり攻撃である。

その前後から、前記の各種の追分節や馬子唄が指揮者の好みの順序で、ソロで、合唱でつぎつぎと歌われる。何人かの団員は会場内の客席の間を歩きながら歌い流す。もともと追分や馬子唄は歩きながらの歌であった。女声はそれらから転化して信濃追分や佐久の宿場のお座敷唄となったヴァリアントをステージ上から点綴する。

こうして場内はひたひたと声の響きで満たされる。発声源の移動から来る複雑な音波の交錯にき き手は包まれる。この情況を一五分つづけるか三〇分つづけるかは指揮者がその場の状態で定めることである。最後に尺八の奏者が追分節を弱奏で吹きながら場内を歩き、その音が消えた時、演奏は終わる。現地信濃追分の野外での上演の時には、尺八奏者は吹きながらから松林に分け入り、ほんとうにきこえない程遠くに行ってしまった。

さて、はじめにも触れたように、この曲での真のコンポーザーは指揮者（といってもキューを出すだけ）であり、通念としてのコンポーザーたるわたくしの役目はむしろ洋楽的表現をいかに否定し、洋楽的発想からいかに遠ざかり、洋楽的音階、和声、形式をいかに完全に棄て去り、しかも、そうしたネガティヴな理念を貫いて、いかに作品としての「追分節考」を成立させるか、ということにあったと言えるだろう。

ジョン・ケージの曲に、ピアニストがステージに登場、ピアノのふたを閉じて何もせず、やがてふたを開いて退場するという三楽章の無題の曲がある。初演（？）時の時間で俗称「四分三三秒」と呼ばれているが、要するに洋楽器の王者ピアノで無の表現を、表現の否定を計ったもので、彼の音楽観の変化から原点に立ち戻り、初心に帰るという宣言をしたものである。そのことは彼の昔から今日までの作品系列の中でのあの曲の位置を確かめればすぐ理解できることだ。

今考えると「追分節考」も似た立場での作品と言えるような気がする。ただ彼は沈黙によって西欧伝統を否定せざるを得なかったが、零点の彼方に、いや身近なこちら側に豊富な素材を所有するわれわれは、沈黙の代わりに開放的な歌声と形式でそれがやれただけのことである。

1978/02/05

FMと私

主観で批評をいうのはナンセンス

毎日新聞

本業の作曲では、先週この欄に登場していたNHK小口達夫ディレクターの番組で昨年秋、芸術祭参加「オルガンのための律」を作曲しました。幸いラジオ部門の優秀賞を受賞、先月二九日にも再放送されています。

FM東京では、この一月から火曜九時「ステレオ名曲コンサート」の解説をレギュラーで担当しています。意外に自分自身ではFM放送を聴く時間がないもので、やっと先週一度聴いてみたぐらいのものですが、この七日には、スーク・トリオによるドヴォルザーク初期の「ピアノ三重奏曲第二番」を聴いてもらいます。私も実は今回、初めて聴いた曲なんですよ。レコーディングも、これが初めてじゃないんでしょうか。われわれの親しんできた曲は、ドヴォルザークの晩年の、いわば彼の音楽の頂点なんですね。今までドヴォルザークという山脈の頂上しか聴いていなかったが、山なみの中にも傑作がたくさんあるということです。

クラシックの解説というものは、音楽を詳しく知っている人、聴きとる感覚に優れた人というのが、いっぱいおられるんですよね。そういう人に私たちが、なまじ主観で批評をいうのはナンセンスだと思うわけです。半面、初めてクラシックに耳を傾けたという人もおられるでしょうし、小、中学生などクラシックに興味を持つ若年の人も多い。そういう人たちが音楽に親しむガイドになり、なお、通をもって任じている人にも、なるほどという点がなければと思っています。

自分の書斎でレコードを聴いて、その感想をのべるような、くつろいだ、リラックスな感じが出ていればいいですね。そして気楽に聴いて頂ければと思います。

1978/02/15

円熟への過渡期

ストラスブール・パーカッション・グループ

一九七八年二月九日◎神奈川県立音楽堂

ストラスブール・パーカッション・グループの日本公演初日を聴く。

パリ音楽院出身の打楽器奏者六人からなる合奏団で結成は六一年、今度で三回目の来日である。メンバーが一人、若手と入れ替わった。以前は精悍な男たち（全員黒の丸首セーターを着ていた）がエネルギッシュに前衛音楽に挑戦し、時には見ている方が息をのまずにいられぬほど逸り、猛るさまが壮観であった。そのころにくらべると、前記の若者は別として他の五人は今や鬢《びん》の白さや頭髪の薄さが目につき、グループの年輪を思わせる。それとともに音楽も何となく、ゆったりと落ちつきを見せ、同じ衝撃音も以前の鋭く激しいの一点張りでなく、繊細さから腹にこたえる厚みまでの幅が出て来た。しかしそれと同時に、打楽器という他の楽器にくらべればまことに非情な（と思われる）楽器たちを相手に、円熟した音楽表現を目指すことがいかに至難な業であるかを思わない訳にはいかなかった。一昔前の鮮烈さ、ショーマンシップに代わるべき掘り下げた一芸の深みにはいまだ到達しない、いわば過渡期に彼らはあるように思われた。

しかし、最後に演奏されたクセナキスの「ペルセファァッサ」は圧巻で、これを聴きに横浜まで出かけたかいはあった。この曲で六人は舞台前縁の両端と中央通路の左右端と、客席背後の左右に、つまり聴衆をとり囲んで位置し、メンバーの一人（リクー）が演奏しながら指揮者を兼ねる。さまざまな音色と速度で飛び交う音の粒子は、時に会場の壁に沿って反時計回りにぐるぐると渦を巻き、六人が思い思いに吹く呼子笛と呼応して音群は雪崩のように荒れ狂った。クセナキス独自の数学理論による音の雲の生成と消滅の彼方に、古代祭式の呪術の世界が浮かび上がる。クセナキスが数十個の打楽器合奏という新しい表現媒体を用い、従来の西洋音楽を批判し、否定し、それを超えた地点に自己の音響世界を確立していることが彼らの公演によって実感された。

これに比べると他の曲目は精彩を欠いた。ユーグ・デュフールの「エレホーンIV」は濃淡の微妙さにすぐれ、これも演奏は良かったが、在来の音楽語法の延長にとどまっていたし、チェコのミロスラフ・カベラーチの「八つのリチェルカーレ」は退屈だった。この曲では楽器にかじりつかずに暗譜でのびのびやれば、も少し聴けたろうにと、邦楽の打ち物をつい連想して洋楽の不便さに同情したことであった。

1978/03/18

不協和音まとめる

ＮＨＫ交響楽団定期公演

一九七八年三月一五日◎ＮＨＫホール

Ｎ響定期を聴く（指揮岩城宏之）。

最初に尾高賞受賞作、野田暉行「ピアノ協奏曲」が、注目のピアニスト神谷郁代の鋭い意欲と力性感を兼備した、しかも知的なアプローチによる好演を得て、その密度の濃い、繊細な感情の、丹念な筆致の秀作の全容を開示した。昨秋の放送ではその短さ（約一二分）を惜しいと感じたが、この夜、雄弁な管弦楽の臨場的な音の広がりの中では、この長さでじゅうぶん意を尽くしていることが実感された。野田は十数年前の処女作から精緻な独自な文体の使い手で、それを一貫して洗練させ、深化させつつあることがこの作品でも確かめられた。

ハンガリーのチェリスト、ペレーニが初来日、エルガーの協奏曲という珍しい曲を独奏した。三〇歳の若手だが技巧、音楽性ともに抜群、柔らかい音でいかにもイギリスふうの抒情性に満ちた旋律を悠然と歌い上げた。エルガーやディーリアスといった、以前は微温的で平板とみなされたイギリスの作曲家が世界的に復興しているのは、石油ショック以後の社会の虚脱感が音楽界に反映して、昔なら倦怠感を催させたような音楽に新たな喜びや慰みを人々が見出すようになったからではあるまいか。ペレーニはこうした今日の音楽感覚を敏感にとらえている。

この夜の最後の曲目、アイヴズの「第四交響曲」はまことに痛快なきき物であった。物凄い不協和音のかたまりだが、聴後感は爽快の一語につきる。六〇年前のアメリカの、ヴァイタリティーに満ちた雑然たる都会生活のあらゆる相を、アイヴズは孤高というべき独自の視座からの特異な音楽語法で表現している。歪められた賛美歌のメロディー、都市騒音の複雑なリズム、自己の内的感情、がそれぞれ異なった拍子やテンポで同時に進行する混沌たるスコア（副指揮小松一彦、ピアノ木村かをり、東京混声合唱団）を、岩城は一つの統一体としてみごとにまとめ上げることに成功した。

1978/03/29

鳴りに鳴る八千本のパイプ

ハインツ・ヴンダーリヒ オルガン演奏会

一九七八年三月二四日◎ＮＨＫホール

ハインツ・ヴンダーリヒのオルガン演奏会を聴く。このオルガニストは大バッハと縁の深いライプチヒ生まれ、現に古銘器を所有することで名高いハンブルクのヤコービ教会のオルガニスト、当年五九歳、ドイツのオルガン界の大御所である。

前半、バッハの三曲（「トッカータとフーガ」ヘ長調、「トリオ・ソナタ」、パルティータ「やさしいイエスよ」）では、もう一つの焦点の定まらぬもどかしさが、終始つきまとった。それは終極的には、この多目的ホールと称される大空間が神の家とはあまりに異質の場所だということに帰するだろう。大聖堂の豊かな響きが期待できぬことは聴く前から覚悟はしていたが、ここでは各声部があまりにも裸にきこえすぎて、各声部間の程よい音色対比や混合が成立しにくいように見受けられた。中ではパルティータ「やさしいイエスよ」が、コラール主題のすぐれたフレージング（句読点の打ち方）でさすが、と思わせ、つづく変奏部分では各変奏の対比が適切な音色の選択とめざましい演奏技巧によってみごとに表現された。それは一瞬シェーンベルクの管弦楽の変奏曲さえ連想させた。

休憩をはさんでリスト、レーガーのプログラムに入ると情景は一変した。奏者と楽器は一体となり、八千本のパイプは鳴りに鳴り、場内の空気さえ暖まる思いがした。まず、リストのコラール幻想曲とフーガでは当然バッハを上まわる多彩な音色選択やダイナミックな処理がなされ、一面では通俗臭ふんぷんたるリストの音楽がきわめて効果的に、彼の多くの交響詩よりもよほどおもしろくきけたのだった。

つづくレーガーのソナタとBACHの音名による幻想曲とフーガはこの夜の圧巻であった。このリストより内面的で、しかもロマン的半音階の錯綜たる和声構造を基調とする、けっして親しみやすくはない音楽で、彼は適切なレジストレーション（音色配合）と手足の名技性に物を言わせて、驚くべき表現力を発揮した。この種の音楽ではNHKホールのデッドな（残響の少ない）特性はむしろプラスに作用していた。

最後のデュリュフレでは、このドイツ製のオルガンとドイツの音楽精神の権化のような音楽家によってなお、ラテンふうの軽快な響きが湧き上がることに思わず微笑をさそわれながらきき入った次第であった。

1978/06/03

舞台と観客に一体感

こんにゃく座オペラ「白墨の輪」

一九七八年五月二七日◎荒川区民会館

芸大声楽科卒業生を中心に、全国の学校を巡回してオペラ上演をつづけること七年目の〈こんにゃく座〉が、座付作曲家林光の新作「白墨の輪」を初演した（二幕一六場、二時間四〇分、台本・演出広渡常敏）。原作はブレヒト、筋の出所は中国の古い芝居の「灰欄記」、白墨の輪の中に立たせた童児を生みの母と育ての母に引っぱらせる裁判場面がクライマックス。役付の歌手一七人以下、よく稽古を積んだ、イキの合った舞台を展開した。

劇としての上演でも論争の種になる序幕のコルホーズ場面はカットされ、したがって劇中劇の形でなしに領主の館での内乱場面から始まった。そのため、第一幕では登場人物が仮面をつけているにもかかわらず、象徴性は稀薄となり、民話劇ふうの物語性が全面に出すぎた感があった。物語の歌手（松下武史）や、領主の妻が置き去りにした幼児を苦労して育てる台所女中グルシェ（竹田恵子）の、親しみやすいメロディーに乗った表情ゆたかな歌唱がそうした傾向をいっそう助長していた。

これに反して、第二幕では八方破れなるが故に正しい裁判が可能な奉行アツダク（新田英開）の行動を中心に、諸人物の性格は明確に浮かび上がり、大いに楽しめる舞台となった。子役登場の大詰めは感動的でさえあった。林の音楽も、風刺や諧謔《かいぎゃく》や機智にとむ場面が相つぐ第二幕でひときわさえ、場面転換に即応する変わり身の早さも巧みで、ブレヒト劇の観点からもきわめて効果的に書かれていた。

歌手は前記のほか領主夫人（小田紀子）、グルシェの婚約者の兵士（佐山陽規）ら、いずれもよく役柄をつかんで好演だった。指揮者なしのステージをピアノでよく支え、引きしめ、時にせりふで加わった志村泉の功は大きい。

舞台と観客の間に距離を感じさせなかった大きな理由の一つは、歌われている言葉がほぼ完全に理解できたことにある。伴奏がピアノ一台であったせいもあるが、それだけが原因ではない。台本作者、作曲者をふくめ、座のオペラ上演への日常の姿勢の中に、可能にした要因を求められるだろう。やればできる、ということだ。

しかし、二か月の稽古、その数か月前からの本読み、一年の作曲期間、でわずか一夜の上演とはいかにももったいない。内容と活動形態の両面において、サークル性を脱してより広い層へのアピールがなされてよいのではないか。ともあれ、ほぼ満席の聴衆を楽しませた一夜であった。

1978/06/10

定着した「今日の音楽」

タッシ演奏会、「武満徹作品の夕」

一九七八年六月一・四・五日◎西武劇場

「今日の音楽」も今年で六回目、相かわらず個性的な凝った趣向で聴衆をひきつけていた。その一、四、五日を聴く。

まず演奏でいちばん印象に残ったのはヴァイオリンのアイダ・カヴァフィアンで、三年前の来日時とくらべ、格段の成長ぶりだ。とくに「タッシ演奏会2」（六月二日）でのストラヴィンスキー「兵士の物語」（いつもとちがって、ピアノ、クラリネット、ヴァイオリンの縮小版）での彼女のうまさには感心した。兵士のひくヴァイオリン、次に悪魔がそれをとり上げて王女の前での演奏場面、もう一度兵士がとり返して悪魔を踊らせる音楽と、カヴァフィアンはじつにそれらしく奔放かつ自在に、生き生きと表現して見せた。ヴァージョンのせいもあるが、この音楽では本来ヴァイオリンこそ主役であることを、じつにはっきりと打ち出した演奏だった。協演者ピーター・ゼルキンとストルツマンもよく彼女を助けていた。

メシアンの「世の終りのための四重奏曲」では上記の三人にチェロのシェリーが加わり、タッシの全員で演奏された（タッシはこの曲のために、五年前に集まった四人なのだ）。その演奏は三年前の時より名技性にすぐれ、合奏も完璧に近く、過去の大家たちの室内楽のように堂々としてさえいた。それだけに前回に感じられた、四人の音楽の新鮮な出会いが感覚の火花を散らす、といった場面に乏しく、メシアンのいう「不可能性の魅力」や超ロマン主義の永遠の陶酔、といった表現からは遠くなった。そして、こんなに底の底まで汲み上げてしまっては、この曲の寿命もあと何年あるだろう、と考えざるを得なかった。演奏というのは、あんまり煮つまらないうちのほうが良いのではなかろうか、とも思った。しかし、メシアンその人は彼らの「世の終り」に最高の賛辞を呈しているというが。

第五日目の「武満徹作品の夕」は、一九五二年から七八年までの、彼の室内楽の回顧展でもあった。井上直幸のピアノで武満徹作品を聴くのははじめてだが、武満徹作品への無我の没入ぶりはみごとだった。初期の「さえぎられない休息」などでは、武満その人がピアノの前に座っているような錯覚をさえ感じたほどだ。彼は作曲者の語り口のごく近いところにまで踏み込んでいた。それは、感情の流れが音として外に出る、その瞬間の感覚の問題である。ただ、近年の作品である「フォー・アウェイ」の場合だと同じ井上の演奏なのに、厳然として別の演奏者が立ち現れた感じで、それが初期の曲との性格のちがいでもあるのだが、とにかくそのことがおもしろかった。

初演曲「ウォーター・ウェイズ」では、練達のタッシの四人を中心に、二台のハープと二台のヴィブラフォンが背後をかこむ形に配置されたが、その四人ずつの西洋人と日本人演奏家の位相差といったものを終始感ぜしめながらも（それを具体的にいうなら、知的理解と感覚的アプローチの差とでもいうほかない）、お互いの交感と交流は快く成立していた。

もう一つ、四日目の曲目にあった、クラのストルツマンを主役に立てての近作「ウェイヴス」（武満作品の題名には何とVWYあたりの文字が多いことよ）の、あえてたとえるなら川端＝三島的な感覚的、耽美的な世界もすばらしいきき物であった。

1978/07/01

ドイツ音楽の伝統継承

ユストゥス・フランツ ピアノ独奏会

一九七八年六月二六日◎日本教育会館

西ドイツのピアニスト、ユストゥス・フランツを聴く。

新進から中堅への入り口あたりにいる成長株の一人で、数年前に大阪フィルと協演しているが東京公演は今回がはじめて。先輩エッシェンバッハと同門（ハンゼン女史門下）でケンプにも師事している。ともかく西ドイツからの新人演奏家の来日は、ピアニストに限らず大変珍しい。

見かけは快活な、現代ふうの青年だが、音楽はじつにがっちりタイプのドイツ音楽である。ロンドンあたりを中心とする今日ふうの演奏スタイル——ゆっくりめのテンポでたんねんに音を拾い、クールに今日の感覚を追求する——には目もくれず、ひたすら伝統的に端正で健気な音楽作りを目指している。ソビエト、フランス、アメリカなどの諸国から絶えず送り込まれてくる新人とのきわ立った相違点は、音楽が主観的、主情的で集中度が強いことで、情熱の高まりがフォルテを呼ぶあたりは古風でさえあった。それは最近では東ドイツの室内楽などにしか残っていないのかと思っていた、いかにもゲルマン的な楽興の時につながるものだ。

半面、音色の魅力、特に高音部の輝きとか、瞬間的な楽想のひらめきとか、即興性、といった不確定の要素が生み出す感覚の楽しみはまったく期待できない。すべては予定調和の法則下で生起する、といった趣が強かった。

最初の曲目、モーツァルトのデュポールの主題による変奏曲（K五七三）は、いわばおもしろくもおかしくもないひき方で、しかし、じわじわと音楽そのものの力がわき出てくるような演奏であった。二曲目、シューベルトの通称「幻想」ソナタ（ト長調、作品七八）は、これまた近年のしらけムードのシューベルトとは裏腹な、一九三〇年代の巨匠のように真正面からとり組んだシューベルトであった。いやおうなしに彼のペースにさそい込む音楽でこの長さだから、つかれた。

休憩後のシューマン「交響的練習曲」は、はじめやや不調にみえたが、次第に調子をとりもどし、一群の遺作の変奏は変化に富んでおもしろく、フィナーレでのロマン的情趣の噴き上げもよくきまっていた。せっかく、得意の曲目で終えたのに、アンコールのドビュッシー「サラバンド」はフランス音楽らしくない重いリズムと音色で興ざめだった。ともあれ、ドイツ音楽の最良の部分を隔世遺伝的に継承する若手の登場という実感を得た。

1978/07/08

どこへ行ったのか チェロの豪快な音

トリオ・ダミーチ

一九七八年七月五日◎東京文化会館

フランコ・グッリのヴァイオリン、ヤーノシュ・シュタルケルのチェロ、グッリ夫人エンリカ・カヴァッロのピアノ、から成る〈トリオ・ダミーチ〉の公演を聴く。

じつはその前夜、グッリ夫妻の二重奏リサイタル（東京・都市センターホール）があり、それに出かけてモーツァルトとブゾーニの二曲のソナタを聴いたが、これがなかなかよい音楽会だった。以前ヴィルトゥオージ・ディ・ローマ合奏団にいたグッリは、音色は地味だがしんのある、しっかりした音を持ち、左手の技巧も確実で、その音楽づくりは堅実そのもの、いい意味での職人的な要素ですき間なくつき固めた音楽をする。夫人のピアノは技術もよいが、才気と自発性に富み、両者が補充し合う面が少なくなかった。

モーツァルトのソナタでは両者とも、も少し軽く、しゃれ気もあれば、という面が残ったがブゾーニは立派で、これをきけたのは近来の収穫でさえあった。その二重奏の好成績から、当夜のトリオにより大きな期待を抱いたのだが、これは失望だった。原因はシュタルケルのチェロで、あの豪快な音は完全にどこかへ行ってしまった。不思議なことも起こるものだ。C線（低い方の第四弦）の、ブーンと張りのある響きはついに一度も出ずに、ピアノやヴァイオリンの音に消されがち、A線（第一弦）からきこえるはずの甘美な、朗々たる音色の歌は、乾いた音で、そそくさと過ぎさるばかりだった。

しかし、シュタルケルの左手の技巧はさすがに確かなものだし、ゆたかな経験に物を言わせて精神的には彼がアンサンブルの中核を成しているのだが、いかんせん、音楽が音となって外へ出て来ないのだ。グッリ夫妻はこの夜も好調だったのに。

最初のモーツァルト（K五四八）はチェロ・パートの書法がひかえ目なので上記のアンバランスはあまり目立たずにすんだが、次のベートーヴェン「大公トリオ」はその点がまったく具合わるく、この曲によく出る二人の弦だけで歌ったり、はげしく嚙み合ったりする個所は絶望的だった。最後のメンデルスゾーンのニ短調は軽い曲想なので、それなりに楽しめる部分もあった。

結局、トリオはロマン主義から表現主義の時代の大柄な名演奏家の個性のぶつかり合いを楽しむか、さもなければ、プロ・アマの別なく、自分たちでやって楽しむ音楽なんだなァ、というのが当夜の平凡な結論だった。

1978/09/16

佳曲好演、じつに鮮やか

ズデニェク・コシュラーの都響

一九七八年九月一二日◎杉並公会堂

たびたび来日してファンにおなじみのチェコの中堅指揮者ズデニェク・コシュラーが、東京都交響楽団の首席客演指揮者に就任、その機会に九月中、四回にわたるドヴォルザーク・シリーズを企画した。その第二夜を聴く。

ドヴォルザークはこのところ目立って復興しており、レコードにも初期の室内楽や、有名なのでない方のチェロ協奏曲など、いろいろ録音されている。その背後にチェコの演奏家たちの実力がとみに充実して来た事実があげられよう。

当夜の曲目は三曲とも滅多にきけない珍しいものだったが、配列の妙とコシュラーの巧みな音楽づくりのおかげで、内容の濃い演奏を楽しむことができた。最初の曲は交響曲第五番、といっても「新世界より」を第九番と数えての第五番で三四歳の作品。第四楽章でフッ切れるが、そこまではプラハとウィーンの間をどっちつかずでさまよっている趣からぬけきれず、もどかしい感がつきまとう。

コシュラーはそうした青くささに作為を加えず、背伸びもさせず、ありのままに若々しく表現したのが良かった。そのためフィナーレの豊かで激しい楽想ができた。

第二の曲目はオーケストラの音楽会には異色の、一二人の合奏による「セレナーデ」だったが、佳曲好演、じつに鮮やかな印象を残した。前の曲の三年後、一八七八年の作だが古典派初期の様式でのびのびと書いた曲を、都響メンバーがまた、のびのびと楽しくひいてのけた。オーボエとクラリネット各二、ホルン三、ファゴット二、コントラファゴット一、チェロとコントラバス各一、という奇妙な編成がよく溶け合って鳴ったのは、コシュラーのニラミとともに杉並公会堂の響きの良さが大いにプラスしていた。目をつぶるとヨーロッパの古い館の中の、木材を多く使った小劇場での奏楽の雰囲気と大してちがわない。先日もこの欄の他の評者が指摘していたように、いい音で鳴るホールが日本には少なすぎる。

最後に、二人の独唱者（黒川和子、池田直樹）とコーラス（六〇人に増強された東京混声合唱団）とオケが、晩年（渡米直前）の大作「テ・デウム」と真摯にとり組んだ。すぐれた出来ではあったが、その聖歌本来の目標のパンプ（華麗・壮観・盛儀）にまで達しなかったのは、作曲者の側（時代と出自）とわれわれの側（彼らとの距離の大）と双方に理由がある、と思った。

1978/09/30

すばらしい名人技

デファイエ・サクソフォン四重奏団

一九七八年九月二四日◎都市センターホール

デファイエ・サクソフォン四重奏団の来日公演を聴く。サクソフォンは今日ではジャズの代表的な楽器だが、ジャズが起こるはるか以前に発明されたれっきとしたクラシック楽器。戦前からパリにマルセル・ミュールなる大名人がいたが、今回来日の四人は一同、その弟子で演奏に教授に大活躍の人たち、ソプラノ、アルト、テナー、バスの四種の楽器でじつに緻密な合奏をきかせる。四人の奏法、表情はまったく同質的で、繊細な弱奏から、豊かな音量の強奏まで、驚くほど雄弁で多彩な、独特の説得力ある音楽をきかせた。物憂げな叙情的な楽句におけるニュアンスは出色であったし、ユニソンで落下する滝のような楽句もみごとであった。デファイエとその仲間が、この合奏形態の最後の境地に達していることは疑いない。すばらしい名人技をじゅうぶん楽しませてくれた。

ところで何が演奏されたか、というとプログラムは一九六〇年から七六年にかけての作品ばかり五曲から成っていてダマーズ「四重奏曲」(七六)、ルジェ「四重奏曲」(七四)、フーニオ「四重奏のための小作」(七〇)、パスカル「四重奏曲」(六二)、ベルノー「四重奏曲」(六〇)、と作曲年代の逆順に演奏された。どの作品も多楽章のソナタふうの作りで、前記のミュールまたはこのデファイエの四重奏の技巧を発揮するように、パリ・コンセルヴァトアールの秀才たちが伝統的な精巧な書法を駆使して書きおろしたもの。最近作でありながら現代音楽らしい発想や響きは当然ながら皆無だった。中では最後に演奏された、つまり最も古いベルノー作品が確実な技術とすぐれた音楽性を思わせる力作で、以下作曲年代が新しくなるにつれ、現代感覚と伝統的な新古典的な書法のはざまに個性が埋没し、ルジェ作品は特殊な奏法と音色の展示場にすぎず、ダマーズ作品は統一的な印象を欠いた。

後日のプログラムでは、フローラン・シュミット、ジャン・フランセら、いくらか知名の作曲家の作品もきけるが、ともかくフォーレ、ドビュッシー、ラヴェル、六人組、メシアン、ジョリヴェ、ブーレーズといった主流作曲家がこのジャンルに筆を染めていないのは不幸なことだ。彼らも、このジャンルを何か特殊なものと見ていたのだろうか。ともあれ今後とも彼らがこうした孤立の栄光を選ぶか、現代音楽の共通の土俵に立つかは、多くの後進たちの運命にも大きくかかわることだろう。

1978/10/18

ベテラン芸の本領

ルドルフ・フィルクスニーのピアノ独奏会

一九七八年一〇月一三日◎虎ノ門ホール

ピアニスト、ルドルフ・フィルクスニーの音楽会を聴く。チェコ生まれ、アメリカ在住、六六歳で初来日。

このところ、外来ピアニストといえば、はたち前半のカッコいい若者が、大げさな形容詞や肩書きつきで次から次へと送りこまれて来る中にあって、この知名度の高くないフィルクスニーの見せたあっぱれのベテラン芸はまさに頂門の一針、じつにさわやかな印象を残した。とにかく、あれだけの音楽会ができるというのは、並大抵の実力ではない。こういう人が初来日とは、東京もまだ洋楽界のいなかである。

まず、シューベルトの即興曲（作品九〇の四曲）が、確実な技術を踏まえた上で作為のない、直接音楽の核心に迫るといった趣で演奏された。近年の、ゆっくり目に丹念に音を拾うスタイルには目もくれず、彼自身が育った両大戦間の、いわゆる新即物主義的なスタイルで、しかし、そこにまぎれもなく彼自身の豊かな音楽をする心がシューベルトに託して歌われていた。

二曲目のショパンのロ短調ソナタ（作品五八）もまた、ショパンのピアニズムを深く掘り下げて歌い上げる、といった趣の好ましい演奏ぶりで、第三楽章ラールゴはとくに美しかった。

三曲目は、彼が幼時に師事したというヤナーチェクのソナタで、LPレコードのごく初期に彼の録音を聴いた記憶があるから、得意のレパートリーなのであろう。作曲者の故郷ブルーノでの反ドイツ的事件に触発されて書かれたこの個性的な音楽では、フィルクスニーの音色がもっともよく生かされていたと思う。彼のピアノの音は、チェコの弦楽器や管弦楽と同系統の、けっして粗いというのではないが、いくらかザラついた感触の独特の色調を感じさせる。

四曲目のムソルグスキーの「展覧会の絵」を、彼は一〇枚の絵というよりは一〇の場面を持った交響詩のような有機的な音楽に仕上げてみせた。技巧的な見せ場もみごとだった。

フィルクスニーの音楽は、当世ふうにひじょうに個性的であったり、民族色を表に出す、というのではなく、またドイツふうに瞑想的であったり、フランスふうに感覚的であったりするのとも一線を画した境地にうち立てられている。指揮者のセル（母親はチェコ人）の、技術の練度と表現の完璧を目指す、いい意味での職人的な音楽性を、彼の音楽からふと連想したことであった。

1978/11/04
まったく今日的な感覚に驚き
ギドン・クレーメル

一九七八年一〇月二七日◎神奈川県立音楽堂

ソ連のヴァイオリン奏者で三一歳のギドン・クレーメルを聴く。

この世代の音楽家として、疑いもなくトップ・クラスの一人だ。技巧の抜群、音楽性の高さだけでなく、感覚がまったく今日的である。モスクワでの音楽会でヴェーベルンをひいたと伝えられているが、ソ連からこういう音楽観の持ち主が出て来たとは時代も変わったものだ。

プログラムの前半の三曲はすべて無伴奏、まずテレマンの幻想曲（四楽章あるがごく短い）がサッと一刷毛《はけ》はいたように仕上げられたあと、何と西ドイツの前衛シュトックハウゼンの「黄道十二宮」からの六つの旋律が、魚、牛、かに、獅子（星座名）等々の性格を何やらそれらしくユーモラスに表現して秀逸だった。だが、ここまでは序盤で、次のバッハの無伴奏ソナタ第二番（イ短調）が当夜の圧巻であった。中でも第二楽章のフーガでの、多声部の難技巧を物ともせぬ正確な奏法と情熱の高揚は大変なもので、この楽章の終わりで思わず少なからぬ拍手が起こってしまったのも無理からぬことであった。一転して第三楽章のアンダンテは力を抜き切った、ひょうひょうたる即興的な歌い方で、たとえば昔のブッシュやシゲティなどの、あくまで荘重に楽聖像を描く、といった趣は薬にしたくも無い、自由に息づくバッハであり、それは終曲のアレグロの喜ばしげなリズムにも通じていた。ヴァイオリンでこれほど今日的なおもしろいバッハを、他のだれがひけるであろう。

後半はうら若きピアニスト、エレーナ・パシキロワ（彼女の父はモスクワ音楽院のピアノ教授）との協演で、まずストラヴィンスキーの「協奏二重奏曲」が、鋭いリズム感と量感のあるダイナミックス、それに、遅い部分ではさめた感覚と思い切り白けたひきぶりでおもしろくきかせ、そのあとメトネルの夜想曲とチャイコフスキーのワルツ・スケルツォがみごとにひかれたが、むしろアンコールに、もう一つのクライマックスが用意されていた。

それは二〇分あまりの大曲、シューベルトのハ長調の「幻想曲」で、これまた、曲首の楽想の苦み走った音と表現、ハンガリーふうのアレグロの奔放なリズム、変奏曲主題の自作リード「口づけおくらん」の個性的歌い方、と非凡な味付けでおもしろくきかせるのには感心した。ともすれば過去の楽器と見られがちのヴァイオリンの復権の先頭に、クレーメルという、ラトヴィアはリガ出身の「ソ連」ヴァイオリニストが立っている事実をはっきり印象づけた一夜であった。

1978/11/25

精妙な伝統生きる

フィルハーモニア管弦楽団

一九七八年一月二〇日◎ＮＨＫホール

ロンドンからやって来たフィルハーモニア管弦楽団の東京公演第二夜を聴く。指揮はラファエル・フリューベック・デ・ブルゴス、ドイツ系のスペイン人で、脂の乗り切った四五歳、有能である。いいオーケストラだ。じつに精妙である。二〇年あまり前にレコード録音専門に腕ききの奏者を集めて結成、カラヤン、クレンペラーにしごかれた当時の楽員がそのくらい残っているかは知らないが、伝統はたしかに存続している。木管群は銀細工のようだし、金管は正確無比で力強く、弦はやわらかい響きをもっている。その上、自分たちの音をどうブレンドすれば指揮者の要求に即座に反応できるか、その要領を彼らは手のうちに入れている。

第一曲はイギリスのロマン主義作曲家（といっても一九三四年に死んだ）ディーリアスの歌劇「村のロミオとジュリエット」からの「天国への道」。これは遠慮なく言えば平板で退屈な音楽だったが、ふっくらした弦のハーモニーに木管のひなびた旋律が程よくからみ、悲劇を予告する高まりでも、響きの調和がいささかも乱れず、曲、演奏とも、お国ぶりのしっかりとした落ち着きをみせていた。

二曲目、ドビュッシー「海」は、オーケストラの出来はじつにみごとであったが、この指揮者向きの音楽ではなかったようだ。彼は大げさな身振りで熱烈な棒の振り方をする。この曲でも、明快かつエネルギッシュに音響の塊が運動するようなところはじつに爽快にオケを鳴らすが、象徴と余韻といったドビュッシーらしさは出なかった。もっとも、毎度のことだが、NHKホールの巨大空間ではそもそも、そうしたデリケートな表現は無理ということかも知れぬ。

第三曲、ベルリオーズの「幻想交響曲」はこの指揮者向きの曲だし、オーケストラの手なれたひきぶりで、「舞踏会」（第二楽章）の優雅さ、「野の風景」（第三楽章）の寂しげな心象風景、「断頭台への行進」（第四楽章）と「ワルプルギスの夜の夢」（第五楽章）の不気味さと劇的な高まりなど、すべてつぼにはまった好演をみせた。とくに最後の二つの楽章でのトロンボーンとチューバはみごとだった。教会の鐘の鳴り損ないはご愛敬だったが。

アンコールではグリンカの「ルスランとリュドミラ」とヘロニモ・ヒメネスの「ルイ・アロンソの結婚」のスペイン舞曲調が、ともに陽気に騒々しく、しかもみごとに演奏されたが、二曲のうち一つは、このオケの真価を示すに足る精巧でち密な音楽をやってほしかった。

1978/12/11

'78回顧
ベスト5

・ストラスブール打楽器合奏団演奏会（クセナキスほかの現代曲。二月九日、神奈川県立音楽堂）
・ポリーニ ピアノ演奏会（ノーノほかの現代曲。四月一二日、東京・ＮＨＫホール）
・井上直幸「武満徹ピアノ作品の夕」（六月三日、西武劇場「今日の音楽」）
・若杉弘指揮、曽我栄子、原田茂生独唱、京都市交響楽団によるツェムリンスキー「抒情交響曲」の日本初演（七月四日、京都会館。九月一六日、ＮＨＫ放送にて）
・第二回「アジア伝統芸能の交流」におけるイランとモンゴルの声楽（一二月三日、国立劇場）

1978/12/16

合唱・独唱ともに好演

林光のカンタータ「脱出」

一九七八年一二月一二日◎日比谷公会堂

木島始・詩、林光・作曲の新作カンタータ「脱出」を聴く。東京労音創立二五周年記念委嘱作で、さる一一月三〇日に初演された新作である（指揮林光）。

題材は第二次世界大戦末期に中国から日本に強制連行され、苛酷な労働に耐えかねて脱走、北海道の原野に終戦も知らず一人かくれ住んで一四年後に発見された中国人劉連仁の物語である。一八章から成る詩は、日本軍の中国進攻、内地の労働力不足、その穴埋めに「うさぎ狩り」同然のやり方で大陸で集められた労働力、重労働と非人間的な取り扱い、脱出、孤独、厳しい自然、肉親愛や人間愛、等々から成り、音楽作品への素材という見地からは、叙事と叙情と主張と告発が程よく按配され、言葉もよく練られたすぐれたテクストである。

さて、評者は事前にこのテーマから連想したのは、エンツェンスベルガー詩、ヘンツェ作曲の「エル・シマロン（脱走奴隷）」（キューバでの黒人奴隷の体験による）であった。しかし、ヘンツェの音楽が一人の歌手と三人の器楽奏者のための、この上なく技巧的で演奏至難な、西欧前衛音楽の閉鎖的な風土でしか上演できない音楽に仕立てられていたのとまったく対照的にカンタータ「脱走」は全員がアマチュアによって上演可能であり、主体となる合唱部分のごときは、とくに合唱づいている団体ならずとも、ふつうの職場の誰もが参加できるような平易な作風で一貫しており、そこに二人の作者の姿勢とこの開放的な作品の今日的な存在意義がはっきり打ち出されていた。

二〇〇人近い合唱団は半年の練習の後に全曲暗譜でみごとに歌い（東京労音「脱出」合唱団、指揮、郡司博・林光）、音楽に起伏と変化をそえる重要な役を担う二人の独唱者（竹田恵子、松下武史）も好演、ナレーター（斉藤晴彦）が簡潔にポイントをおさえ、管弦楽（新星日本交響楽団）は全体の統一の役を効果的に果たしていた。

合唱も独唱者も、歌われた詩はその場で完全に、きき手に伝達された。その点はまったく成功であり、印刷された詩を終演後、帰りぎわに出口で配布したのは心憎くもあり、風刺的でもあった。

なお、はじめに林の二五年前の「交響曲ト調」が自身の指揮で演奏されたのも、東京労音二五周年記念の会にふさわしかった。

1979

1979/01/27

どんな小楽句にもくっきり性格づけ

アッモン指揮都響定期公演

一九七九年一月二三日◎東京文化会館

東京都交響楽団の第一一〇回定期公演は、首席指揮者、モーシェ・アツモン就任披露をかねて、モーツァルトの第四〇番（ト短調）とマーラーの大作、第五交響曲（嬰ハ短調）をとりあげた。

アツモン（四七歳、イスラエル人）の才気と独特な個性は、一昨年初夏にこの楽団に客演した時のブルックナーの第七交響曲で実見ずみだが、今回は身内となったこの楽団とより積極的にけいこを重ねたためか、彼自身がより力をたくわえて来たためか、前回を上まわる強烈な自己主張をやり抜いて、しかも統一的な印象を残すに足る好演をみせた。

モーツァルトは何と言ったらいいか、誤解を恐れずに筆者の念頭に浮かんだ印象をそのまま記すなら、前衛書道のようなモーツァルトであった。一点一画がそれぞれ趣をもち、何かを主張し、どんな小楽句もたんに流れの一部分となるのではなしに、表情と身振りによって音楽的意味づけがなされていた。たまたま、数日前のN響定期でスウィトナーの振るモーツァルトの「プラハ」交響曲を聴いたが、その、いわば能筆の楷書のような演奏との対比が、期せずしてアツモンの音楽観と感覚を鮮明に印象づけた。

マーラーではこうした行き方はいっそう徹底して、主要なテーマはもちろん、どんな短小なモチーフや対位をなす句も、くっきりと性格づけがなされ、いささかのあいまいさも残さぬ完全犯罪的な緻密な上演計画の練り上げが感知された。といっても、けっして知性傾向に偏した骨張った音楽ではなく、これは前回のブルックナーでも感じたことだが、イスラエルの楽人らしい弦楽器群のねばりのある歌わせ方（第三楽章のアダージェット）やエネルギッシュなキビキビしたはこび（終曲のフーガなど）での、自然にわき上がる音楽の力は並々ならぬものがある。へんな話だが、モーツァルトでもマーラーでも、こんなに細部まで、あそこはあのように弾かせた、ここはこう歌わせた、とはっきり思い出すことのできる演奏はそうざらにあるものではない。それほど、こってり、しつこい音楽だということでもある。

都響にとっては、これまでの渡辺暁雄やコシュラーとはひじょうに勝手がちがうために、捨て身でぶつかったという趣があり、これが好結果を生んでいたと思われる。ともかく西欧でも随一の今日的感覚の持ち主が都響をどう育て、どんな音楽をやっていくか、年に一〇回ある彼の振る定期が楽しみだ。

1979/02/14

繊細で強靭な七作品

甲斐説宗追悼コンサートI

一九七九年二月八日◎増上寺ホール

「甲斐《かい》説宗《せっしゅう》追悼コンサートI」が開かれた。

甲斐は芸大作曲科卒、ベルリン音楽大学に学び、ブラッハー、リゲティらに師事、帰国後は作曲活動のほか学芸大、芸大などで作曲を講じた。将来を嘱望されていたが昨秋、難病で不帰の人となる。四〇歳。

この夜、晩年のほぼ五年間に作曲された七作品が「アーク」のメンバーをはじめとする、甲斐と親交のあった演奏家たちによって演奏された。作品はいずれも誠実で内面的な人柄そのままの、繊細かつ強靭な、きわめて個性的な佳品ばかりであった。とくに最後の三年間の作品、すなわち七五年の「ヴァイオリンとチェロの音楽」以降の六作品では、一つの方法論をあくことなく追求し、しかも曲ごとに異なる楽器編成を選ぶことによって、その多様な展開の諸相を確実に自己の音楽世界に組み込もうとする一貫した姿勢、むしろ強固な信念が聴く者の心を打った。

「うたが流れていって、何となく変わっていって、行きついた先からまた変わっていく、しかし状況が全く変わってしまうことはない」「あまり作為的でない、日常的なちょっとした音の形に、だから石ころのようなものに心を打ち込み、世界をみる」「聴者へのはげしい働きかけ（中略）をできうるかぎりやめよう」といった、甲斐自身による、それぞれの曲の初演時のノートは、この時期のどの曲にもほぼ共通する特質であり、理念であると思われた。

中では「三人のマリンバ奏者のための音楽」がマレット（ばち）を終始鍵盤に押さえつけ、消音効果を伴った音のみで奏されたのがごく自然に曲想と融合して印象深かった。

全七曲中もっとも早い時期の「ピアノのための音楽Ｉ」（七四年作）は上記の六作品とはやや趣がちがい、甲斐自身も「劇的なもの、祭祀性」との関連を示唆している。この曲は高橋悠治の演奏によって一種の凄絶な状況を現出した。不整脈のごとき低音の衝撃音が一しきりつづき、これを受けて中音域のプリペアーされた弦が特異な音色を発散させたあと、肘などによる猛烈なクラスター、ピアノのふたやいすを動員しての騒音、さらに鍵盤上を急速に走る指からは、わざととぎれとぎれにしか音は鳴らぬなど、不安、怒り、焦慮、絶望をこんなにはげしく表明した曲にも演奏にも出遇ったことはない。甲斐はこの曲が、この夜、このようにきかれることを、すでに予感していたのだろうか。

1979/02/24
開放的、あふれる生命感
ブルガリア室内オーケストラ演奏会

一九七九年二月一九日◎ＡＢＣ会館

ブルガリア室内オーケストラが来日、ほぼ一カ月にわたる各地での演奏を前にした初日を聴く。平日のマチネーのため盛会というにはほど遠かったのは気の毒であった。

総勢一六人から成る弦楽合唱団で、ディナ・シュナイデルマン女史が創立者（一九六四年）であり、現に指揮者である。じつは何の予備知識もなしにききに行き、最初の曲目で女性指揮者が登場したのでびっくりしたのである。彼女はヴィヴァルディの二曲の合奏協奏曲ではみずからヴァイオリンをひきながら指揮をした。経歴の中には一九六〇年のジュネーブ国際コンクールで第一位なしの第二位入賞歴もあり、立派な腕前である。

指揮ぶりは、棒を持たずに、わりに無造作な線の太い音楽づくりで、自然な、いきいきとした演奏を目指している。その点、六年前にやはりこの国から来日した、カザンジェフ指揮のソフィア・ゾリステン（一三人の弦楽器奏者から成る）が、精緻な現代感覚を追求していたのとある意味で対照的であった。

コンサート・マスターはエミール・カミラロフで、彼は一九六一年パガニーニ・コンクールの優勝者、現にソフィア音楽院教授でもあるが、音楽も技術もひじょうにしっかりしており、合奏のリーダーとしてもきわめて適役の実力者と見受けた。

さて、最初の曲目、モーツァルトの「ザルツブルク交響曲（通称ディヴェルティメント）第二番」（K一三七、変ロ長調）では、とくに第一楽章の長いアンダンテが気分的にも乗らず、しっくり来なかったが、アレグロの第二、第三楽章では生気溌剌、快い合奏をきかせた。

つづくシェーンベルクの「浄夜」はコントラバスを除く一四人編成で演奏された。つまりオリジナルの弦楽六重奏と、アレンジされた弦楽合奏版との中間の形で指揮者付きで上演された。この形だと、メンバーの高い技術水準はよく示されたものの、表現上はどっちつかずの感が終始つきまとったことは否定できない。いっそ六人編成の方がよかったのではないか。

ヴィヴァルディの協奏曲、レスピーギの「古風な舞曲」では、スラヴ系の弦楽のやや暗い音色が目立ったが、同じスラヴでも、より北の国の音楽家ほど、その音楽は内向的ではなく、より開放的で生命感にあふれ、感覚的でさえあるのが印象に残った。同国人ヴラディゲロフの「三つの作品」では「ノスタルジア」と溌剌たる五拍子の「ダンス」の対比が鮮やかだった。

1979/05/19

気をとられソロ平板

クリストフ・エッシェンバッハの指揮とピアノ

一九七九年五月二一日◎東京郵便貯金ホール

クリストフ・エッシェンバッハのピアノ演奏および指揮（オーケストラは日本フィル）の一夜を聴く。曲目はオール・モーツァルトで、K四六七のハ長調とK五九五の変ロ長調の二曲の協奏曲にK五五〇のト短調の交響曲という、コクのありすぎる程の名作ぞろい。そこで名演と来れば言うことはないのだが、さて。

一人で振りながらひく場合によくそうするように、ピアノは反響板をはずし、いつもの置き方とは直角に、ステージの奥に向け、したがってお客に背を見せての演奏だった。まずハ長調の序奏部がさわやかに、表情ゆたかに、シンフォニックに鳴り響いたのが、丹念なリハーサルの成果を思わせた。彼は最近、ドイツの一地方都市の音楽監督に就任、指揮者に転進しようとしており、まずその面での意欲じゅうぶんの、積極的な姿勢のうかがえる序奏部であった。

ソロが入ってからも、彼のオーケストラに対する細やかな気の配りようは変わらず、したがってオケはダイナミックに、雄弁にひき進められる一方で、肝心な彼自身のソロは何やら手なれた平板な演奏となり、オケの起伏の陰に見えかくれする仕儀となったのは残念だった。せっかく、良質な音楽であるのに。

どう考えても、かつての西ドイツのピアノ界の希望の星が、今日中堅音楽家に成長した姿に接するには、別に棒振りを立てて、彼自身はちゃんと反響板をつけて正位置に据えたピアノでひいてくれるべきだった。ワルターやバーンスタインの、名人の「遊び」をする年齢では、彼はまだなかろうに。

おそらく自作のカデンツァであろうが、途中でK四六六の二短調のピアノ協奏曲のモチーフが出て来たのには多くのきき手が意表をつかれたようだった。もともとハ長調の第二主題は、K四四七のホルン協奏曲のそれと共通だから、そのことを踏まえて、カデンツァの中で同じ時期の姉妹作を回想する、というのは一つのアイディアにはちがいない。その自由さは、二番目に演奏されたK五九五のカデンツァが原作であったのと対照をなしてもいた。

二曲の協奏曲で、ピアノ演奏を堪能できず中途半端な気分に置かれたのが、最後ト短調交響曲で満たされると良かったのだが、これも意欲のみ先走った、落ち着きを欠く、騒がしい音楽に終始したのは残念だった。あと一〇年、指揮者としての大成に期待するとしよう。

1979/05/30

廣瀬量平の協奏曲 黒沼の好演で成功

民音の現代作曲音楽祭

一九七九年五月二六日◎東京文化会館

民音主催「現代作曲音楽祭」を聴く。

発足以来一〇年目、回を重ねること五回、元来は民音コンクールの作曲部門として企画されたが、発足当初から作品依嘱による作曲音楽祭の形をとり、毎回佳作を生み、それなりの成果を生んで来た。今回は尾高忠明指揮、東京フィルハーモニー交響楽団のすぐれた演奏により二曲の依嘱作初演と一曲の再演作品が上演された。

黒沼ユリ子の独奏による廣瀬量平の「ヴァイオリン協奏曲」は、最近のこの分野での大収穫たるを失わない。黒沼にはユニークな近著『アジタート・マ・ノン・トロッポ』があるが、廣瀬はこの曲をまさにその標語「激しく、しかし過度にではなく」の通りの楽想によるヴァイオリンのソロではじめた。その語り口はまったく非西欧的で、たとえば尺八の奏法を思わせるような独特な表情を見せる。しかも、そのフレーズをいつも管弦楽が、これまた独特な音色で完結するのだが、その様相は、西洋音楽の協奏曲におけるソロと管弦楽の対話とはいちじるしく異なり、むしろ相互に補完し合うといった関係にある。管弦楽は近年開発された奏法、書法をフルに採用して時には大音声を張り上げ、こんな時にはソロの必死の抵抗をも圧倒し去る。だが、ここでも、ふつうの洋楽でのソロと合奏の音量のバランス関係では割り切れぬ、別次元の音楽表現を感じさせられた。さらに、ソロ・ヴァイオリンの自在な語り口は管弦楽にも感染して両者とも微分音程のデリケートな表情にしばらく固執するなど、尽きることのない豊かな楽想の展開には目を見はらせるものがあった。黒沼の、高度の技術の上に、廣瀬の語法への完全な理解と共感は、きき手にとっても大変幸せなことであった。上演成功への彼女の功は大きい。

佐藤真の「第三交響曲」は一八年前の「第二」の直後からの悲願がようやく結実した、と作曲者みずから述懐する力作。「序的な性格をもつ第一楽章、スケルツォである第一楽章、葬送の音楽である第三楽章、それにフィナーレ」と、古典の諸特質を象徴的に内在させた、清新な感覚と大胆な語法による、内容の濃い、響きの充実した今日的な交響曲の秀作である。

再演作品として、ベテラン入野義朗の「シンフォニア」（一九五九年作、尾高賞）がとり上げられた。練達の十二音技法による堅固な構築の生み出す音楽美は、この曲が五〇年代の様式の結晶であり典型であることを改めて実感させた。

1979/07/04

絶妙な呼吸のシューベルト

ウィーン・ムジークフェライン管弦四重奏団

一九七九年六月一九日◎虎ノ門ホール

ウィーン・フィルのトップメンバー四人によって七年前に結成された〈ウィーン・ムジークフェライン弦楽四重奏団〉が初来日した。

トップの奏者たちだが若手の中堅クラスで、第一ヴァイオリンのキュッヒルはまだ二九歳、最高はヴィオラのゲッツェル三九歳、まずは働き盛りの戦後世代である。一昔前のウィーンのコンツェルトハウスやバリリの弦楽四重奏団の典雅さ、優雅さを残しながら、しかし基調はもはや現代的でダイナミックな、あえて言うならアメリカふうの室内楽様式である。まあこの点は逆に見ることもできなくはない。ふっくらとやわらかい弦のハーモニーや昔ながらのウィーンふうの粋な歌い方をけっして忘れず、その上にダイナミック・レンジの広い、現代の合奏のメカニズムを展開することもできる彼らである、と。

モーツァルト（K五七五、ニ長調）では音量をぐっとおさえて、しかしテンポなどは現代ふうに早めにとり、そして全体をわりに無作為に、自然に流すように表出していた。ちょっと食い足りないモーツァルト、という無念さが残った。

二曲目はベートーヴェン（作品九五、ヘ短調）は一転してアクセントの強い、力動感にみちた奏法をとり、第一楽章など息もつがせぬ迫力で押し切った。ヴィオラのゲッツェルがベテランぶりを見せ、第二のヴェヒター、チェロのバルトロメイの高い実力も、この第一楽章と、とくに多声書法の美しい第二楽章でいかんなく発揮されていた。

三曲目のシューベルト（ニ短調「死と乙女」）がやはり当夜の白眉であり、いろいろな意味で興味ふかい演奏だった。曲首の決然たるモチーフで室内楽の規模を超える大柄な表現をみせた直後、やさし気に小ぶしを利かせて、「われわれの親父やじいさんも、こう歌ったなあ」と四人でうなずき合うかのような呼吸がじつにおもしろかった。あくまでウィーンの、しかも今日の音楽家たちである。

1979/07/18

進境いちじるしい若杉の指揮

都響公演・マーラーの「第三交響曲」

一九七九年七月二二日・二三日◎東京文化会館

東京都交響楽団の定期公演で若杉弘指揮、マーラーの第三交響曲を聴く。アルト・ソロ＝井原直子、ポストホルン・ソロ＝田宮堅二、女声合唱＝東京放送児童合唱団。

特筆すべきは若杉弘の進境であろう。彼は一〇年以上も前から好んで後期ロマン派の、声楽を伴う大管弦楽曲を振って来たが、今回のマーラーではひときわさえた、つぼにはまった指揮ぶりを見せた。以前のような緻密な計画性と細部の繊細さを残しながら、全体を大きくつかんで、線の太い表出にも成功していた。彼はケルンの放送交響楽団の常任指揮者に就任して三年目だが、そこでの本格的な音楽づくりの体験が彼の芸術展開にとって大きな意味を持っていると思われる。

都響は半年ほど前から一公演二夜制なので、筆者は二晩とも出かけてみた。第一夜は、今はやりの言葉でいえば「激奏」調で、緊張にみちてはいたがホルン・パートなどの不調が目についた。第二夜はリラックスした、ミスの少ない好演だったが後半の盛り上がりに今一つの感が残った。結局、第一・二・三楽章は第二夜が、第四・五・六楽章は第一夜がすぐれていたと思う。

第一楽章ではバリトン独唱を思わせるトロンボーンのソロ（好演）を中心に、青春を謳歌する行進調と、暗い絶望の調べの対比が鮮明に表出された。とくに展開部に入って、「感性的」なトロンボーンの弱奏に導かれて全楽器がトリル奏法で鬼気せまる不気味な音色を出すあたりの効果は秀逸だった。またこの楽章ではコントラバスのパートの好調が快かった。

第二楽章のような音楽では木管の各パートが、より柄の大きい名人芸で妙技をきかせないと、何しろ長いので退屈する。その意味では第三楽章のポストホルンのソロを、西ドイツで活躍中の田宮堅二にゆだねたのは賢明の策で、彼はとくに第二夜ではほれぼれするような完璧の名人芸をきかせた。

第四・五楽章には声楽が入るが、井原直子がいかにもアルトらしい魅力的な歌声でニーチェを歌い出すと、管弦楽の音色、奏法までしっとりと、うるおいを含んで鳴るのだった（とくに第一夜）。児童と女声のコーラスが緊張をときほぐしたあと、フィナーレの第六楽章では再び器楽のみによる音楽が、精神的な、内的な緊張を二度にわたって高潮させるが、このあたりの若杉の阿吽《あうん》の呼吸はみごとなものであった。

1979/09/22

現代の傑作を練度高く

英国ロイヤルオペラ「ピーター・グライムズ」

一九七九年九月一九日◎東京文化会館

幕ははじめからあがったままであった。われわれが客席に歩を運ぶのに呼応して、第一の少年の死に対してピーター・グライムズを審問する法廷に登場する傍聴人が三々五々、舞台に現れはじめる。全員出そろったころ、ひときわ足早に登場した検視官の槌音《つちおと》からオペラのスコアは進行する、という趣向であった。演出のモシンスキーは「伝統的なヨーロッパのグランド・オペラよりもシェークスピア劇の方法に、より近い」と書いているが、筋立てといい音楽といい、伊・独・仏のオペラから大なる距離のある、いかなる意味でもイギリス的なこの作品の上演にはまことに至当の方法というほかない。

初日の「トスカ」を見なかった筆者にとっては一九日夜の「ピーター・グライムズ」がロイヤルオペラ公演の初日だったわけだが、指揮のデイヴィスをはじめ、演出、美術、歌手のすべてをイギリス人で固めたこの夜の公演は彼らにとっても、真の意味の初日だったのではあるまいか。あらゆる面で一分のすきもない、緊密な、練度の高い上演によってこのブリテン（一九一三―一九七六）の傑作がまさにイギリス・オペラの代表作であることを深く印象づけた、忘れ難い一夜であった。

貧しく孤独な漁夫ピーターは、彼の屈折した性格を、運命への怒りを、時に荒々しく、時に深く思い悩む。この至難な役をヴィッカーズはまったく安定した声と演技ですばらしく演じて余すところがなかった。村人が彼を疎外する原因は、たんに偏屈な性格や見習少年を酷使して二人まで死なせたことにあるのではない。そのことを、彼が自分の小屋（廃船を伏せたあばら屋）で第二の少年をひしと抱きしめた一瞬の動作や、彼に思いを寄せる女教師エレンにやさしく肩を抱かれるや否やはげしく飛びのき、彼女のほおを打つ振る舞いが示唆する。

ピーターはエレンと家庭を作り、村人たちを見返すことを心に期してもいるが、話はそうは運ばない。無法者への同情と良識の間で心をひき裂かれるエレンの役にブリテンは美しいアリアを惜しみなく与え、ヘザー・ハーパーがそれをこの上なく巧みに歌った。

ベテラン、エヴァンスの扮する退役船長が幕切れ近く、ピーターに沖に舟を出して自沈を勧告する。法によってではなく、良俗によって彼は裁かれ、かれの死体が発見された朝にも村人の日常の作業は休みなく続けられているそのことに、台本も作曲も上演も悲劇の焦点を置いた、と見た。久々に見ごたえ、ききごたえのあるオペラを堪能した。

1979/10/03

精密に仕上げ大合奏へ導く

小澤指揮新日本フィル ブルックナー「第三」

一九七九年九月二七日◎東京・新宿文化センター

小澤征爾が、東京で振るほとんど唯一のオーケストラである新日本フィルハーモニー交響楽団の特別演奏会に、珍しくもブルックナーの「第三交響曲」をとり上げた。

これまでのブルックナー演奏には、ドイツ・オーストリアふうの一つの型があったと思う。日本人であり、ながらくアメリカのボストン交響楽団の指揮者をつとめている小澤が、そうした既成の型をとうとう打ち破り、新日本フィルもどうこたえるかに興味があった。

まず曲目だが、従来のイメージからすると、高音の弦が天国から舞い下りてくる小鳥の鳴きかわすような清澄な楽想を奏で、それを背景にトランペットが宗教的な荘重な主題を歌い上げる、といった感じになるところだ。小澤はこうしたロマン的雰囲気をつくるのではなく、管弦楽の機能に即し、鳴り響く音楽形式を重視する行き方をとっていた。

また、ブルックナーの音楽では各所に、地の底でにえたぎるものがあって、それがやがて地表に噴出し、ついに大爆発を引き起こす、といった趣の個所がある。それが従来は大づかみに力感が生成され、増強されるように表現されていた。小澤はこうした個所でも細部を精緻に仕上げながら淡々と声部を積み重ねていき、ついに整然たる大合奏に至らしめる。またドイツ・リードを思わせるような情熱的な、歌謡ふうの曲想では、彼はあくまで優美な表現をしているが、必ずしもドイツ・ロマン派ふうに、思い入れたっぷりに重くねばらない。

かつてはベートーヴェン、ブラームスもゲルマンふう一点ばりだったが、今や国際色ゆたかに、さまざまな語り口の演奏スタイルがあらわれている。ブルックナーでは今なお一般的にゲルマン色が強いが、小澤の表現はたしかに新しい傾向を見せている。「第三」の古典的性格も新風の表現を大いに助長していた。

さて、小澤の意図は明瞭だが当夜の成果となるとこれは新日と持ちつ持たれつである。金管（とくにトロンボーン）がもっともすぐれ、木管がこれにつぎ、弦、とくにヴァイオリンの合奏力はじゅうぶんでない。曲想に変化の多い第四楽章が圧巻で、以下出来ばえは第三、第二、第一楽章の順であった。現状では残念ながら小澤の芸術は、手兵のボストン響や、たびたび客演しているパリ管との録音を通じてしか、日本のファンの前にその全容は伝わらない。なお、当夜はベートーヴェンの「第六（田園）」がはじめに演奏された。

1979/10/17

四人それぞれに努力の成果

オーケストラ・プロジェクト'79

一九七九年一〇月一二日◎東京文化会館

〈オーケストラ・プロジェクト'79〉を聴く（黒岩英臣指揮、東京都交響楽団）。

白面、ベテランを問わず、作曲家が自前で大オケを買い切って新作発表会を開くには容易ならぬ覚悟が要る。意欲と自信だけでは事は成らぬ。一五人のグループの先陣を承った四人はさすが一騎当千の士、注目すべき成果をあげた。

西村朗「法悦の詩〈第二交響曲〉」はあくまで官能的な豊穣な音響世界を追求した集中度の高い作品であり、あまりにも耽美的にすぎる感はあるが、様式的にもよく統一が保たれ、この人が海外を含めコンクール入賞歴の豊富なのも当然と思わせた。とにかく上手だ。

吉崎清富「オーケストラのための秩序と無秩序の宮」は音響構造的にきわめて対比的な二種類の楽想を並べて対照の効果を意図したもの、現代ドイツ音楽のフモール（ユーモア）の表現に近いものを感じた。曲目の二番目ということと、約一〇分という短さから、スケルツォ楽章を思わせた。

水野修孝「〈交響的変容〉より」は四部から成る大作の前半、第一部「テュッティーの変容」と第二部「メロディーと和声の変容」が演奏され、これだけで四〇分余りかかった。第一部ではあらゆる手を繰り出して朗々たる全合奏のさまざまな響き具合を、これでもかときかせ、出て来ないのは大砲くらいのものと思わせたが、その開放されたエネルギーは快感を誘った。第二楽章は一転して古典的な音楽語法の意味構造とも関わりながら（ついでながら当夜の曲目中、これがその唯一の場所であった）、和声のさまざまな段階のパノラマが美しい音色で展開された。

松平頼暁「マリンバとオーケストラのためのオシレーション」はソロ（高橋美智子、好演）を囲んで、それぞれ微妙にピッチ（音の調律）のちがう三群の小オケが協演する、先鋭な感覚による機知と創意にみちた、しかも独奏者の演技によってアトラクティヴな要素もある力作、当夜のフィナーレを飾るにふさわしい作品だった。

さて、じっさいに当夜の音に接していない一般読者のために、あえて四作品の傾向を西洋作曲者名と結びつけてみるなら、西村作品＝ラヴェル、吉崎作品＝ドイツ流ストラヴィンスキー、水野作品＝シュトックハウゼン、ということになろうか。もとより筆者の主観的連想にすぎないし、彼らは「ぜんぜんちがう！」とさけぶにちがいないが。

指揮者、独奏者、楽団の大努力と好結果に敬意を表したい。

1979/10/24

「苦悩」もサラリと

カラヤン、ベルリン・フィルのマーラー「第六」

一九七九年一〇月一七日◎普門館

カラヤン指揮、ベルリン・フィルハーモニー管弦楽団公演の二日目、マーラーの交響曲「第六番(悲劇)」を聴く。

初来日から四半世紀、ベルリンフィルとのコンビだけでも六回目、彼自身七一歳、いささかマンネリ化が目立ちはじめているが、とにかく日本でのマーラーのナマ公演は今回がはじめて。五七年にウィーン・フィルと来日した時のブルックナー「第八」での衝撃的な感銘を思い出しながら、最近のカラヤンはベートーヴェンなどでは精巧でなめらかな、すべるような演奏になり切っているが、後期ロマン派では彫りの深い、ずっしりと腹に答える音楽をきかせてくれるだろうと期待して公演にのぞんだ。しかし、演奏が進むにつれて期待感がしぼんで行くのをどうすることもできなかった。

もちろん、演奏水準が世界の第一級であることは強調するまでもない。カラヤンの指揮ぶりは昔のようにはエネルギッシュでもダイナミックでもなくなっているが、しかし、それを補うかのようにコンサートマスターのシュワルベ、フルート首席のツェラーが大きな身振りで演奏し、それぞれ七〇人の弦、四〇人の管の実戦場の指揮官のように振る舞っていたのが印象的だった。木管群と低音弦の優秀さは相変わらず抜群のものだ。

さて、第三楽章アンダンテの開曲部、弦が旋律を奏する個所などでのカラヤンの歌わせ方、それにこたえるヴァイオリンのしなやかさは一瞬ゾクッとするほどの耽美的表現の極致を見せる。室内楽的な楽想のフルートやオーボエ、クラリネットの味わいのある吹き方のこの楽団ならではのものだ。しかし、第一楽章、第四楽章などでは、音楽があまりにも快適にやすやすと進行してしまい、マーラーのあくや体臭、その苦悩と波らんの生活を反映した音は、光沢のあるスマートな形と化して再創造された。旅行先だから止むを得ないこととは言え、この曲の中で自然との交感の契機として重要な役割を果たしているカウベル（牛の首につける大きな鈴）を、実物でなしに天井のスピーカーからのテープ音で代用していたが、その無機質な音響に伴う違和感はけっして孤立したものでなく、演奏全体の象徴のように思われた。それにしてもこの会場の巨大空間では一二〇人ちかい大編成をもってしても、音の密度は希薄にならざるを得ない。残念なことだ。

1979/11/24

圧巻ベルクの抒情組曲

アルバン・ベルク弦楽四重奏団

一九七九年一一月一九日◎東京文化会館

ウィーンから初来日した、アルバン・ベルク弦楽四重奏団を聴く。曲目はシューベルトの「四重奏断章」ハ短調、ベルク「抒情組曲」、ベートーヴェン「ラズモフスキー四重奏曲」第一番ヘ長調。

第二次大戦後しばらく、オーストリアからも、ドイツからも、きわ立って優秀な弦楽器の独奏者や室内楽団は生まれなかったが、ここへ来てようやく回復のきざしが見えて来た。

この団体は結成後一〇年ほどになるが、ウィーン出身者とドイツ出身者が二人ずつ、その音楽も日本人が考えている（あるいは期待している）いわゆるウィーンふうというよりは、今日の感覚の、あえていうならシンフォニックな室内楽である。

シューベルトでも、昔ふうに第一ヴァイオリンが甘美に歌い、三人がそれに和す、というのでなく、四人が一丸となってスコアにあるだけの情報を表出する、といった趣の演奏であった。それは他の分野での最近のシューベルト復興の方向でもある。

ベルクの「抒情組曲」は、とくにベルク未亡人から団体名をもらっただけあって、彼らの十八番であり、この夜の圧巻であった。この曲がこんなに、短く感じられたことは、かつて無かった。六つの楽章のいずれの部分も明晰そのものであり、この曲の劇的な内容、身振りは完全に表出されていた。ツェムリンスキーの「抒情交響曲」からの引用での恍惚たる表情、それと対照的に、ワーグナーの「トリスタンとイゾルデ」からの引用は、わざと分断され、否定されていた（ように筆者にはきこえた）のが興味深かった。作曲後半世紀にしてようやく核心をつく演奏にめぐり合うのが音楽作品の運命であるか、という感慨とともに聴いた。

ベートーヴェンでは、おそらく多くのきき手が第一楽章のテンポを早すぎる、と感じたことであろう。たしかに伝承はもっとおそい。だが、長大な第三楽章やフィナーレの存在を念頭に置いて全体の時間配分を考えるなら、このテンポは適切である。スケルツァンドの第二楽章との対比も鮮明になる。第三楽章のアダージョ・モルト・エ・メストをたっぷり悲痛に歌い上げた後にフィナーレのロシア主題になだれ込んだ呼吸はまことにみごとであった。

室内楽が少数のきき巧者の支持で成り立っていた時代は終わった。伝承と新たなクラシック大衆の間にあって、折り合い点をどこに見いだすか。彼らなりの解答を出していると思った。

1979/12/13

’79回顧
ベスト5

・甲斐説宗追悼コンサートⅠ（二月八日、増上寺ホール。とくに高橋悠治演奏の「ピアノのための音楽Ⅰ」）

・民音主催「現代作曲音楽祭」（五月二六日、東京文化会館。尾高忠明指揮、東京フィルハーモニー。とくに黒沼ユリ子演奏の廣瀬量平「ヴァイオリン協奏曲」）

・若杉弘指揮、東京都交響楽団定期／マーラー「第三交響曲」（七月一二、一三日、東京文化会館）

・英国ロイヤル・オペラの「ピーター・グライムズ」（九月一九日、東京文化会館）

・オーケストラ・プロジェクト’79（一〇月一一日、東京文化会館。黒岩英臣指揮、東京都交響楽団。とくに水野修孝「〈交響的変容〉より」）

1980

1980/01/19

節度あるさわやかさ

ローラ・ボベスコ リサイタル

一九八〇年一月一五日◎ジァンジァン

ローラ・ボベスコ・ヴァイオリン・リサイタルを聴く（ピアノ伴奏小松美枝子）。

彼女は一九二〇年ルーマニア生まれ、一二歳でパリ音楽院を修了、数々のコンクール歴、活動歴があり、今はブリュッセル音楽院教授で、イザイ合奏団の主宰者。知名度は高くないが、彼女の芸風をしたうファンがいて、今回の初来日となった珍しいケース。筆者もその評判にひかれて出かけた。狭い会場に通勤電車なみの入りだった。

なるほど、彼女の奏でるヴァイオリン音楽は当節のイスラエルやソヴィエトの若手のバリバリのそれとはまったく別物、往年の巨匠ティボーやイザイの伝統を担って、古き良き時代のヨーロッパの余香をそこはかとなく漂わせる。曲目の選択から端正な弓づかい、純正音程による優雅な節まわしにまで、その表徴は一貫していた。

最初の曲目、ヴェラチーニのソナタは、オールドファンにはティボーのＳＰレコードで昔なつかしい曲だが、これが今日的なバロック音楽の演奏スタイルとは無縁の、さりとて大時代の甘美一点ばりとも一線を画した、節度ある爽やかさで弾かれた。つづくシューベルトのソナチネの第二楽章では、当今の奏者が忘れている、これこそヴァイオリンの歌、といった絶妙のフレージングで歌い、サン＝サーンスの「ハバネラ」には若々しいリズムの躍動があった。

休憩のあとラフの「カヴァティーナ」で低音弦の重音の豊かな響きをきかせ、G線だけで弾かれるパガニーニの「モーゼ変奏曲」は、荷の勝ちすぎの感もあったが、フォーレのイ長調ソナタは純フランスふうに品よく、時には艶のある情熱的たかまりさえ見せながら、ピアノの小松の好演に支えられて最後を飾った。アンコールではバルトークの「ルーマニア舞曲」で祖国の旋律を心ゆくまで歌い上げていた。少なくとも内容的にはサロンふうの、気持ちのいい音楽会だった。

1980/03/12

「ゆらぎ」の効果出す 松平頼暁「オシレーション」

ＮＨＫ交響楽団定期公演

一九八〇年三月五・七日◎ＮＨＫホール

ＮＨＫ交響楽団の三月定期公演、ＡＢ両チクルスの各初日を聴いた（指揮岩城宏之）。

まず昭和五四年度の〈尾高賞〉作品、松平頼暁の「マリンバとオーケストラのためのオシレーション」（独奏、高橋美智子）。これは三群に分かれたオケの中央群は標準音高、左方の群は三分の一音高く、右方は三分の一音低く調律される。その微妙な音のずれに加えて、諸楽器の打ち出すリズムは、一拍をそれぞれ五・六・八・九と、五通りに分割した形で共存するため、リズム上のゆらぎ（作曲者）が生じる。この二点が題意「振動」の由来だが、一方独奏マリンバはあらゆる難奏法に挑戦しつつ精緻なリズムを表出せねばならぬ。大変な難曲だ。二八年間にわたる尾高賞作品中、もっとも大胆に前衛姿勢を貫き通した作品といえよう。

昨秋、他楽団による初演時には、作者の意図はわかったが、具体的な音楽像としては、じゅうぶん把握できなかった。岩城はすでに二十数年前のかけ出し時代に「初演魔」の異名をとったほど、この種の音楽にどう対処するかを知り抜いたベテラン、N響の持てる力を最大限にひき出して見せた。両日中では七日の演奏がすぐれ、厚みのある音響体が互いにずれたピッチ（音高）できしみながらぶつかり合ったり（大氷山どうしの衝突を連想させた）、重量感を伴う律動がぐらぐら動揺する効果（体内で複数の心臓が勝手に脈を打っている感じ）を楽しめた。ただ、ホールの広大さもあって、ソロを含む諸楽器の音量のバランスには、両日とも満足できなかった。

ところが、七日の演奏がPCM方式（ディジタル方式）で録音され、約二時間おくれでFM放送されたのを筆者は帰途、カー・ステレオで全曲聴いた。ここではソロは協奏曲らしく前面に立ち、各楽器間のバランスも理想的、音楽素材は透明で美しく、精緻な設計と強い表現意志があますところなく出ていた。これは傑作だと思った。現代の音楽では、実演よりも録音がより大なる情報量を提供することは珍しくない。

他にマルコヴィチがグラズノフのV協奏曲を清潔にひき（A）、ピアノの木村かをりとトランペットの津堅直弘がショスタコーヴィチの風変わりなP協奏曲を、抜群の技術と感覚で、めったに味わえないようなやり方でシャラッと楽しく仕上げた（B）。シェーンベルク編曲ブラームス（A）はもたれ気味、ベルリオーズ「幻想」（B）は快演。

1980/03/29

安定した力と自信

メロス弦楽四重奏団

一九八〇年三月二六日◎神奈川県立音楽堂

西ドイツ、シュットガルトを本拠とするメロス弦楽四重奏団の来日公演を聴く。

第一ヴァイオリンはメルヒャー、第二とヴィオラがフォス兄弟、チェロはブック、はじめの三人の姓を組み合わせて団体名とした（もちろん、メロス＝旋律の意味もかけている）。結成一五年目、年齢も四〇歳から四六歳の間、技術も精神も安定し、力と自信にあふれているように見受けられた。今がいちばん脂の乗っている時期ではあるまいか。集中力の強い、エネルギッシュな演奏で、四人ともいかにもドイツ人らしい、太くて力強い音である。

ハイドン（ニ長調、作品七六の五）やベートーヴェン（ラズモフスキー第三番）では、総じて早めのテンポでぐいぐいと曲の核心に迫るような弾き方で、当節はやりの弱音、美音でゆるやかに歌い流していくモードには目もくれない。それを古風というのは当たらないが、ドイツの地方都市の音楽伝統の強さを如実に感じさせる。ともかく、古典音楽に対しては律儀にガッチリ取り組む姿勢に徹している。逆にいうと、今日の演奏としての問題意識に乏しく、魅力的な演奏とは言えない。

ところが、ヤナーチェクの第一番（この曲には「トルストイのクロイツェル・ソナタに霊感を受けて」という副題がついている）では、表題に由来する特異な楽想の表現に四人が情熱を傾け尽くす趣で、緊張にみちた好演ぶりであった。この、モラヴィア（チェコ東部）出身の作曲家の強烈な個性、独自な音色や語り口は十二分に表出され、大変おもしろかった。

アンコールに弾かれたモーツァルトのヘ長調の緩徐楽章がまた、前期ハイドンやベートーヴェンに似て、正確だがこれと言って取りえのない、いわば模範演奏スタイル。それに反してアンコールの二番目に弾かれたストラヴィンスキーの「三つの小品」の第二曲は、一転してリズム感といい、音色やダイナミズムの変化といい、じつに変幻自在、ごく短い曲ながら、すこぶる魅力的な演奏であった。

以上のように、古典派音楽への、あまりにまじめ人間的なアプローチ、それにしては昔の大家たちの風格や雅趣のなさが筆者には物足りないのだが、一九六〇年代に西ドイツの音楽生活を背景として結成され、その中で成熟した彼らの演奏スタイルとしては、これが自然で無理のない姿であることはよくわかる。ともあれ、彼らが技術的に音楽的に、西ドイツ随一の弦楽四重奏団であることは疑いない。

1980/04/23

弱奏・微速の微妙さ

セルジュ・チェリビダッケ指揮のロンドン交響楽団

一九八〇年四月一七日◎東京厚生年金会館

名門ロンドン交響楽団が、セルジュ・チェリビダッケ指揮で一〇日間にわたる各地での公演のため、来日した。その初日を聴く。

チェリビダッケはルーマニア生まれ、六六歳。第二次大戦直後の短期間、フルトヴェングラーに代わってベルリン・フィルを振り、名声をはくした（しかし、その楽団が結局は彼の手に帰さなかったのは周知の通り）。その後の歳月を彼は自己の主義を頑固に守り通し、人気への近道であるレコード録音さえ拒否しつづけて来た。とにかく風変わりな音楽をやる人で、孤高の哲人といった面影がある。一方、経歴欄に「音楽心理学に造詣が深い」とあることからもわかるが、楽団員やきき手への心理効果に精通している一面もある。端倪すべからざる人物だ。

思い切り弱奏、思い切りゆっくりの演奏である。まるで他の指揮者たちはすべて間違っている、といわぬばかりのボリュームとテンポである。そのため、ふつうではきけないような音の微妙な触れ合いや、ソロ楽器の表現のデリカシーや、細部の丹念なふしまわしが表面に浮かび上がり、思わぬユーモラスな効果を誘うこともある。

だが、こうした演奏法はオーケストラとの間に大きな緊張関係を生む。弦も管も弱奏でゆっくりというのは大苦労で、その精神的ストレスがいい方向に結集すれば、ふるい付きたくなるような名演にまで昇華するが、笛吹けども踊らずとなると砂を噛むような結果にしかならぬ。その辺が彼をききに行く上での楽しみ、という人もあろう。この夜はロンドン交響楽団が大器であることも手伝って、幸いにもうまく事が運んだほうであったと思う。

コダーイ「ガランタ舞曲」は彼の十八番で、ハンガリー舞曲に特有の緩急二つの面を極端に強調して印象深く結んだ。ラヴェル「マ・メール・ロア」は弦の数を減らし、あくまで嫋々たる効果をねらっていた。それは明らかに、次の曲であるムソルグスキー＝ラヴェルの大編成の「展覧会の絵」への対比としての弱奏で、じじつ後者では金管群にじゅうぶんの活躍の場を与えていた。この曲でも「プロムナード」の音楽をはじめ、微速前進で音を丹念に慈しむ彼の独特な風情が目についた。「カタコンブ」の不気味さは抜群だった。アンコールではプロコフィエフのバレエ「ロメオとジュリエット」の一場面が、これはごくふつうに、さっそうと、いかにも毒気を抜くように演奏された。

1980/05/31

独特の楽器配置

コシュラー指揮スロヴァキア・フィル

一九八〇年五月二六日◎東京文化会館

スロヴァキア・フィルハーモニー管弦楽団の初来日公演を聴く。指揮はすでにおなじみのズデニェク・コシュラー。

曲目はチェコの指揮者やオーケストラが得意とする、この国を代表する管弦楽曲であるスメタナの交響詩「わが祖国」全六曲。アンコールにはその第二番「モルダウ」の一部とドヴォルザークの「スラヴ舞曲」第八番に第一〇番という、一夜まじり気のないチェコ音楽の夕べであった。作曲年代の上からもきわめて限定された様式（一八七〇年代半ばからのほぼ一〇年以内）を素材としながら、しかし彼らが展開した音楽世界は広々として豊かな、開放的でしかも多彩なものであった。

コシュラーのすぐれた資質はたびたびの日本のオーケストラに対する指揮ぶりで周知のものだが、当夜も交響詩の描く自然と人間感情のあやを、微妙な息づかいから豪放な音響塊に至るまで、自在にコントロールして飽きさせることがなかった。このスメタナの「名曲」がこのように周到な計画と、溌剌さと、情熱をもって再創造されたことは、かつて無かった。東京公演の第一夜を飾るにふさわしい上首尾は、コシュラーの実力によるところが大きいと言わねばならぬ。

この楽団の本拠はチェコの第二の都市、ブラティスラヴァ（旧名プレスブルク）で、ここはウィーンのほぼ、真東七〇キロ弱、むしろプラハよりもブダペストに近く、さらにウィーンに近いという国境の都会、それだからというのではないが、音色の上から感じる地方的民族色はプラハのチェコ・フィルよりもっと希薄であり、一九四九年創立という歴史とも関係があるだろうが、ほとんど国際的な性格である。もっとも、この点では近年、急速に世界のオーケストラの音色や奏法が似て来つつあることはたしかだ。ただ、このスロヴァキア・フィルでは木管群が中央から右方に、その背後に打楽器が陣どり、金管群は中央より左方、ヴァイオリンの背後に配置されていた。そのため、ヴァイオリン群とホルン群の音色対比に利点が感じられ、コントラバスは金管群に遠いため、音色や動きが鮮明に浮かび上がった。

とくにすぐれたパートとして、ピッコロ、オーボエ、ホルン、コントラバスが印象に残った。合奏力は第一級のものである。とにかくさわやかな初夏の一夜、久方ぶりで充実したオーケストラ演奏をたっぷり味わった。この国のこの地方の音楽伝統の深さを思い知らされた。

1980/06/07

心のやさしさに持ち味

マリー・シェーファーの夕べ

一九八〇年六月一日◎西武劇場

今日の音楽（企画構成・武満徹）でカナダの作曲家マリー・シェーファーがとり上げられた。

三日前に同じシリーズで聴いたベトナムの作曲家ダオと比べると、両者とも西欧前衛の作曲様式をとり、しかも人間と自然の交感や、霊的・呪詛的な音楽表現が関心の対象になっている点に共通性が認められる一方、ダオが強度に集中的・求心的であるのに対してシェーファーは諸方面に関心を向けるなど、発想と表現に正反対の傾向が見え、興味深かった。

シェーファーは作曲活動のかたわら、子供の音楽教育や、環境と音の問題にも取り組み（後者の成果「バンクーバーの音の景観」のレコードは先ごろ本欄で紹介された）、かつて電子音楽スタジオを主宰していたこともある。そうした知的で多面的で精力的な行動にもかかわらず、その成果が人に与える印象の最大のものは、いわば心のやさしさ、といったもので、そこにシェーファーのユニークな持ち味がある。

「チベットの死者の書より」（東京混声合唱団員一三人、器楽二、テープ）は、チベット語の母音と子音の響きの多様性と、この国の伝統的仏教音楽の雰囲気を表現したもの、演奏至難なわりには六〇年代西欧前衛の類型的効果の枠内にとどまる感が残った。

「月光への碑文」（ひばり児童合唱団）は彼の音楽教育観の創造的表現の好例で、子供たちが月光から連想した造語（Nu-Yu-Yul, Lunious など多数）をテクストに図形楽譜で歌われるが、他人の声から自分の声を指定された音程間隔でとる練習も兼ねる。「ミニワンカ」（同）は水に縁のあるアメリカ・インディアンの一〇種の言葉を、水・雨・流れから大洋までの順にならべ、五線と図形混用で歌わせる。二曲とも子供が喜んで生き生きと歌う魅力を持つ佳曲であった。

弦楽四重奏曲（山中光ほか）では彼はこの伝統形式への批判を試み、曲首では各奏者が四人の結合から離脱独立をはかってもついに不可能であるという印象をきき手に与えるようにひけ、とか、曲尾では以前の楽想がスナップショット式に繰り出す、その継ぎ目の休止で微動だにするな、など変わった工夫をこらしているが、むしろふつうのところが美しかった。

「パーティー・ガールのためのレクイエム」（ソプラノ伊藤悦子、室内楽）は純西欧ふうの繊細な佳曲。以上六八年から七一年までの作。演奏はいずれも高水準の好演。弦楽四重奏以外はすべて田中信昭の周到適切な指揮で演奏された。

1980/06/11

速めのテンポで核心に迫る

ムスティスラフ・ロストロポーヴィチ・リサイタル

一九八〇年六月二日◎東京文化会館

ムスティスラフ・ロストロポーヴィチのチェロ・リサイタルを聴く。ピアノは娘のエレーナ・ロストロポーヴィチ。

周知のように、このアゼルバイジャン共和国のバクーに生まれた五三歳の音楽家は、チェロの演奏家として世界最高の人であり、その上、オペラや管弦楽の指揮者でもあり（つい四月に音楽監督をつとめる米ナショナル交響楽団と来日）、夫人の声楽家ヴィシネフスカヤの伴奏では完璧なピアニストぶりを（今回の来日でも）発揮する。奇跡に近い超能力の持ち主というほかない。

この夜はバッハの無伴奏組曲第三番（ハ長調）、シューベルトの「アルペジョーネ・ソナタ」、ドビュッシーとショスタコーヴィチのソナタの四曲をみごとな技巧と情熱で弾き切った。

バッハは往年のカザルスを思わせる大柄な音楽だが、心情的というよりは構造的であり、速めのテンポでぐいぐいと核心に迫り、随所で音楽美の結晶としかいいようのない瞬間を作り出していた。

同じ楽句の反復を、しばしば一回目には高音弦の低位置で、二回目には低音弦の高位置で歌っていたが、相当の名手でもこれをやると音色の差がつきすぎ、わざとらしくなりやすいが、さすがに彼は程よい音色対比の手段として、この方法を楽々こなしていた。

シューベルトの曲首には初登場のエレーナにとっては試金石というべきピアノ前奏がある。彼女は豊かな音量と表情でここを乗り切り、終始、父と親密な対話を交わしていた。じつは先ごろ来日したピアニストのギリレスも娘さんとモーツァルトの二台ピアノの協奏曲を協演したが、その時に味わった索漠たる気分とはまさに正反対。エレーナのあふれ出るばかりの音楽は時に父親のチェロにおおいかぶさるほどで、もし他の職業的伴奏ピアニストだったらもっと引っ込め、と言いたくなる場面もあったが、何しろこの巨人が目に入れても痛くない風情で思い切り弾かせているのだから、これはどうしようもない。もちろんまだ若い音楽だが、この人はやがていい独奏家に成長するにちがいない。

シューベルトとドビュッシーでチェロが叙情的に歌ったあと、ショスタコーヴィチのソナタが圧巻だった。批判が起こる直前（一九三四年作）の堅固な構成と円熟した情緒の秀作で、ロストロポーヴィチは三〇年代前半までのソ連の作曲界の自由な創造を懐かしむかのように高らかに歌い上げていた。

1980/06/18

動と静が対話・共鳴

一柳慧・高橋悠治デュオ・コンサート

一九八〇年六月一四日◎イイノホール

一柳慧・高橋悠治デュオ・コンサートを聴く。第三回東京音楽祭に組み込まれた〈日本の音楽家〉の最終日。ほぼ満席に近い聴衆は、ピアノ二重奏といっても泰西名曲などひとつも弾かれないことは先刻承知の上で、一柳と高橋の音楽的パーソナリティーに触れるのを楽しみに出向いて来たにちがいなく、日本の音楽界もようやく様がわりの兆候を見せはじめた、と思う。

プロの最初、戸島美喜夫の「冬のロンド」は、水上勉の戯曲「冬の棺」（明治の大逆事件に連座した青年の物語）への音楽を再構成したもので悠治のソロ。およそ容赦のない楽想の連続で、演奏も仮借なく痛烈にきき手を責め立てる。唖蟬坊《あぜんぼう》の演歌のふしに電信のリズムをあしらったという素材の解説など忘れさせる迫真力があった。

二曲目、ベテラン湯浅讓二の旧作、「プロジェクション・エセムプラスティック」は一柳のソロ。図形楽譜だから興味は奏者の創造性にかかっている。ピアノの発し得るあらゆる音色（内部奏法、プリペアード、ばちで打つ）を素材に、静的でニュアンスに富む音の世界をくりひろげた。時折挿入される、ふつうの奏法によるピアノの音が、何といら立たしいまでに凡庸にきこえたことか。価値の転換を完全に成就して見せたひとときであった。

三曲目、ドビュッシー「六つの古代碑の銘」の四手版では動（悠治）と静（一柳）の巧まざる調和を見せ、四曲目は一柳の新作、二台ピアノによる「二つの存在」。一方は他方の存在をつねに強く意識して、すかさずエコーを奏で、対話し、反応し、共鳴する。豊かに鳴りひびく、内容の濃い、厚味のある音楽で、彼の三〇年前のコンクール受賞作から偶然音楽の時期をへて最近作までの創作歴が目前に展開されるようなずっしりした手ごたえがあった。

五曲目、ケージの「アモレス」（一九四三年）は、両端楽章がプリペアード・ピアノのソロ（悠治と一柳）、中間の二楽章が吉原すみれの賛助出演で打楽器トリオという変わった趣向で乾いたユーモアをまき散らす。六曲目は高橋悠治の新作「とげうた」。雨ふりうた、守子《もりこ》、選炭うた、盆と、民謡は民謡だが、「村の中に住むことを許されなかった人たちの」痛みをわれわれも頒《わか》とうと、苦く辛く、禁欲的なかたちに仕立てたユニークな音楽。七曲目、四分の一音ずれた調律の二台のピアノによるアイヴズの「三つの小品」。じつにおもしろいのだが、いつも四分の一音の差なのにやや閉口した。

1980/07/12

有賀の統率光る

東京室内歌劇場公演「セヴィリアの理髪師」

一九八〇年七月九日◎第一生命ホール

東京室内歌劇場が創立第一二年目のシーズンに入った第一回公演の初日に出かける（音楽監督中村健、指揮有賀誠門、演出栗山昌良）。

演目はロッシーニではない方の、パイジェルロの「セヴィリアの理髪師」。このオペラの成立の由来はちょっと変わっていて、ロシアの女帝エカテリーナ二世が同宮廷に来演したコメディー・フランセーズの上演した「フィガロの結婚」（ボーマルシェ）にいたく感心、それを見てとった当時の宮廷楽長パイジェルロが早速オペラ化して女帝に献呈、初演は一七八二年でロッシーニの同名作より三十数年も早い。いわばロシアの宮廷に咲いたイタリア・オペラの花で、こみ入った筋なのにじつにわかりやすい、明快で節度のある書法による傑作だ。近年ヨーロッパの音楽祭などにしばしば登場している。今回の上演は良質なパイジェルロの音楽がストレートにステージ上に展開された感じで、初夏の一夜、聴衆を十分に楽しませた。

おそらくオペラ指揮者として初登場の有賀誠門（元N響ティンパニ奏者）が、適切なテンポと確実な統率ぶりで光っていた。小編成のオケも好演で、彼らが上演成功の一翼をたしかに担っていた。歌詞は日本訳（金沢三郎）で歌われたが、よくわかる訳であり、歌い方であった。この詞訳は一見在来調のようだが、喜劇的気分を出すために在来調を逆手に取ったようなところがあり、語呂合わせやアドリブで笑わせる部分にも欠けず、全体が劇画の吹き出し調みたい（と筆者は感じた）であるのもユーモラスな効果にプラスしていた。しかし上演成功のきめ手はむろん達者な歌手陣にあり、ロジーナ役のソプラノ市川倫子はさすがベテラン、このうぶでしたたかな、機知に富んでそそっかしい娘の役をよくこなし、音楽的にもこの前古典派のスタイルを逸脱することがなかった。アルマヴィーヴァ伯爵のテノール永田峰雄はまったくの新人だが伸び伸びと演じ、歌い、変装につぐ変装の末の晴れ姿もよくきまっていた。フィガロ役のバリトン宮本哲朗、バルトロ役のバス松尾篤興もよく動き、舞台にアクセントをつけ、音楽教師バリトンの藤沢壮一の金権体質が笑いを誘い、テノール渡辺多津彦、バス桜井利幸の若僧と寝呆すけなども秀逸、とにかく、難曲ではないにしろ、声楽陣は清潔な格調を貫き、アンサンブル（三重唱、五重唱、フィナーレの全員）も良かった。何だかほめ過ぎみたいになったが、じじつ楽しい上演だった。この団体としても最高の成果ではなかろうか。

1980/08/09

繊細な音色の変化

吉原すみれ・打楽器の世界

一九八〇年八月四日◎東京文化会館小ホール

打楽器奏者吉原すみれによる「サントリー音楽賞コンサート一九八〇」の東京公演第二夜を聴く。ピアニストとかヴァイオリニストとちがって、打楽器奏者という肩書はひどく多義的だ。祭太鼓の曲打ち名人も、ジャズのドラマーも打楽器奏者にちがいあるまい。そこで芸大打楽器科出身の彼女がヨーロッパや日本でのソロ・コンサートでどのような楽器でどんな曲を演奏するのかということだが、楽器はオーケストラで使う西洋打楽器のほか、日本をはじめ東洋諸国やアフリカなど全世界の諸民族のあらゆる打楽器から、必要に応じて良質の響きを発する日用の道具までも使われる。曲はわずかの例外を除いて一九六〇年代以降の現代音楽である。演奏様式はビート感のある衝撃音できき手を興奮させるのではなく、むしろその正反対の、デリケートきわまる音色感の対照、触れ合い、それらの変化、鋭いリズム感覚の表現が生命である。どの曲も数種以上数十種の各種打楽器に囲まれて、飛鳥のように軽やかな動作でそれらを打ち、こすり、なでる。ショーマンシップも一つの要素だ。ともかく新しく生まれた曲種であり、彼女はその最初のスターである。

第一曲、ベルリン在住の田中賢「りんの歌」は作曲家甲斐説宗の霊にささげられた、息をひそめてピアニシモの表現に徹した佳曲であった。第二曲、スウェーデンのルンドクヴィスト「決闘」はアコーディオンと打楽器群という意表をついた編成。アコーディオン奏者御喜美江《みきみえ》についてはその四月のリサイタルを本欄で他の評者が紹介したが、今回もすこぶる好演、吉原と渡り合って題意に副った楽興の時を展開しきき手を楽しませた。第三曲、デンマークのノアゴー「波」では、微妙に移ろうビートのおもしろさを吉原はみごとに表出した。ともあれ、これら二人の北欧作曲家が伝統的な拍節構造の枠組みに固執している点が、そこから自由に解放されている日本の作曲家と対照的で興味深かった。

第四曲はフルート（中川昌三）とクラリネット（森田利明）を伴う、これもベルリン在住の細川俊夫の「連環Ⅰ」で、各種の打ち物を奔放自在に操る巫女に石笛、土笛の吹奏の加わる古代の宗教儀礼を連想させた。最後の、ベテラン石井真木の「灰色の彷徨Ⅱ」では、こうした新しい媒体による作曲法の名人芸と演奏法の名人芸の相乗効果による生気あふれる音楽空間が展開された。

1980/09/24

多才示す好選曲

入野義朗追悼演奏会

一九八〇年九月一九日◎東京ドイツ文化センター

入野義朗追悼演奏会を聴く。彼も主催者の一人であったパンムジーク・フェスティバルの第一四回のシリーズ開幕に先立つ一夜が故人に捧げられた。

弔う側からは四曲、うち松平頼暁「墓碑銘」（合奏曲）、湯浅譲二「クラリネット・ソリテュード」、石井真木「彼方へ」（ピアノ曲）の三曲はこの夜のための新作、それに福島和夫のフルートのための秀作「冥《めい》」を加え、各人の個性を鮮明に主張しつつ、志を同じくした先輩への無上のはなむけとなっていた。故人は少年時代からさまざまな楽器を巧みに演奏したが、大学オケではクラリネットを受け持っていた。その面影がいまだに眼底に残る筆者にとって、とりわけ湯浅作品が、故人への哀惜の念をひとしお高めずにはおかなかった。

さて弔われる側の入野作品は二曲に加えてテレビ・オペラの16ミリ映像。それぞれ傾向を異にする好選曲であった。まず「弦楽三重奏曲」（一九六五）は、純然たる絶対音楽の領域に、ほとんど古典的な精神を堅持して毅然たる姿で立っており、聴く者に確かな存在感を抱かせずにはおかない。ただ一個の十二音列を基礎におき、その多様な変奏、展開から成る一楽章形式の曲だが、彼の天性である楽器を操る喜び、それと関連して音響の豊かさが、論理的な構成感と巧妙なバランスを保っている。どちらにも偏しない。平たく言えば甘すぎも辛すぎもせぬ平衡感覚が、確かな職人芸を裏付けている。

第二の曲「グローブス」（一九七五）は和楽器を含む室内楽に二人の踊り手（折田克子、泉勝志）が登場し、照明（立木定彦）の効果も重要な舞台芸術である。雅楽のように、ひちりきの旋律がリードするかと思うと、洋楽器群が鋭い感覚で応じるなど変幻自在の作風、とくに踊り手の終始緊張にみちた動きがステージ上に展開されると、演奏もまた高揚してめりはりがつき、いわば音楽と舞踊の対位法が現出する思いがした。

最後は、入野の放送音楽の分野での多年にわたる大量の仕事の頂点に位置するテレビ・オペラ「綾の鼓」（一九六二、ザルツブルク音楽祭賞）が上映された。ここで彼は日本の古典芸能を世界中の人々にわかりやすい形に換骨脱胎して、しかも芸術的な純度を維持するという困難な仕事をみごとに成しとげていた。

最後に、故人と親しかった演奏家諸氏のこの夜の労を多とし、その成果をたたえたい。

1980/10/18

あくまで明晰

矢崎彦太郎指揮東響定期公演

一九八〇年一〇月一五日◎東京文化会館

矢崎は一〇年ほど前には日本フィルで助指揮者をしていたが、いつの間にか視界から消え、ヨーロッパで二、三のコンクールに入賞後、最近はイギリス、フランスはじめ欧州各地で多忙な指揮活動をつづけている。昨秋来、東響の指揮者陣に名を連ねているが活動の本拠は今も彼の地にあるようだ。

この夜ドビュッシーの「海」で、矢崎はじつに明晰な指揮ぶりを見せた。三つの楽章は鮮明な対象を示すように設計され、テンポと音量の関係、フレージングなどに一点のあいまいさも残さず、活気と情熱にも欠けず、音楽的に充実した演奏であった。中でも終楽章「風と波の対話」をおもしろく聴いた。東響の金管、木管、低音弦の進境はいちじるしいが、依然としてヴァイオリンの高音が輝きに乏しいのが惜しまれる。

当夜の満席に近い聴衆の入りは、中村紘子をソリストとするベートーヴェンの第四ピアノ協奏曲が曲目に組まれていたからにちがいない。曲想によく合った、ふっくらと気品のある弾きぶりで、人気のほどを思わせる魅力的な演奏であった。彼女の演奏に対しては、より積極的な切り込みを望む評言も時にきかれる。だが、いつも券が売り切れるという彼女の人気の強さは、おそらく日本人、とくに若い女性がピアノ音楽に対して抱いているイメージと彼女の演奏スタイルとがほぼ重なり合うからであろう。この曲での矢崎の協奏ぶりは周到ですきのないものであった。

当夜の最初の曲目は在パリの才人、吉田進の最近作「空蟬《うつせみ》」の日本初演で、この三月、パリで矢崎によって世界初演されたものである。じつはてっきり〈演歌〉とばかり思ってききに行ったのだが、それは大ちがい、さりとて失望したわけではまったくない。曲はもっぱら蟬の声を素材に、その「はかない生命としての蟬の存在」の表現が意図された特異な性格の音楽で、微妙な、美しい響きにみち、その崩落性を漂わせる美感は東洋ふうの無常感に通じる。蟬はファーブルの『昆虫記』でもそうした一種のはかなさに通じる性格で描かれているからこれは西欧人にもわかりやすい題材だと思うが、彼の師であるメシアンの「鳥」に対していかにも日本人らしい選択である。作曲者はプログラムに「次は秋の虫を素材にしてみたい」と書いている。

1980/10/22

ビルギット・ニルソンの見事な感情表現

ウィーン国立歌劇場「エレクトラ」

一九八〇年一〇月一九日◎NHKホール

ウィーン国立歌劇場日本公演の五番目の演目は、日本初演のリヒャルト・シュトラウスの「エレクトラ」。その初日をみる。

ホフマンスタールの戯曲を台本に（これを機に両者の緊密な関係が始まる）、「サロメ」の三年後の一九〇八年に書き上げられた「エレクトラ」は、彼の一五のオペラの中ではもっとも急進的な作風で知られている。題材はギリシャ神話、ミケーネの宮殿でアガメムノン王が妻のクリテムネストラと愛人エギストの手で殺害された後日物語で、娘エレクトラは復讐を決意、弟オレストが成人して帰来、それを果たすという血なまぐさい筋。結局はエレクトラの一人芝居であり、これを演じた超人的ドラマティック・ソプラノ、ビルギット・ニルソンと、毎度ながらのウィーン・フィルの名人技で息もつかせぬ緊迫の一時間四〇分が一瞬のうちに過ぎ去った。

ニルソンは最盛時におけるワーグナーの歌唱ほどには完璧といいかねるものの、この役につきまとうあらゆる相反する感情表現をみごとに歌い上げ、演じ切り、このホールの巨大空間を完全に支配した。まずは、父アガメムノンを失った嘆きや深い思慕の情が次第に殺人者への仇討ちの決意に変じていく様相、母の面前ではさり気ない応答から憎悪の極致までの推移、後半では弟の死という作為の誤報を聞いての絶望と、彼が面前に在るのを知った歓喜との対比など、さすがスケールの大きい大歌手の貫禄を十二分に示した。

妹クリソテミスを演じたリザネクは先日の「サロメ」の主役、この夜もすぐれた歌いぶりを見せたが、ニルソンを相手の懸命の演技は、この女性の楚々たる一面をやや逸脱気味。母クリテムネストラのグレース・ホフマンも立派に歌い切ったが、も少しあくの強さが欲しくもあった。と見て来ると、演出と美術がすでに十数年前に世を去ったウィーラント・ワーグナーのものであることに問題があったかも知れぬ。

舞台は太い六本の列柱が背景に立ち、人物配置はシンメトリックに終始、またエレクトラが斧を掘る場面は彼女を登場させずに特異な音楽をきかせることに重点を置き、幕切れで死んだはずのオレストが姿を現すなどウィーラントらしい変更もあった。

クロブチャールの棒にはより柔軟さと微妙さが欲しかったが、特殊楽器を少なからず含むオーケストラはみごと、大変な表現力だ。下手人オレストの背景のワーグナー・チューバを中心とする金管の和声の妖しい美しい響きはとくに光っていた。

1980/10/25

脱旧邦楽の姿勢明瞭

沢井忠夫 Koto Concerto

一九八〇年一〇月二〇日◎日本青年館ホール

沢井忠夫 Koto Concerto を聴く。石井真木の指揮する新日本フィルハーモニー交響楽団の協演。

今秋は第一線の邦楽演奏家の演奏会曲目に、初演を含む現代作品が多いのに目を見はらされる。洋楽畑のリサイタルよりも、パーセンテージとしては圧倒的に、邦楽家のほうが現代曲を多くとり上げている。この夜も全五曲中新作初演三、近年作の再演二。演奏会のタイトルからして脱旧邦楽の姿勢は明瞭だ。

最初の曲目の沢井忠夫「二つの群の為に」は自身の十三弦箏（こと）、夫人沢井一恵の十七弦箏の二面の独奏を中心に、各七人ずつの高低二群の箏が協奏する。この演奏形態自体は、お師匠さんと門下の合奏という邦楽界らしいものだが、曲想や奏法は近代的で、三つの楽章にはそれぞれ対照的な工夫があり、とくに終楽章のカデンツァでの夫妻の対話が美しかった。

第二曲、肥後一郎「箏と弦楽合奏のための一楽章」は三つの部分から成る小協奏曲ふうの音楽。

箏曲の伝統をいつくしみながら今日に生かす、といった精神の感じられる佳曲であった。以上の二曲はともに七六年の作、以下の三曲は依嘱作品の初演である。

第三曲、松村禎三「幻想曲」は古今の十三弦箏の独奏曲を見渡しても類のない、驚くべき作品だ。一音一音は選び抜かれており、気魄に満ちて激することなく、嫋々としてしかもつよい。饒舌を避け、この楽器が従来担って来た表面的な華麗さにははっきり背を向け、しかもまさに、この楽器のため以外には考えられない語り口に徹している。沢井もみがき抜かれた技と、張りつめた心でよくこの傑作の本質を表出した。当夜の白眉。

第四曲はドイツ人グロースコップの箏とオーケストラのための「スローモーション」。ここではソロ楽器としての箏は、論理的な上部構造の柔軟な担い手の役を受け持つ。つまり楽章ごとにすばやく調弦を変えたり、何本かの弦を四分の一音低く調律するなど、洋楽器には不可能な役割を担う〈個〉の立場で、〈群〉であるオーケストラと出会ったり、分離したりする。いかにも西洋人の音楽。

最後は石井真木の箏と管弦打楽のための「雅影」で、一八世紀中葉成立の「乱輪舌」の曲首を主題とする交響的変容といった趣の曲。管弦楽は巨大な箏に似た音響体と化し、その灼熱の炉の核で独奏箏が縦横に活躍する。石井らしいスケールの大きさで聴衆を魅了した。

1980/11/05

バリトンの音、十分に

菊地悌子十七絃箏リサイタル

一九八〇年一一月一日◎東京文化会館小ホール

「菊地悌子十七絃箏《じゅうしちげんこと》によるリサイタル」を聴く。

全四曲とも委嘱・初演曲で、しかも廣瀬量平、野田暉行、一柳慧、三善晃、と第一線の作曲家の新作ばかり。洋楽畑では考えられぬ壮観である。この楽器は元来、宮城道雄が合奏の低音用に開発したもの、菊地はこれを独奏楽器として扱う。当然、古曲は存在しないから、新作が必要ということになる。

廣瀬「みだれによる変容」は、自身の記によると京都への毎週の出講のたびに八橋検校のかつての住居近くに宿をとり、黒谷の墓のほとりを歩くなどして、この漂泊の楽人に寄せる思いをつのらせ、その思いの一端をこの曲に託した、という。「みだれ」の幾つかのモチーフを「いわば借景とした」この曲の発想と書法は、文学的というか、ともかくユニーク。一七世紀と今日の間を行きつ戻りつの感あり。

野田「夜想曲」では、かねて箏とはなじみの深いこの作曲者が、丹念な筆致で内的な「日常の表象」を歌い上げる。渋く、おちついた情趣が、ほぼ伝統的と見受けられる奏法によって展開される佳品。

一柳「蘡」はヴァイオリン（小林健次）との対話。「二つの異質の弦楽器の生み出す響きの狭間にある音世界」に顔をあらわすのは「蘡」の一文字に収斂されるイメージである、と作者は説明する。作曲者・演奏者がだれであろうと、ヴァイオリンそのものの背後にある音楽世界がいかに広大なことか。その語法、奏法に触発されてか、十七絃はこの曲で多彩、多弁であった。

三善晃「樹を、波と……」は再び独奏曲。想念の独創性と、その展開が精緻な論理と固有なレトリックに依っているため、演奏は至難と見受けたが、底光りする美しさは印象に残る。ともあれ、この夜のきき手は十七絃のバリトンの音色を十分に味わった。

1980/11/15

大きな音楽的包容力

高橋美智子マリンバリサイタル

一九八〇年一一月一〇日◎日本青年館ホール

高橋美智子マリンバリサイタル――全依嘱曲による協奏曲の夕べ――を聴く（新日本フィルハーモニー交響楽団、指揮三石精一）。

マリンバは木琴のなかまの最も進化した楽器で、肉厚の木の鍵盤に金属の共鳴筒をつるし、柔らかい響きの四ないし五オクターヴの音域をもつ。ルーツをたどればアフリカから黒人の手で南米に入り、今世紀になって北米でポピュラーやジャズに使われ出し、一九四〇年代からはクラシックの独奏曲も作曲されている。しかし、マリンバに言わせるなら、当夜の大オーケストラを背後に華麗な協奏曲のソロ楽器として脚光を浴びるような「大出世」をするなど、ひょうたんをぶら下げていたアフリカ時代には夢想だにできなかった、ということになろう。日本の作曲家は、安倍圭子と高橋美智子のために大量の独奏曲を書いており、日本はマリンバ音楽に関する限り、まず、先進国といってよかろう。

高橋美智子のマリンバは弱音の美しさ、弱音、中弱音での旋律の歌わせ方、音色の微妙なニュアンスにとくにすぐれ、一方アクロバット的な名人技や打楽器特有のダイナミックな表現にも事欠かず、この楽器の能力をほとんど極めているかに見える。筆者の感覚からは、強打の際の衝撃音はもう一段階、柔らかくして欲しいが、しかしあの刺激の強さを期待するきき手もいることだろう。

第一曲、山内忠「コティル」（一九六九年作）はこの分野の先駆的作品で、新古典的な作風による小協奏曲（オケは管楽器のみ）、手馴れた演奏で美しく再現された。第二曲、松平頼暁「オシレーション」（一九七七、尾高賞作品）は一転して前衛的な話題作。三群のオケ（新日本フィル＋三〇人のエキストラ）は微妙に音高を異に調律され、リズムは複雑精緻、辛口な書法に徹するがマリンバの名人技が魅力。高橋の音楽的包容力の大きさが物を言って、おもしろくきかせた。

第三曲、オランダ人トン・デ・レーウ「みだれ」（一九七三）はオケなしのソロ曲で、見せ場を意識し、よく工夫された音楽。演奏もよく煮つめてあった。第四曲、水野修孝「マリンバ協奏曲」（一九八〇、初演）はヴァイタリティーあふれる、アトラクティブな大作。ソロ・パートにはより過酷な要求を課しても、高橋はじゅうぶん耐えたろう。終曲、武満徹「ジティマルヤ」（一九七四）では、マリンバの特質から、常の作風と多少の変化を感じさせ興味深かった。

1980/11/29

躍動的で色彩豊かなバッハ

ジグモンド・サットマリーのオルガン演奏

一九八〇年一一月二二日◎ＮＨＫホール

ジグモンド・サットマリーの演奏をＮＨＫホールの大オルガンで聴く。ハンガリー出身だが、十年来西ドイツ・ハンブルクなどで教会オルガニスト、その後フライブルク音楽大学教授と、西ドイツの代表的オルガニストとして活躍中の四一歳。

当日のプログラムを一目見ればサットマリーがどのような音楽をやろうとしているかがはっきりわかる。つまり、昔風のオルガニストのようにバッハのみに重点を置くのでなく、フランクの「コラール」にはじまり、バッハ「パッサカリア」、コダーイ「ガランタ舞曲」、現代のケレメン「メルヘン」、リスト「幻想曲とフーガ」（マイアベーアのオペラ「予言者」からのコラールによる）で終わる一連の配列は、一九世紀ロマン派の多彩で重厚な曲を外枠におき、内側にバッハと二〇世紀作品を対照させながら包みこんだもので、いわば小オルガン音楽史の観があった。しかも、アンコールにはバッハの「カンタータ一四七番」のコラール、ト短調「小フーガ」、ニ短調の「トッカータとフーガ」という超ポピュラー名曲をそろえ（総合TV用曲目という目的を兼ねてはいたが）、ファンへのサービスも忘れない。

さて、サットマリーのバッハだが、これまでこのホールで聴いた数々のバッハがおおむね退屈であったのに対して、じつに生き生きと、躍動的で色彩豊かな、魅力的なバッハであった。手と足の完全な名技性はもちろんだが、自己の演奏スタイルと、このオルガンの性能と、ホールの音響の状態とにぴったり適合した音色配合を瞬時に抽き出して演奏に実現する感覚と能力が、彼においていかに高いものであるかを如実に知らされた演奏であった。石造りの大聖堂の内部とは正反対に、NHKホールはほとんど残響の効果の期待できぬ空間であり、そこでは単に伝承的なバッハ演奏のスタイルによるならば音楽はやせ細ってしまう。サットマリーの近代感覚が描き出すバッハ像には確かな存在の手ごたえがあった。

リスト、フランク、コダーイでは当然ながらバッハ以上に音色のニュアンスがきわめて微妙かつ大胆に実施され、ストップ数九〇、パイプ数七六四〇本の高性能をフルに駆使して多彩な音の絵巻を展開した。前衛のケレメンではその上に彼自身のさまざまな発声を加え、ステージ上におかれた遠隔操作の演奏台を使用した利点を生かしながら、今日の音楽的ユーモアを存分に演じてみせてくれた。

1980/12/12

'80回顧

ベスト5

・民音作曲音楽祭における武満徹「遠い呼び声の彼方へ！」（vlカヴァフィアン、指揮尾高忠明、都響、五月二四日）

・若杉弘指揮、シュトラウス「カプリチオ」の上演（東京オペラプロデュース、七月一一日）

・バッハ「ブランデンブルク協奏曲」全曲演奏（指揮、チェンバロ小林道夫、若手奏者たち。NHK・FMライヴ、八月九、一〇日深夜）

・ウィーン国立歌劇場引っ越し公演曲目中シュトラウス「サロメ」「エレクトラ」（一〇月二、一九日）

・高橋美智子マリンバリサイタルにおける松平頼暁「オシレーション」、水野修孝「マリンバ協奏曲」の成果（新日本フィル、指揮三石精一、一一月一〇日）

1980/12/24

ベテランの貫禄

室内楽'80・演奏会「八村義夫作品の夕べ」

一九八〇年一二月一八日◎国民年金中央会館

〈室内楽'80・演奏会——個展シリーズ第一回・八村義夫作品の夕べ〉を聴く。フルートの野口龍、ヴァイオリンの植木三郎、ピアノの松谷翠の三人が〈室内楽'70〉(当初のピアノは若杉弘)において、一〇年間、日本人作品のみによる一〇回の公演(毎回二曲ずつの初演曲をふくむ)を行って来た成果を踏まえ、再結集、再出発をはかったもの。この夜は他の三人の出演者とともに、特異な音楽語法に富む八村作品の四半世紀ちかい軌跡をみごとに描き切り、ベテランの貫禄を示した。

まず八村の一九歳当時、一九五七年作「ピアノのためのインプロヴィゼーション」は箴言ふうの短小な五曲から成る。若々しい完成の閃きに加え、想念を相手に伝達せずんば止まず、といったこの人一流の押しつけがましさがすでに出ており、曲尾では奏者が両手の下膊部全体で鍵盤をおおい、その上に打ち伏すといった絶望のポーズが、きき手の脳裏に焼き付く。

二年後の「しがらみI」は歌詞のないソプラノ(滝沢三重子)と三重奏の曲で、シェーンベルクの「ピエロ」と義太夫節の両者に関わりがある。鋭敏な感性と発想上の独創性（とくにヴァイオリンが大棹三弦の奏法を模す終楽章「愛と文明の終焉」）を身上とする異色作。

その五年後、一九六四年の「ヴァイオリンとピアノのためのインプロヴィゼーション」はある演奏家のリサイタル用に書かれたためか、洋楽ふうの様式化が感じられる曲、それは作曲者が幼時からヴァイオリンに親しんでいたことと関係があるかも知れぬ。このあと数年の休止期間ののち三一歳当時の「星辰譜」は八村の名を高からしめた問題作で、ヴァイオリン、ヴィブラフォン、チューブラー・ベル（のど自慢の鐘）、ピアノという大胆な編成の四重奏曲、初演後一二年の時を経て、今なおショッキングに響く。前半でえんえんと打ち鳴らされ、掻き鳴らされるチューブラー・ベル（上埜孝）は森羅万象の言挙のようにきき手に迫り、ヴィブラフォン（雨宮靖和）やヴァイオリンが加わっても一向に言い募ることを止めぬことできき手をいら立たせる。ピアノは後半ようやく参加、やがて四者協調のカタルシス的曲想に導くというツボを外さぬ結末が来る。

六年前の「エリキサ」（三重奏）、今回初演の「マニエラ」（フルート・ソロ）では、この人らしいその後の熟達と充実ぶりを味わった。きき手に強い集中力を要求した忘れがたい一夜であった。

1981

1981/02/25
鮮明にアイスラー紹介
高橋悠治とその仲間のコンサート

一九八一年二月一九日◎東京文化会館

「高橋悠治とその仲間――ふだん着のコンサート」を聴く。

曲目の最初はサティのピアノ連弾曲「パラード」（高橋アキ、悠治）。同名のバレエ曲からの編作だが、原作はコクトー（台本）、ピカソ（装置）、マシーン（振付）、ディアギレフ・バレエ団出演という、一九一七年当時のそうそうたる前衛芸術家との共同作業なのに、音楽はまさに「ふだん着」の飄逸《ひょういつ》ぶりを失わず、いわば寄席の雰囲気に徹している。高橋兄妹の演奏は音楽的には間然するところなく、逆にこう弾かれてしまうと曲が位負けの感あり。

二曲目は今年が生誕百年のバルトークの傑作「二台のピアノと打楽器のソナタ」（第一ピアノ悠治、第二アキ、第一打楽器群菅原淳、同第二吉原すみれ）。第一ピアノが終始リードしながら、四人の名手が音楽と技で競い合い、支え合い、快いアンサンブルの楽しさを満喫させた。一つ欲を言うなら、同時にライヴのレコード録音が行われていたためか、慎重さが優先の気味あり、この四人ならより奔放自在な冒険を試みても破たんのおそれはあるまいに、と思った。

以上の二曲はいわば泰西名曲だが、休憩後の後半がじつは筆者には大変興味あるききものであった。それはハンス・アイスラー(一八九八―一九六二)の、はじめて耳にする二つの曲だった。アイスラーは東独の国家の作曲家として知られているが、シェーンベルクとヴェーベルンの弟子であり、また一九二〇年代にベルリンで、いわゆるプロレタリア作曲家として精力的な活動を行った人でもある。

まず「ピアノ・ソナタ第三番」が高橋悠治によって弾かれた。ナチに追われて滞米中の一九四八年の作。新即物主義(クルト・ワイルやヒンデミットふうの)に近いが、ロマンチシズムも濃厚な、三楽章から成るすこぶる手の込んだ難曲で、終楽章のコーダの突進する激しさが印象に残る。

最後はアイスラーの、ブレヒト劇「おふくろ」(原作はゴーリキーの「母」)への九曲のバラード(歌・福山敦夫ほか)。大衆への呼びかけという点ではこの上なく合目的的な様式に貫かれ、かつ一九二〇年代のベルリンの音楽風土を典型的にあらわしている点が興味深かった。それにしても昭和初期の「プロレタリア音楽家同盟」の中でも、またこの夜の主催団体の一つ「労音」の最盛期の例会でも、アイスラーの全体像がかくも鮮明に紹介されたことがあったろうか。

1981/03/04

若杉、官能的な響き

京響のシェーンベルク初演

一九八一年二月二七日◎京都会館第一ホール

シェーンベルク初期大作中、唯一の本邦未初演曲「幸福な手」をききに、粉雪舞う底冷えの京都を訪れた（京都市交響楽団定期公演、指揮若杉弘、バリトン平野忠彦、関西二期会の一二人の独唱者のアンサンブル）。

元来は作曲者自身の台本による「音楽付の劇」であり、彼自身の芸術上の立場とフロイト的な象徴が混ざり合った筋に、多彩な照明変化を伴う実験演劇（第一次大戦前夜の）の一種。題意は抜群の創造力に恵まれた一人の男（バリトン役）の手のことで、打ち出の小槌よろしく瞬時に傑作を生む能力を有するが、その男の所業を世間は認めようとしない。

しかし、精緻を極める四管編成の大管弦楽の響き、男の独白の劇的表情、男に忠告するシュプレヒコールふうの重唱の扱いなどはシェーンベルクの天才の証明以外の何物でもなく、演劇部分を切り離した演奏会形式での上演はたしかに必然性が大きい。

若杉はこの容易ならざるスコアから繊細微妙な官能的な響きを抽き出し、しかも起承転結の四部分の照応を明瞭に表出した。曲のまさに中央点に「幸福な手」の一撃が来る決定的瞬間も効果的な導入と事後処理ではっきり印象づけられた。平野忠彦（一人の男）は少ない発言の中で内的世界の推移をよく把えて好演、関西二期会が難渋な音楽語法を克服しての表現力は称賛のほかなく、京響もまた若杉の要求によく応じた熱演を見せた。ただ、響きになお多少の硬さがあり、細部の自発的なきき合わせに工夫の余地を残している点は否定できない。ともあれ、姉妹作のモノドラマ「期待」や「グレの歌」などシェーンベルク初期の大作初演の多くを手がけてきた若杉ならではの、すぐれた成果であった。

なお、グルック「イフィゲニア序曲」では伸びやかで大らかな響きを、シューベルト「第九」では歌謡性とリズムの躍動の鮮明な対比から劇的なクライマックスを導く経過が十分に楽しめた。

1981/03/14
合奏力の高さを発揮し迫力
N響定期、ハルトマンの「第六」

一九八一年三月一二日◎ＮＨＫホール

N響定期にひさびさに珍しい曲が登場したのを聴きに行く（指揮、フェルディナント・ライトナー）。曲目はリヒャルト・シュトラウスの組曲「町人貴族」とカール・アマデウス・ハルトマンの「第六交響曲」（一九五三年完成）の二曲。

シュトラウス作品はモリエールの同名の喜劇への一七曲中の九曲から成る。一七世紀フランス音楽のスタイルを横目でにらみながら、小編成のオーケストラを自在に駆使して軽妙洒脱、いきの表現の極致。演奏は弦のふっくらと柔らかい音色や、各ソリストの妙技にはさすがN響と感服した。ただ、シュトラウスはひとひねりして、遠くからリュリの筆法をなぞっているような微妙なパロディー的表現をみせているが、その機微にまで立ち入った瞬間や、その境地に迫り得た時には音楽は生彩を帯び、そうでない時には、普通の鳴り方にとどまるというもどかしさが残った。

ハルトマン作品はさすがライトナーの十八番だけあって、曲のすべてを開示した圧倒的な演奏だった。楽章は二つだけ、第一楽章は情緒の表現に徹したロマン的な音楽。楽想に明暗の対比はあるが、半音階の多い悲愴感の濃厚な旋律が次から次へ押し寄せ、積み重なり、聴き手は捌け口のない息苦しさに追い込まれる。元来ゾラの小説への標題楽として構想されたとも言われるが、ナチ時代から大戦中にかけての作曲者の抵抗と沈黙の姿勢、その生活感情の生々しい表現の感があった。

第二楽章はより構成的、有機的、全体的な音楽で、三つのフーガが継起する間に一〇人以上の奏者による打楽器群の猛攻撃と金管群の重苦しい咆哮のしつこい反復がある。ドイツの現代文学における論理と官能、教義と不条理、伝統と破壊といった極端に異質の諸要素が音楽表現に置き換えられた、といった趣が強く、行進調に高まることなく崩れ去りはするが軍靴の響きにも欠けていない。時代、民族、思想の完全な反映という意味で交響曲と呼ぶにふさわしい作品、ハルトマン復興の意味もよくわかった。ライトナーの解釈は明晰、N響は合奏力の高さを申し分なく発揮して迫力にみちた好演だった。

1981/04/01

純粋・硬質な表現貫く

群馬交響楽団の東京公演

一九八一年三月二八日◎日比谷公会堂

豊田耕児指揮、群馬交響楽団の東京公演を聴く。

豊田はヴァイオリニストとして、修業時代からの滞欧三〇年にちかく、その間の十数年間はベルリン放響コンサートマスター、現ベルリン芸大教授。昨年末、群響の指揮、湯の町草津での夏期国際音楽アカデミーの音楽監督と、日本での活動をきわめてユニークなかたちで開始した。

当夜の曲目はプロコフィエフ「古典交響曲」、モーツァルト「ファゴット協奏曲」、シューマン「第四交響曲」の三曲。いずれも豊田の正統的で純粋な、硬質な音楽表現に貫かれていた。プロコフィエフの両端楽章では、当世流の速度と輝きと効果を前面に押し出すのでなく、この擬古典的な作風から伝統的な音楽の力を抽き出すことに主力が注がれていた。また中間の両楽章では、叙情と軽快がたんに気分に流れるのでなく、古典形式の皮袋に盛られた内容となっていた。

モーツァルトでの独奏者ジルベール・オダンはパリ・オペラ座管弦楽団首席奏者という若手の俊

秀。一昔前のフランスの木管奏者に特有の鼻にかかった音色や、しゃれた吹き方を身上とするのではなく、手堅い技術といわば国際的な音色で、しかし感性にフランス人らしさを閃かせつつ、古典協奏曲の様式をみごとに再現した。豊田のモーツァルトは堅固な構築性の内側から優美さがにじみ出てくる感じで、あるいはオダンも意識して豊田のスタイルに近い表出法をとったかと思われる。

シューマンでは、この成熟期の交響曲の一種の晦渋な書法が、主題やモチーフの明確な位置づけや楽器間のニュアンスの明快な処理（それはプロコフィエフでも同様だった）によって、輪郭のはっきりした集中度の高い表現を獲得していた。

さて、指揮棒なしの豊田の指揮の身振りは一点のあいまいさもない音楽的イメージそのものの体現で、それを峻烈に、というのではないが、厳格に懇切に表現媒体、つまり群響に課す意欲にあふれており、当然、かなり大振りである。当日の群響は豊田の意図に誠心誠意こたえた好演であった。しかし、東京公演という緊張感、日比谷公会堂の音響上の不利を別としても、豊田の芸術と識見の高さは、オーケストラのより豊かな音楽性、より力強く多彩な響きによって、いっそう感銘ふかい、楽しみの大きいものになることは論をまたぬ。この四月から幸いにも豊田を音楽監督に迎える群響にとっては、飛躍の好機、むしろここが正念場であろう。

1981/05/02

二五周年の気迫と充実

日本フィル・シリーズ①

一九八一年四月二四日◎厚生年金会館

日本フィルハーモニー交響楽団・創立二五周年記念特別演奏会「日本フィル・シリーズ」①を聴く（指揮・渡辺暁雄）。

内容の濃い、充実した音楽会であった。「日本フィル・シリーズ」とは、二五年前の楽団創立以来、九年前の争議後も今日まで引きつづき、日本人の作曲家に依頼した書きおろしを同団の定期演奏会で初演して来た合計二七曲を指すが、今回は四曲が選ばれ、秋には五曲が予定されている。

この夜の四曲は廣瀬量平「管弦楽のためのクリマ」（七六年、第二五作）、三善晃「交響三章」（六〇年、第四作）、小山清茂「管弦楽のための鄙《ひな》歌・第二番」（七八年、第二七作）、石井真木「雅楽とオーケストラのための遭遇II」（七一年、第二三作）で、四曲あわせて、一編の長大な交響曲を聴く思いがした。

廣瀬作品は題名が象徴的に示しているように、現代日本の精神的クリマを音で表現しようと意図した、と思われる。豊富なボキャブラリーを駆使しているが様式的によく統一され、多彩ではあるが、印象はむしろ瞑想的、内省的でさえある。手慣れた書きぶりの行間に味わいの深さが感知される作品で、長さも手ごろだから生命の長い曲となろう。

三善作品は今夜の曲目中では例外的に二〇年あまり前の作。若き日の三善の、純粋な感性と知性を総動員しての、ひたむきな力作であり、ゆるぎない構築物である。当時ＩＭＣ（放送関係の国際音楽会議）で第二位という評価を得ているが、そのことは同時に、この曲が、六〇年代初頭の西欧の管弦楽様式に完全に合致していることを示している。

小山作品は、名作「木挽歌」の流れをくむこの人独自の作風で、ほぼ日本民謡を主題としているが、楽器法や和声の上で以前よりも洗練さが加わり、こうした様式での名人芸の域に達している。爽やかな快い響きを存分に楽しませ、盛大な拍手を浴びた。

石井作品は張り出し舞台の雅楽（東京楽所）との協演で、その着想の卓抜、楽想の奔放、あふれる生命力により圧倒的な感銘を与えた。欧米で豊富な上演歴を数えているこの作品の実力をまざまざと見せつけた。

この夜の日本フィルは気迫のこもった、音楽的にもすぐれた演奏で、三年前、渡辺が一〇年ぶりに日本フィルに復帰して以来、着実に向上しつつある演奏力の充実ぶりを最高に発揮した。心からの拍手をおくる。

1981/06/03

躍動するリズム、颯爽と

「今日の音楽」アーシュラ・オッペンスのピアノ

一九八一年五月二七・二九・三一日◎西武劇場

今年で九年目を迎えた西武劇場の〈今日の音楽〉（企画・構成―武満徹）は、例によって問題意識に満ちた、多彩なプログラムで五月末の五日間、開催された。中でも、そのうちの三夜に出演したアメリカの女性ピアニスト、アーシュラ・オッペンスの、ケージやミニマル・ミュージック以後のアメリカ現代音楽をひっさげての阿修羅のごとき活躍が注目を浴びた。

まずは第一夜の高橋アキとのデュオコンサートで、知日派のロジャー・レイノルズの「レス・ザン・トゥー」（一九七六―七八）が、二人の打楽器奏者とテープ音を加えて演奏された。六〇年代に発生した欧州前衛音楽の様式を基調とする精妙に考え抜かれた作品で多少、難解なところもあるが、オッペンスはじめ抜群の技術できき手を惹きつけた。この夜は他にドビュッシー、ブソッティ（これが秀逸）、メシアンはあった。

第三夜はアメリカ現代曲による彼女のソロ・リサイタル、しかも最後のアイヴズの「第一ソナタ」

(一九一〇年作)を除く三曲は七九、八〇、八一年と最近作ばかり。まず、長老格のエリオット・カーターの「ナイト・ファンタジー」(一九八〇)はおもむろに点対点といった手法からはじめ、次第に和声の響きを加えていき、レゾナンス(弦の共鳴)の効果などを含めてピアノ音楽らしい音響世界にきき手を導く。構成は巧みだが、音型などは意外と一九世紀ピアノ音楽の紋切り型を抜け出ていない。

二曲目、ジェフスキー「ノース・アメリカン・バラード」(一九七九)は、四つの楽章の素材のすべてが特定の事件とかかわりのあるアメリカの労働歌や反戦歌で、しかもそのピアニスティックなパラフレーズはネオ・リストふうともいうべき独特な書法をとる。作曲者と親交あるオッペンスの演奏は生命感にみちた、とくに躍動するリズム感にあふれた好演であった。

三曲目のウォーリネン「ブルー・バンブーラ」(一九八一)は世界初演。美しい曲だが、ジェフスキーとアイヴズという強烈な個性のはさみ打ちに、印象が薄れた。

第五夜で彼女はベートーヴェンの最後のソナタ(第二楽章が美しかった)と、彼女が初演し、献呈を受けているジェフスキー「不屈の民・変奏曲」をひいた。チリのアジェンデ政権を支持する団結の歌(キラパジュンが世界に広めた)をテーマにした、三六の変奏から成る大曲で、かつて高橋悠治が衝撃的な本邦初演を行っている。オッペンスは多少の粗けずりの部分を残しながらも、豊かな才能に物を言わせてエネルギッシュに、颯爽と弾き切った。

1981/06/24

全身でリズム表すキム

「ソナタの夕べ」

一九八一年六月一九日◎新宿文化センター

ヤンウク・キムのヴァイオリンと野島稔のピアノによる「ソナタの夕べ」を聴く。

キムは一九四七年ソウル生まれ、早くからアメリカを中心に国際的な活躍をしており、二歳年長の野島もニューヨークを本拠にしている。二人はアメリカでも協演している仲という。ともあれ、ともに三〇歳代半ばの、今が働きざかりの二人の東洋出身の国際的楽人は、この夜、小気味よい、爽やかな音楽を奏でた。

最初の曲目にストラヴィンスキーの「協奏的二重奏曲」を持って来た点にこの二人の、とくにキムの姿勢がはっきり打ち出されていた。曲の要求する難技巧は易々と征服され、よく通る美音での確固たるリズム表現はきき手に快感を誘い出す。キムは全身でリズムを感じ、表出するが、同じ東洋民族ではあっても、これは日本人には欠けた特質である。ストラヴィンスキーの、脱西欧伝統のひとひねりした味が、牧歌ふうの叙情や舞曲ふうの律動を通してあらわに感じられ、興味深く聴くことができた。野島もまたいかにも練達な、格調高い協演ぶりを見せた。

二曲目はフォーレのソナタ、第一番。われわれが昔からきき馴れて来たフランスの楽人たちの、感性的な、ニュアンスの表現といった語り口をこの二人に求めるのは無意味だ。ここではフォーレの音楽の構成美、その柔軟な旋律線や躍動するリズム（とくに第三楽章）への直接的な、ストイックなまでの肉薄が、雲上にふわふわ浮いているかのようなフォーレの音楽を、しっかり手にとって吟味できる身近さにまで引き寄せていた。半面、失われた象徴や陰影を惜しむ人もあったとは思うが。

休憩をはさんで追加されたヴェーベルンの「四つの小品」がストラヴィンスキーに劣らぬきき物であった。一昔前には、薄氷を踏むように、傷口に触れるように弾かれたこの曲も、おそらくスターンが手がけて以来、ウィーンふうの、しかも外向的な曲に「成長」したと言えよう。一、三楽章の沼のようなスタティックな楽想と、二、四楽章の激しく、しかもストラヴィンスキーと異なりあくまで精緻に躍動するリズムの対照を二人はみごとに描き切り、圧巻であった。

最後はベートーヴェンの「クロイツェル・ソナタ」。キムは情緒に流れぬ知的な感覚で野島と共に今ふうのベートーヴェンを弾いた。しかも、旋律のくっきりした輪郭や彫りの深いリズム、激しいメリハリには独特の色合いがあり、忘れ難い、個性的な「クロイツェル」であった。

1981/07/04

陶酔を誘う豊麗な音色

ダン・タイ・ソン ピアノ演奏会

一九八一年七月一日◎ＮＨＫホール

ベトナム出身、弱冠二二歳のピアニスト、ダン・タイ・ソンを聴く。

昨年一〇月、危機下のワルシャワで開かれたショパン・コンクールの優勝者（三六カ国、一四九人中）であり、一九二七年以来の同コンクールでの東洋人の初優勝者でもある。幼少時は北爆下のハノイで母が教え、モスクワに留学して大成した。驚くべき才能の持ち主で、とくに豊麗な音色こそ彼の最高の美質であろう。低音から中高音域にかけて、彼が鳴り響かせる飽和状態の楽音は人を陶酔的な気分に誘う力を持っている。半面、最高音域でのキラキラした輝きには欠けるが、そうしたラテン系ピアニストの得意とする感覚的な要素をこの人に期待するのはまちがっていよう。

ショパンばかり大量に弾いたが、その音楽はごく自然な素直なもので、言いかえれば身につけた完全な技術によって西欧の伝統のエッセンスだけをくみ上げている、ということだ。これは現時点では、日本・中国・韓国出身の国際級ソリストに共通した特質でもある。じっさいわれわれに、それ以外の何ができよう。

ロ短調ソナタ（作品五八）とヘ短調バラード（作品五二）が、それぞれ第一部と第二部の中核をなしていたが、バラードが圧巻だった。ソナタの構築性よりは、バラードの叙事詩的物語性の表現がはるかに自然に行われ、劇的表現にまで高められていた、と筆者は感じた。もちろん、ソナタでの演奏上の名技性、とくに終楽章での力性感と速度は特筆に値するものだが、はじめに指摘した高音域の光沢をショパンのピアニズムに必須のものと考えるきき手にとっては、物足りなさが残ったかもしれない。

華麗な円舞曲（作品三四の三、アンコールでの作品一八）では、いかにも大コンクールを征服して来たといった覇気にみちた、若さと力のみなぎるあっぱれの弾きぶりを見せた。アンコールの最後のヘ長調の練習曲（作品一〇の八）のみごとさにはただ、唖然とするばかり。

アンダンテ・スピアナートと大ポロネーズのポロネーズ部分では、ゆとりと間が欲しいと思った。装飾的な細かいふしのすみずみが、巨大空間に拡散して耳では捕らえかねた。

ところが、帰宅してタイマーを仕掛けてエア・チェックしておいたＦＭナマ中継の音を聴くと、近接したマイクとミキシング技術のおかげで、よく粒立った美しい音で完全に捕らえられていた。また、この事実だけを報告しておく。

1981/07/22

雅楽追求し自己の様式を確立

作曲家の個展・松平頼則

一九八一年七月一七日◎東京文化会館

「作曲家の個展'81――松平頼則」を聴く（秋山和慶指揮、N響。サントリー音楽財団主催）。

今年七四歳の松平頼則は日本の作曲界の現役の最長老、作品はすでに戦前から欧米に紹介され、とくに戦後は一九五二年に国際現代音楽協会の世界音楽祭に、越天楽による主題と変奏が入選（日本ではカラヤンが上演）して以来、八〇年までに一〇回もの入選・上演歴がある。その割に日本での上演頻度は多くないので、今回は松平作品をまとめて、しかもすぐれた演奏できけた好機であった。

全体を通して強く印象づけられたのは、自己の様式を完全に樹立した一作曲家がそこに立っている、という一事であった。雅楽が氏のほとんどの作品の創作衝動の根源にあり、素材も多くそれに拠っている。だが本来の雅楽の旋律の微妙な揺れや他の声部との触れ合いの様相は十二音列に組織化され、リズムのずれは精緻な記譜法で定量化される。

つまりは、戦後のヨーロッパ前衛音楽の語法の眼鏡を通して雅楽を観察し分析し、フランスふうの軽妙な感覚と精妙な書法で再構成した氏の音楽は、彼らにとっては自己と全く共通の語法による、しかも民族的色彩の豊かなみごとなスコアとうつるが、まさにその理由によって、日本の音楽風土において松平作品はこれまで不当に不遇であった。

ともあれ、この夜の四作品は楽器編成や演奏方法はさまざまでも、音のイメージとしては酷似しており、いかにも一つの音楽世界を執拗に追求しつづけるこの人らしい個展であった。

第一曲、フリュート独奏と室内オーケストラの為のセレナード（六二年作、八〇年改訂、改訂初演）は小出信也の好演を得て美しく展開された。ただ、改訂は常に一長一短を伴う。原作のほうがあるいは六〇年代初頭の様式を鋭く鮮明に印象づけたかも知れぬ。

第二曲、二群のオーケストラの為の循環する楽章（七一年作）は、二つの雅楽曲が対話し合う独創的な形式で、まことに興味深くきき進んだが突如中断があり、指揮者が忙しくスコアの前後のページを探す情景が挿入。こうした演奏上の自由選択、その約束事の多いスコアでは、ヨーロッパでも時には似たようなスリル場面に出あうものだ。

第三曲、第二ピアノ協奏曲（八〇年作、初演）は高橋アキが難技巧に挑戦、カデンツァが印象的。第四曲の舞楽（六一年作、日本初演）は松平語録の集大成の観あり、圧巻であった。

1981/08/01
朝比奈隆の名タクト
大阪フィルハーモニー交響楽団

一九八一年七月二八日◎東京文化会館

朝比奈隆指揮、大阪フィルハーモニー交響楽団の東京公演を聴く。曲目はマーラーの交響曲第七番「夜の歌」一曲。

大フィルの東京公演も一九年目、第二〇回を迎えた。この年中行事、近年とみに人気が高いが、それには次の三つの理由が挙げられると思う。第一に指揮者朝比奈の人間的魅力である。第二に近年は出し物をほとんどブルックナー、マーラーの長尺物にしぼり、これがスケールの大きい朝比奈によく合って呼び物となっていること。第三に大フィルが毎回、全員が精根尽き果てるほどの全力投球ぶりを見せることで、東京の聴衆は東京のいくつもあるオケから常日ごろ、こんなに熱いサービスを受けているだろうか、と考えさせられるほどである。東京に乗り込んで来ての大フィルの燃え方はまったくすごい。

さて、マーラーばやりの昨今ではあるが、声楽を伴わないで、しかも正味一時間半という長大な第七番は、日本ではめったに上演されることはない。半世紀近く前の、マーラーの弟子プリングスハイムによる初演（東京音楽学校）を別にすれば、東京のファンも七年前の渡辺暁雄（都響）、昨年の若杉弘（東響）くらいしか聴いていないはずだ。

朝比奈の指揮ぶりはクナッパーツブッシュやケンペといった、かつての英雄タイプを思わせる。あるがままに音楽を歌わせ、感情に訴え、劇的な山を作り、大きく盛り上げて会場全体を感動のるつぼと化せしめる。細部の工夫や、感覚的、官能的な表出とは縁の遠い、線の太い、逞しい管弦楽演奏だ。

当夜の演奏は予想通りじっくり腰を据えたおそめのテンポで、マーラーの成熟し切った音楽に正面から取り組んでいた。第一楽章はやや生真面目にすぎ、流れに乗り切れぬ堅さがつきまとったが、第二楽章「夜曲」の頭のリラックスした楽想あたりからマーラーらしい雰囲気が濃くなり、第三楽章スケルツォはむしろワルツふうに、しかし今世紀初頭のウィーンの青年様式《ユーゲントシュティル》の気分をよくとらえ、その感じはマンドリンとギターの音色に彩られる第四楽章にも及んでいた。

終楽章は楽想や形式にもよるが再び第一楽章での突っぱった感じが残った。金管、打楽器、第一ヴァイオリンが好調と見受けられた。各プレーヤーがソロの時に、より魅力的な語り口をきかせてくれたら、大フィルはまさに鬼に金棒であるのだが。

1981/09/09
ひたむきな姿勢がさわやか
奥平八重子ピアノリサイタル
一九八一年九月一日◎東京文化会館小ホール

奥平八重子――現代作品によるピアノ・リサイタルNo.3――を聴く。

同じ夜、同じ会館内の隣の大ホールは、ミラノ・スカラ座の初日「シモン・ボッカネグラ」のガラ公演で沸きかえっていた。こちらはそれに比べれば内容も地味なら客足も今ひとつの感があったが、しかし演奏者の、今日の音楽創造へのひたむきな姿勢が、きき手にさわやかな印象を与えた。やや時が経過したが、ここに報告しておこう。

日本人曲四、外人曲三、計七曲というプログラム建ては、聴く前には少し並べすぎではないのかと思ったが、きき進むにつれ、よく考えられた選曲であることがわかって来た。第一曲、八村義夫の芸大在学時代、一九五七年作の「ピアノのための即興曲」は不確定の要素をひじょうに早い時期にとり入れた作品だが、そんなことより、一九歳の青年の激しい表出意欲が痛々しいほど露呈しているのが聴く者を打つ。

第二曲、小林真「December」（一九八〇年作、初演）は元来は六つの楽器のアンサンブルの曲のピアノ版ということだが、それなら作曲上か演奏上で、より音色的に人を惹きつけるものが必要だったのではないか。第三曲はメシアンの「火の島」第一と第二、第四曲はヘンツェの「ソナタ」、弾き手とき き手の双方にとって、一九五〇年代のピアノ書法の再確認。彼らの伝統と創意の相剋はすさまじい。

休憩のあと、第五曲目の松平頼暁「Why Not?」が圧巻であった。元来七〇年に作曲されたライヴの電子音楽だったが、その諸因子を松平自身が奥平のために固定し作譜（七九年）したもの。ピアノの内部奏法や蓋を閉める打撃音があり、手のひらで枠をたたき、足を踏みならし、発声も伴う。しかし、一〇年前なら進みすぎの印象を与えたかも知れぬ打鍵以外のそのような行為や音が、一向に浮き上がらず、所を得た表現手段として決まっていた。これは奥平の功績でもあるだろう。

第六曲、藤田正典「ピアノのためのオーロラ」（一九七八年）は奥平の前回リサイタルの委嘱作、特異な語法によるきわめて美しい秀作で奥平も好演。第七曲はベリオ「五つの変奏曲」は再び五〇年代初頭のヨーロッパ前衛の書法の再確認。響きが美しい。

こうして最近三〇年間ほどの内外のピアノ音楽の展望が得られたのは奥平のすぐれた技術、感性、そして現代曲に多年とり組んできた積み重ねの成果にちがいない。

1981/10/03

変化ある流れで劇的緊迫感

都響定期演奏会のマーラー「第六番」

一九八一年九月二八日◎東京文化会館

都響定期を聴く。

東京では九月中にマーラーの交響曲の第五・六・七・八がナマできけた。いくらマーラーばやりの昨今でも、これは珍しい。七月末にも大フィル（朝比奈隆）の第七があったばかり。都響はその一連のしんがりを承って、客演指揮者のガリー・ベルティーニで第六。

マーラーの前にモーツァルトのファゴット協奏曲（変ロ長調K一九一）が、都響特別楽員の中川良平のソロで演奏された。低音から高音まで、全音域にわたってソフトな音色で完全にコントロールされ、それでいて急速な走句も明晰、音楽は優雅で格調があり、さすがこの人の経歴と評判にたがわぬ名演であった。ベルティーニはどぎつくメリハリをつけるなど、中川の音楽観とは多分に異なるが、さりとて破たんを生じることはない。ホルンの不調は惜しかった。第二楽章がとくに良かったと思う。

さて、ベルティーニのどぎついメリハリは、マーラーではまさに功を奏することになる。彼はロシア生まれ、イスラエルを本拠に欧米でひろく活躍しているユダヤ人指揮者の一人だが、明るい音色をもち、表情は念入りでしつこく、身ぶり手ぶりは大げさでしかも丹念、とにかく見ていて飽きないだけでなく、音楽の流れも千変万化、まことにおもしろくきかせる術を手中にしており、じつに堪能させられた。いささかも退屈せずにマーラーを最後まできき通せたことは珍しい。半面、テンポはいつも早めで、たたみかけ、せき立てられる感じがつきまとうが、それだけ劇的な緊迫感は大きい。線をくっきり目立たせ、楽想の対比を明瞭に描き出し、形式感をきわ立たせる。その点、今ふうというより、新古典主義の演奏スタイルに近く、やや律儀で古風だが、その分、ロマン的（というのが今や、今ふう）な楽想はいやが上にも表情たっぷりと歌わせる。

第一楽章ではマーラーの古典的な構成力をみごとに再現、つづく第二楽章では主楽想の重圧感と副楽想の軽快感をテンポの対比を大きくとって描き分け、棒を用いずに指揮した第三楽章では管弦楽は大きく息をつきながら絶唱、終楽章ではいわば鬱と躁の交代するマーラーの生涯を音で聴く趣があった。ベルティーニの明確で激しい表現意志の下で都響も好演。演奏中に正八時と正九時の二回、二、三の聴衆の腕時計がピッピッと鳴り出したのには参った。

1981/10/31
西域風の美しい旋律が飛翔
宇田光広フルートリサイタル

一九八一年九月二十六日◎こまばエミナース

宇田光広フルートリサイタルを聴く（ピアノ中川俊郎ほか七人の協演者）。

一〇月の東京はとくにフルートの音楽会が相次ぎ、新人ベテラン合わせて五つか六つの予告が出ていた。そのほとんどが西洋名曲をとり上げているのに、新人の宇田が中国と日本の作品のみで曲目を構成している大胆さに惹かれて出かけた次第。彼自身「話題性のあるプログラム、また、自分でなければできないような企画、そして現代の音楽の新しい方向を感じさせるようなコンサート」を目指した、と書いてある。その姿勢には賛成だが、しかし彼自身の音楽観、音楽性、技術を率直に披露し得る媒体としての西洋古典曲が一曲あってもよかったと思う。それはこういう場合の原則を言うのではなく、あくまで当夜の聴後感に即しての注文である。

まず、滞日中の中国の作曲家王燕樵の編曲による中国民謡二曲。天山北路のハサック族とウイグル族のもので、西域ふうの美しい旋律がほぼ伝統的なピアノ伴奏に支えられて飛翔する。ついで王燕樵の二つの小曲は、中国の青年画家の線画ふうの「泉」「颪」を音楽化したもの。前者の悲哀感、後者の自由への渇望感が中庸を得た温和な情調で表現された作品であった。

ついで一柳慧「颪の色合い」は無伴奏のソロ曲で、静けさとゆとりの中に音楽の深い味わいを求める彼の近年の作風に立っている。以上、前半の曲目で宇田のアプローチはまったく正統的だが、もっと自由に曲の上で遊んだらいいのに、という感がつきまとった。だが休憩後はその点、ラフな衣裳に替わったせいでもあるまいが、ずっと表現の幅が広がった。

坪能克裕「三点礼文」はコントラバスとの二重奏による特性的な音楽で、両端楽章では両者は対立的だが、中央楽章での両者合一の瞬間が印象的。好演。ついて松本日之春「途切れたアリア」はテープ出しの音響と六人の奏者の協演だが、主役のフルートが奥に配置して音が立たず、また自発的な合奏の代わりに指揮者の集中制御による精緻な縦割りへの演奏努力のみ目立ち、不得要領に終わった。

最後に当夜のピアノ奏者、中川俊郎「フィギュラシオン」は全体像の代わりに鋭く引き裂かれた断面を、時の流れの代わりに瞬間ごとに激しく変化する心象を描いた才気あふれる作品。時代様式としては一九五〇年代の西欧前衛だが、今日の若い世代はそこに出発点を求めるようだ。

1981/12/05

水際立ったテクニック

ヨーヨー・マのチェロ演奏会

一九八一年一二月一日◎都市センターホール

初来日のチェロ奏者ヨーヨー・マ（友友馬）を聴く（ピアノは、パトリシア・ザンダー）。
一九九五年にパリで中国人両親の下に生まれ、七歳でアメリカにわたってジュリアード音楽院に入学、早くから楽才を認められ、いまや欧米での評価はひじょうに高い。デュプレが難病に倒れて以降の世界のチェロ界の、希望の星というべき存在だ。

なるほど大変な才能である。これほど水際立ったテクニックを持ったチェリストがかつて来日したかしら、と記憶をたどって見たが、結局、一九三四年と三六年に東京で聴いたエマーヌエル・フォイアーマンしか思い浮かばない。左手の技巧はじつに確実で、大きく跳躍してもポジションはいつもピタリと定まり、フラジョレット（倍音の奏法、笛のような高音を出す）の音も朗々と鳴るし、ヴィブラートのかけ方も程よく適切だ。右手も一弓のスタッカートなど鮮やかなものだ。音色は東洋人らしく深々と落ち着いた中に、微妙な変化を見せる。

演奏上の解釈は伝統的で、これは小澤征爾にも、ダン・タイ・ソン（七月来日のベトナム人ピアニスト、昨年のショパン・コンクール優勝者）にも言えることで、まずはアク抜きの正統派的解釈法を身に付けることが非西欧の音楽家が西欧で通用する要件だ。その上で、ゲルマンからもラテンからも距離を置いた東洋人の特質や個性を、いまや西欧人が認め、楽しみ始めた時代が到来したと言えよう。

ともあれ、完璧な技巧で楽器を軽々とあやつることに音楽的発想の根源が置かれており、その点では西欧のチェリストたちよりも、中国の琵琶や胡弓の名手たちの演奏姿勢に通じるものを感じた。さまざまな時代と様式の大曲による盛りだくさんのプログラム建ても、このことと無関係ではない。

まず、一九世紀イタリアのチェリスト、ピアッティがロカテッリの作品をチェロ用に効果的にアレンジした難曲のソナタで腕の冴えを披露したあと、バッハの無伴奏組曲第五番に取り組み、ドビュッシーのソナタ、ベートーヴェン晩年のソナタ（作品一〇二の一）、ショパンの「序奏と華麗なポロネーズ」、さらにアンコールでフォーレの「夢のあと」、クライスラーの「愛の悲しみ」などが弾かれた。結局、われわれが堪能したのはあくまでこの比類ないチェロの使い手の名技であり、曲は何でも良かった、というのが聴き終わっての感想だ。まぎれもなく西欧の音楽語で伴奏したピアニストも素晴らしかった。

1981/12/10

'81回顧

ベスト5

・シェーンベルク「幸福な手」本邦初演（若杉弘指揮、京都市交響楽団、二月二七日）
・大フィル東京公演のマーラー「第七交響曲」（七月二八日）
・渡辺暁雄指揮の日本フィル・シリーズ①廣瀬、三善、小山、石井作品（四月二四日）②黛、矢代、武満、間宮作品（一一月一七日）
・小澤征爾指揮、ボストン交響楽団によるヴェーベルン、バルトーク作品（一一月二日）
・二期会公演、ヤナーチェク「カーチャ・カバノヴァ」（ポッパー指揮、佐藤信演出、一一月二二日）

1982

1982/01/09

ねらい通りの端正さ

小澤征爾指揮「荘厳ミサ曲」

一九八一年一二月二九日◎ＮＨＫホール

昨年の聴きおさめはベートーヴェン晩年の大作「荘厳ミサ曲」だった。小澤征爾指揮、管弦楽は彼が首席指揮者をつとめる、いわば日本における彼の手持ちのオケである新日本フィルハーモニー交響楽団、ソリスト陣は豊田喜代美、小見佳子、山路芳久、高橋啓三、合唱は晋友会合唱団（関谷晋主宰）であった。

「荘厳ミサ」にせよ「マタイ受難曲」（バッハ）にせよ、今日の演奏スタイルは、一昔前のように跪いて〈楽聖〉を仰ぎ見る、といった厳しさに徹するよりは、教義やキリスト伝の音による絵巻といった趣になっている。さすがにこの日の小澤の演奏は、そうした流れに沿った、きめ細かい表現を意図したもので、しかも大筋は端正で、大げさな効果をねらうこともなく、納得のいくものだった。

ただし、演奏の結果は、必ずしも小澤の意図を（たとえばつい二カ月ほど前に見せたボストン交響楽団を率いての演奏のようには）完全に反映したものではなかった。演奏スタイルはどうであろうと、この大傑作の本来の姿ははるか雲の上の彼方にある、というのが正直な実感であった。

オーケストラは、「ほむべきかな」の章のヴァイオリン独奏（コンサートマスター瀬戸瑶子）をはじめ、ともかく小澤の要求によくこたえていた。とは言え「信仰」の章では、処女懐胎の場面で精霊を象徴する鳩をあらわす木管楽器の音色、「神の小羊」の章では戦いを表す金管楽器の表現など、欲を言えば切りがないが、これはもはや、技術を超えたわれわれ皆の異文化受容につながる問題というほかなかろう。

独唱陣はバスの高橋のほかは新人ぞろい、押しなべて好演ではあったが、とくにテノールの山路とメゾの小見が曲想に合致した美しい歌唱をきかせた。従って、きき進むうち、最後の「神の小羊」の章の前半に出る二人のデュエットを期待していたが、その通り情感のあふれる歌いぶりだったと思う。

さて合唱だが、この大曲に取り組んだ労を多とするにやぶさかではないが、高音域続出のソプラノ・パートがアマチュアにとっていかに困難な、従って弱点の露呈しやすいパートであるかを改めて実証した結果となったのは残念である。ホールの条件などもあろうが、高音域はほとんど低めに終始した。しかし男声陣は、歌詞内容をよく学習した成果であるのか、存在感のある歌いぶりを見せていた。

1982/01/23

つつましく温かい風格

ヘルシンキ・フィルハーモニー管弦楽団

一九八二年一月一八日◎東京文化会館

フィンランドから初来日の「ヘルシンキ・フィルハーモニー管弦楽団」を聴く（指揮オッコ・カム）。われわれは今日までに、世界各地の大小のオーケストラをおそらく数十団体迎えているが、この団体のように親しみ深い雰囲気、慎ましく、しかもほのぼのと温かい独特の風格を持ったものは他に無かった。なるほど華麗な名人芸や圧倒的な音響や多彩な音色を彼等は所有していないかもしれない。しかし、彼等はそうしたオケの近代化指向にはくみせず、もっと内的な、素朴な、人間的な音楽をすることに喜びを見出しているように思える。

ヘルシンキ・フィルは今年で創立百年を迎えるが、しかし一部の東欧のオケのように古い演奏様式を温存しているわけではない。それは一つには日常のレパートリーの柱にシベリウス（死後二五年に当たる）作品があること、さらには首席指揮者カム（三六歳。一三年前に第一回カラヤン・コンクールで優勝）の爽快で潑剌とした指揮ぶりに負っている。

「フィンランディア」では重厚な金管の響きと清澄な木管の調べが、いかにも森と湖の国からの使者であることを実感させた。カムはこのポピュラーな曲を念入りに彫琢し、彼の技術の冴えと音楽への真摯な姿勢をはっきり印象づけた。ついでシベリウスの「第五交響曲」では神秘的な第一部、大胆な着想（ホルンの大股な歩み、間を置いて六個の終止符が打たれるなど）の第三部がとくに好演。一方、楽想が地味な第二部では、おもしろくきかせようとするなどと工夫せず、無作為に音楽しようとする気持ちはよく判るが多少の退屈はまぬがれなかった。

休憩後のシベリウス「第二交響曲」は名演だった。彼は一二年前にベルリン・フィルとこの曲をレコーディングしているが、そこではすぐカッと燃え、テンポを煽り立てる傾向があった。今や彼は満を持し、悠容迫らず全人的で巨大なシベリウス像を打ち立てようとする。フィナーレに向かって、耐えに耐えて明るい楽想に解放されるあたりはみごとであった。

アンコールには、シベリウスと深い関係があるヤルネフェルト一家（夫人はその末娘）とかかわりのある二曲が演奏された。まず劇作家アルヴィドの「死」への音楽から「悲しきワルツ」が繊細な優美のうちによくはかなさを表出し、ついでもう一人の義兄アルマス・ヤルネフェルトの「前奏曲」が、前者とは対照的な屈託ないサロン音楽の気分を満喫させて、この忘れ難い一夜の音の宴を閉じた。

1982/03/03

生々しく自己の理想追求

ゲオルク・フリードリッヒ・シェンクのピアノ

一九八二年二月二〇日◎都市センターホール／二月二四日◎東京文化会館

西ドイツの若手ピアニストで初来日、ゲオルク・フリードリッヒ・シェンクを聴く（二月二〇日のリサイタルと、二四日の、朝比奈隆指揮、東京交響楽団定期における協奏曲）。

三〇歳の少し手前という年齢は、人によっては壮年期の力演型の演奏に入るころだが、彼はどちらかと言えば青年期型。ひたむきに自己の理想を追求するタイプの、知的でもあり、生々しくもあるピアノをきかせた。リサイタルの四曲中、最も優れた出来ばえを示したのはヒンデミットのピアノ音楽第一（三つの練習曲）で、この一九二五年にベルリンで書かれたバロックふうの鋭く騒々しい音楽を、彼はじつにおもしろく再創造した。彼のような戦後世代のピアニストが、近年の一九二〇年代のヨーロッパ文化再認識の風潮の中で、当時の埋もれた秀作を掘り起こして好結果を得たのを興味深く思った。

スクリャービンの晩年の作品、ソナタ第一〇番（一九一四年作）もなかなかの好演であった。ただ、その音色のニュアンスが感覚や情緒よりも、精密な計量によって操作されている趣が感じられた。もっとも、この種の違和感はゲルマン系の音楽家がロシアの作品を演奏する場合にはいつも感じられることだが。

リストのソナタはそのロマン性よりは輝かしい技巧性を前面に押し出した、早めのテンポによる、金属的な光沢でキラキラするような演奏であった。こう見て来ると、最初の曲目、シューマンの「ダヴィッド同盟舞曲集」が魅力に乏しい、むしろ曲の構成の弱さを露呈させるような演奏になったのも当然という気がする。こうした小品の集合体は、往年の大家たちのようなロマン主義（とくに表現主義）の演奏スタイルと持ちつ持たれつで、生彩を放っていたのだから。

リサイタルを聴いた後では、彼がベートーヴェンの第一協奏曲（ハ長調）をどのように弾くか、ほぼ予想できた。両端楽章では終始早めのテンポで、ディヴェルティメント（嬉遊曲）ふうに、あっさりと、すがすがしく弾いた。一方、朝比奈はどっしり構えて譲らぬところがおもしろかった。オケがもっと指揮者に密着して粘り切れば一層よかったのに、ソリストの引力で軽い方に傾き気味になるのが惜しまれた。

協奏曲につづくブルックナーの第九交響曲が東響定期の主曲目だったが、例によって朝比奈の明快で素直な解釈と、ゆったりしたテンポでの豪快な響きに聴衆は堪能させられた。東響も好演だった。

1982/03/10

きつい合奏を自在に

エンパイヤ・ブラス・クインテット

一九八二年三月四日◎都市センターホール

初来日のエンパイヤ・ブラス・クインテットの初来日を聴く。ボストン響のメンバーとその仲間から成るトランペット二、ホルン、トロンボーン、チューバ各一という編成。そもそも金管五重奏という曲種は古典派やロマン派には存在しない。

近年、金管楽器の演奏技術の急上昇の機運に乗り、木管五重奏（それにもホルンは加わる）になぞらえてこの編成がアメリカ、フランス、カナダなどに発生した。レパートリーはルネサンスの五声部声楽曲のアレンジ、現代のオリジナル曲、それにブラスバンド曲と多彩。したがって、演奏スタイルも、室内楽の要求する繊細さから大広間での式典の奏楽（彼らも大統領就任式や建国祭への出演で名を売った）まで幅広くこなさねばならぬし、各人の名人芸の見せ場も必要だから、これはアンサンブルとしても相当にきつい仕事と見た。ともかく、スメドヴィック、ルイスJr.の両トランペット奏者は言わずもがな、全メンバーの確実で自在な奏法、そしてアンサンブルの勘の鋭さは驚くべきものだ。

最初のヘンデルの「アリア」(野外の管楽合奏曲のアレンジ)では何よりも、どの楽器もじつに軽く楽々と旋律を歌い、しかも合奏がたんに緊密なだけでなく、五人の奏法の同質性が注目に値した。二曲目、パレストリーナの「第一旋法によるリチェルカーレ」(プログラムの「雷鳴の……」は誤訳)はいかにもアッケカランと終わったが、つづくアルビノーニ「組曲」は、早めのテンポながら、バロック器楽曲の気分を、金管であるのに、よく表出した。ガーシュウィン「ポギーとベス」からの組曲では、さすがにリズムやピッチに独特な味わいが感じられて楽しめた。一転してソ連のヴィクトル・エヴァルドの「金管のための五声部のシンフォニア」は教材音楽ふうの楽曲の模範演奏といった趣で退屈。つづくアメリカ現代のアルヴィン・エトラー(ヒンデミットの弟子)の「五重奏曲」は音色や奏法の工夫に富む佳曲、演奏もすぐれていた。

最後に一九世紀の「アメリカン・ブラスバンド・ジャーナル」からの「クイック・ステップ」などが開放的な朗音できき手を楽しませ、アンコールの「ワシントン・ポスト」(スーザのマーチ)では、しぐさを加えて客を笑わせたり、全員朝顔をこちらに向けてフォルティシモで吹くなど、いかにもアメリカふうの演出を見せた。

1982/04/07

頑固に貫いた日本的な曲調

清瀬保二追悼リサイタル

一九八二年四月二日◎東京文化会館

去年の夏が終わり秋が始まろうとするころ、清瀬保二は八一歳の生涯を閉じた。このたび、生前からの企画であったオーケストラ曲のみのコンサートが開かれ、われわれは壮年時代の氏の温容や、快活な笑い声に再び接し得た思いを味わった。演奏は日本人作品のモノグラフィー的上演では六回目という実績をもつ、芥川也寸志指揮のアマチュア・オケの「新響」、ピアノ協奏曲の独奏は林光、曲目の構成は小宮多美江。

曲目は「原始的舞踊」（一九三三年、編曲六四年ごろ）「エレジー」（一九三七）「古代に寄す」（一九三七）「ピアノ協奏曲」（一九五四）「日本祭礼舞曲」（一九四〇）の五曲。きき通して得た印象の最大のものは、氏の文体と語法は一生を通じて頑固なまでに一定不変であった、ということである。その基調は、日本の民俗芸能に普遍的な、横笛と太鼓の曲調だが、むろん氏の純粋な完成による濾過と様式化が行われている。雅楽の音調もまた、素材として汲み上げられているが、西洋音楽の技法は、形式や音の組み合わせの上に少なからず利用されているのに、ほとんど目立たぬよう背景に押しやられている。従って、氏の音楽の一見素朴な、無手勝流の音楽にきこえるが、そこに周到な計画や緻密な配慮のあるのはいうまでもない。

今回が初演の「エレジー」（一名「挽歌—亡き母に捧ぐ」）が、表情に富み、豊かに響く音楽であるのが印象に残った。改訂初演の「ピアノ協奏曲」は当夜の曲目中での最重要作と思われる。作曲の前半（一九五三年）に氏は初めてのヨーロッパ旅行を経験しており、この曲の楽想も旅行中に醸成された由であるが、この曲の構成や厚みのある響きは、当時五三歳の氏の直接的な西欧体験がいかに大きく深いものだったかを物語っている。しかも、発表当初に氏はこの曲について「自分でもちょっと意外に思っている点は、最近あまり書かない、いわゆる日本調が出ていることで」と語っているのが興味深い。

最後に置かれた「日本祭礼舞曲」では新響もとくに好調の熱演であった。その典型的に清瀬調の秀作は、昨年暮れの福井謙一博士のノーベル賞授賞式上、現地のオケで演奏されたが（TVニュースでも流れた）、今後もそうした役目を課せられる曲であろう。

なお、弟子の佐藤敏直の作曲による、氏を追悼するにふさわしい「哀歌」の演奏があった。ともあれこの一夜、個人の爽やかな人柄に触れながらの楽興の時を過ごせたのは、関係諸氏の善意と識見と努力のお陰というほかない。

1982/04/17

多様の中に程よい統一

桐五重奏団の第五回演奏会

一九八二年四月二二日◎都市センターホール

桐五重奏団第五回演奏会を聴く。

その名称が示すように、かつて桐朋に学び、今や演奏会の中堅の世代にある五人の俊秀、弘中孝（ピアノ）、久保陽子、恵藤久美子（ヴァイオリン）、店村真積（ヴィオラ）、安田謙一朗（チェロ）がそのメンバー。モーツァルトのピアノ四重奏曲第二番（K四九三）、コダーイの弦楽三重奏の「セレナード」（作品一二）、ショスタコーヴィチのピアノ五重奏曲（作品五七）という魅力的なプログラムにひかれて出かけたのだが、密度の濃い演奏ぶりで大いに楽しめた。

彼ら、彼女らはティーンエージャーのころ、数々のコンクールで輝かしい成果を獲得しているが、その高い技術にはさらに自在さが加わったように見受けられたし、その上に成熟した音楽表現の展開を聴くことができた。また、各人が伸びやかに個性を主張する一方で、奏法の同質性が注目された。これは明らかに同門の強みで、多様の中に程よい統一があった。

モーツァルトは同じ編成の第一番にくらべるとやや地味な曲だが、楽想にキメ細やかな表情づけがなされ、充実した音楽的持続を作り出していた。ただ残念だったことは会場の響きがいかにもモーツァルトの室内楽向きではないことだが、今時それを言っても仕方がない。

今年が生誕百年にあたるコダーイの「セレナード」は二つのヴァイオリンとヴィオラという編成。これは曲も演奏もすこぶる精彩に富み、大変おもしろかった。印象に残った場面が多々ある中でも、一楽章でハンガリーふうの熱情的な旋律を、二人のヴァイオリンが二オクターヴのユニソンで弾く個所のみごとな一致、二楽章の特異な楽想での第一ヴァイオリンとヴィオラの、相聞歌を思わせる対話の呼吸、そして、とくに急速な舞曲ふうの第三楽章での、いや、全体を通じての久保のリズム表現のみごとさは特筆に値した。生誕百年を飾るにふさわしい好演だった。次の機会には三人とも譜面台など取り払って、いっそ自由な表現に挑戦してみたら?という思いに誘われた。

最後のショスタコーヴィチは圧巻だった。例の第五交響曲と同じ時期の、ほとんど姉妹作と言ってよいほどにスケールの大きい曲。弘中のピアノ、安田のチェロが牽引力となり重しとなり、他の三人は自在に遊ぶといった趣で終始明快に弾き切った。第二楽章の対位法的な表現や、プロコフィエフふうのスケルツォ楽章の躍動感がとくにすぐれていたと思う。

1982/05/08

現代風、さわやかな音の流れ

日本オラトリオ連盟のバッハ「ミサ曲ロ短調」

一九八二年五月五日◎東京カテドラル聖マリア大聖堂

浜田徳昭《のりてる》指揮、日本オラトリオ連盟によるバッハの大作、ロ短調ミサ曲を聴く（独唱＝勝本章子、荒道子、佐々木正利、森野信生）。

東北から九州までの九団体の集合体であるこの合唱団は、一昨年は「マタイ受難曲」をひっさげてウィーン・チューリヒなどで演奏している。今年は「ロ短調ミサ」で五月中スイスの音楽祭を振り出しに独・仏と巡演の由、この夜は渡欧記念公演。と言っても、百余人のメンバーには気負いも過度の緊張も見られず、全員暗譜で余裕しゃくしゃく、美しいハーモニーをきかせたのはさすがであった。

三十余人のオーケストラはいわゆるオリジナル楽器（バッハ当時の構造と機能の）をそろえ、そのやわらかい響きは合唱とよく溶け合って上々の効果を発揮していた。もっとも、三人のトランペット奏者は外来の名手たち（タールのアンサンブル）で、彼らの明るく鋭い音は合奏にアクセントをつけるうえでのプラス面と同時に、その効果がやや過度であったことも否定できない。ともあれ、昔ふうの律儀で厳しいバッハ像でなく、現代的なさわやかな音の流れが、残響の豊かな聖堂を満たした。

第一部、キリエとグローリアでは多少調子に乗らぬ感も残ったが、第二のクレド以下、とくにその最後の合唱から第三部サンクトゥスをへて第四部にかけては、わき出る音が小川となり大河となって流れるさまが心地よかった。浜田の統率力、造形力、とくに柔軟な響きの中での生き生きしたリズム表現は特筆すべきものだし、透明さを失うことなしに、重層する声部に厚みと熱気を加えてクライマックスに導く手腕は並々ならぬものだ。

独唱陣では、美しいアルトのアリア「クイ・セデス」と「アニュス・デイ」でベテランの荒が期待にたがわぬ好演を見せ、テノールのアリア「ベネディクトゥス」での佐々木の陶酔的な歌いぶりも印象に残る。最初の二重唱「クリステ」での勝本・荒の二重唱も美しく、バスの森野のアリア、ニケア信経の日玉条項「エト・イン・スピリツム」には説得力があった。

合唱団の練度はきわめて高いもので、日本人のコーラスからこれほどラテン語がはっきりとききとれたことはない。これに対する器楽陣、バッハ・コレギウムは、弦はともかくとして管にはいっそうの精進が必要。ヨーロッパ公演では好評だった「マタイ」に引きつづき、抽象的な「ミサ」でも成功を祈る。

1982/05/29

音による格闘技 満喫

ボザール・トリオ東京公演

一九八二年五月二五日◎日本青年館

「ボザール・トリオ」の東京公演を聴く。

プレスラー（ピアノ）、コーエン（ヴァイオリン）、グリーンハウス（チェロ）の三人から成るアメリカの団体で、結成は一九五五年だが当初のヴァイオリンはギレで、六八年以来、今のメンバーとなる。六九年についで二度目の来日。今日、世界有数の大柄のピアノ・トリオで、この編成ならではの、音の格闘技のおもしろさを一応は満喫させた。

最初の曲目はハイドン晩年のイ長調。彼らはハイドンのトリオ全曲のレコーディングを果たしているだけに、古式の様式美と個人の名人芸が共に生きるような絶妙なバランスの上に、楽想を伸びやかに展開させた腕前はさすがであった。

第二の曲目は難曲、ラヴェルのイ短調。ここでは各人の技巧の冴えとアンサンブルの精妙さに物をいわせて、ラヴェル一流の緻密なスコアから官能的な響きを存分に引き出した。ピアノの輝かしい音色と、チェロの深々とした低音が、とくに印象に残る。

ついでベートーヴェンの名作「大公トリオ」が、ロマン的な、豊かな音楽的感興を伴って再創造された。第一楽章はゆったりと、一九世紀ふうににおうがごとく、第二楽章は軽妙優雅に、瞑想的な第三楽章の静寂境のあと、フィナーレは急速に、現代的にダイナミックに、と全体の設計にはすきがなく、設計通りに音の構築が成就するのは、さすが実力者ぞろいと思わせた。

以上、ベテラン「ボザール・トリオ」の美質を充分に認めた上で私見を加えるが、しからば彼らと往年のコルトー・ティボー・カザルスのトリオとの相違点は何か、と言えば要するにそれは、本物と写し絵の相違、ということになるだろう。ピアノ・トリオという曲種は、大物ソリストが三人集まって、出番が回って来ればここぞと弾きまくるもの、という公式が、彼らの演奏理念の基底にあると思う。ピアノ、とくにヴァイオリンの大仰な身ぶりもそれと関係があるが、目を閉じて聴けば、彼らの音楽に往年の本物のような大きさはなく、近代的な律儀なアンサンブルの上に、擬ロマン的な自由さが加味されているにすぎない。

弦楽四重奏の分野では、「アルバン・ベルク・クヮルテット」などが今日的な演奏様式を身につけて登場しているが、ピアノ・トリオは本質的に往年の名演奏家指向の曲種だけに、新たな演奏様式の発見が難しい、ということだろうか。

1982/07/24

古典から新作まで 大きなスケールで

ベルリン・フィル二重奏団

一九八二年七月二七日◎東京文化会館小ホール

「ベルリン・フィル二重奏団」を聴く。

その二重奏はチェロとコントラバスで、しかも結成後一〇年、今やヨーロッパでも人気が高い。今年はベルリン・フィル創立一〇〇年だが、その記念レコードにも「最も傑出したユニークな室内楽グループ」として選ばれている。弦楽四重奏や管楽五重奏など古典の定形でなしに、一昔前なら好奇の目でしか見られなかったであろうものが、今や聴き手の音楽的感興を十分に満足させている。そこにクラシック聴衆の聴き方の変化を感じない訳にはいかないし、その底には五〇年代以降の現代音楽が、何とかかんとか言われながらも、一種の意識革命を果たして来た影響があると思う。

イエルク・バウマン（チェロ）とクラウス・シュトール（コントラバス）はともにベルリン・フィルの主要な奏者、技術も音楽も卓抜だ。この分野にいわゆる名曲の少ないのは当然のことだが、古典の発掘から新作初演まで、年代的には前古典から現代までと幅ひろく、大きなスケールの演奏で楽しませた。

最初のヴァンハル（ハイドンと同世代）の変奏曲が弾きはじめられた途端、二人の深々とした音色がわれわれを一挙に北ドイツの音楽文化圏に誘い込む。二人は即興的に反応しながら、一心同体のデュエットを繰りひろげる。ロンベルク（ベートーヴェンと同世代）の二重奏は当時のチェロの名手のオリジナル曲という点でも興味深いが、フィナーレに突入するやそのテーマがベートーヴェンの初期のトリオ「町の歌」のあの陽気なテーマと同じなのにはびっくり。彼らもまた、いかにもそれを発見した時の驚きと喜びを聴き手に伝えよう、それを皆で共有しよう、という呼びかけの気分でこちらに迫ってくる。余談だが、日本人の演奏だとなかなかここまでは踏み込めない。

両者のソロ・ナンバーとしては、チェロのバウマンがレーガーの組曲（作品一三一のC）とアンコールにプロコフィエフのマーチを、コントラバスのシュトールがパガニーニのメロディアとアンコールにドラゴネッティの小品を弾いた。レーガーでのバウマンは音色の魅力には欠けるものの、堅固な構成と噴出する情熱で、この擬バロック風の渋い作品をおもしろくきかせた。

シュトールの同僚ハルトマンのデュオ（世界初演）は現代の奏法、音色を控えめに取り入れた佳品、その他プレイエル、ヴィオッティ、パガニーニなどの二重奏が二人の妙技を堪能させた。印象に残るシーズンの幕引きだった。

1982/09/08

古楽の枠超すスケール

キングズ・カレッジ合唱隊

一九八二年九月三日◎石橋メモリアルホール

英国ケンブリッジ大学キングズ・カレッジ合唱隊の日本公演の初日を聴く。

彼らは一五世紀にヘンリー六世が建てたチャペルを本拠とする聖歌隊、その荘厳なチャペルは今や修復が必要となり募金運動中だが、合唱隊は気鋭の指揮者フィリップ・レッジャーの統率下、活力みなぎる好調子を維持しつづけている。

四年前に来日しているとはいえ、全メンバー初来日、というのは一六名のボーイソプラノも一四名の男子学生隊員（二三歳止まり）も、三年から四年の周期で入れ替わってしまうからだ。にもかかわらず、この卓抜な歌唱力とアンサンブルの練度の高さは、何よりも伝統の底力を痛烈に感じさせる。今日のイギリスは古楽演奏の花ざかりだが、この団体はその波に乗りながら、古楽の枠を超えたスケールの大きさを見せる。レッジャーは団員の若々しいエネルギーを巧みに深い芸術表現に転化しこの団体を礼拝堂の合唱席から世界の聴衆の前に押し出した。

曲目はまことに盛りだくさんで、前半はバードの五声のミサを中心に、主としてイギリスの古聖歌がラテン語と英語で歌われたが、大バッハの遠縁にあたるヨハン・ルートヴィヒの曲はドイツ語だった。かわいらしいボーイソプラノたちが、大曲の中で大人たちと完璧なアンサンブルを作るのは驚嘆のほかはない。大人たちもカウンター・テナー（四名）、テナー（四名）、バス（六名）がそれぞれの音色を生かし、しかもトレブル（ボーイソプラノ）を包み込んで純正なハーモニーをきかせるのがすばらしい。

レッジャーはダイナミック・レンジをぎりぎりの限度まで用い、しばしば教会音楽には異例なほどのクレシェンドやめりはりを利かせ、発音では子音、とくに語尾の子音をあくまで明確に要求する。その結果、特に少年たちと大人の間で、同一子音が響きの微妙な差を作り出すのがおもしろかった。前半を「マニフィカト・ヌンク・ディミティス」の現代曲（レイトン）で閉じたのは英国国教会の慣習を思わせたし、曲も興味深かった。なおジョン・バットのオルガンでバッハとミサの間奏が弾かれた。

後半はドビュッシーの三つのシャンソンを中心とするフランス作品が主で、プーランクの二つのモテットとオルガンによるデュプレの難曲を楽しく聴いた。結びの曲目で再びイギリスのキャロルに戻った時、カウンター・テナーとバスが絶妙なバランスで調和したのが印象に残る。ホールの音響特性もこの団体には幸していた。

1982/09/18

情緒過剰排した熟年の厚み

オイゲン・ヨッフム指揮のバンベルク響公演

一九八二年九月一五日◎ＮＨＫホール

巨匠オイゲン・ヨッフムの指揮で西ドイツの古都バンベルクのオーケストラを聴く。曲目はブルックナーの第八交響曲。

われわれがこのオーケストラに特別の親しみを感じているとすれば、それは前回（一九六八年）に来日したときのコンサート・マスターが浦川宜也《たかや》で、指揮者が岩城宏之と故カイルベルトだったことがその大きな理由だろう。今回は、浦川はとうに退いているが、日本人の奏者が六人ほど入っている。前回は若々しいオーケストラ、という印象が強かったが、この夜のブルックナーの響きには、今はやりの言葉で言うなら熟年の豊かさと厚みが感じられた。

八〇歳のヨッフムはさすが超ベテランの指揮ぶりを見せた。高齢のため高めの椅子に腰を下ろして棒を振ったが、指示は簡潔で明快、よく歌わせ、しかも論理的に筋を通し、ドイツ音楽の権化というべきものだった。彼の音楽は感情過多や情緒過剰とは無縁であり、端正なたたずまいを崩すことはない。だが、時至れば十分に燃焼しブルックナー特有の爆発場面を現出する。

いわゆるブルックナー開始と言われる、いかにも創作衝動そのままを音符化したような開曲部では、オーケストラの音がやや乾きすぎで、細部の繊細な運動も多少ぎこちなかった。それは残響時間の短い、広すぎるホールのせいもあったろう。だが、管楽器の響きが場内の空気を暖めるにつれて、弦の音にもうるおいが加わるように感じられた。木管には個人の大名人はいなくとも、アンサンブルは美しく、金管はどのパートをとっても、守備・打撃ともにすぐれ、高い実力を見せた。低音弦のまとまりは今ひとつの感があり、これが全体を包みこむように響いたらなァ、と惜しまれた。

第二楽章のスケルツォは、しばしば素朴さを前面に押し出した力相撲のような演奏になりがちだが、ヨッフムはこの楽章から豊かなニュアンスをひき出し、内容ある表現を見せた。第三楽章でホルン、ワーグナー・チューバ、チューバのアンサンブルが純正なハーモニーをきかせ、弦も旋律を陶酔的に歌い上げ、劇的な起伏に富んだ、事実上のクライマックスをここで作り上げた。フィナーレでもトランペットをはじめとする金管群はみごとだった。ヨッフムが一〇回ちかく呼び出される大喝采を受け、長寿の幸福を噛みしめているように見えたのは、あながち敬老の日だけのせいではあるまい。

1982/10/20
ゲーベルの個性 鮮明に
ムジカ・アンティクワ・ケルン

一九八二年一〇月一六日◎東京文化会館

ムジカ・アンティクヮ・ケルンを聴く。

九年前に西ドイツ・ケルンで結成された、古楽器によるバロック音楽の演奏に打ち込んでいる楽団。今回は五人（ヴァイオリン二、横笛、チェロ、チェンバロ）のメンバーによる初来日。さらに当夜は日本の同種の団体、オトテール・アンサンブルの三人（たて笛、横笛、オーボエ）が各曲目に一人か二人ずつ参加する、という珍しい試みがなされた。

「古楽器演奏よ、どこへ行く？」というのが第一印象であった。半世紀前にはじまった古楽器復興運動は、一九六〇年代にオランダで起こった第二の波によって、魅力あふれるものに変化した。それを追う、今回のMAKなど第三世代は、それぞれに、さらに刺激の強い演出法によって自己を押し出そうとしている。だから、この分野の演奏様式には、規準を見出すことができない。

新譜評でも、新たに出現する新顔がすべておもしろい、おもしろいと持ち上げられ、しかも研究的な態度に徹している、と説明されるのが常だ。この団体の評価もそうだったが、元来この二面は両立し得ないはずだが。

ともあれ、この団体の特徴はリーダーであるヴァイオリンのゲーベルのエキサイティングな演奏ぶりにある。それがセールス・ポイントと見た。基本はオランダ楽派(クイケンら)の、一音一音フワッとふくらます例のやり方だが、そこに動的な要素、とくにドイツ人が昔からバロック音楽で見せる情念の炎、といったものが加わる。急速調において、とくにいちじるしい。だが、チェンバロとチェロはこれをクールに受けとめ、土台をしっかり作っている。だから、ゲーベルがその上で自由奔放に遊べる、ということでもある。

オトテールの三人の日本人は同じ第三世代の国際派。だが、当然ゲーベルとはむしろ正反対の、節度ある精緻で繊細な音楽が身上。だから、もし古典派・ロマン派の室内楽だったら水と油になりかねないが、即興性や意外性に賭ける面の大きいバロックでは、さして違和感とはならぬ。ただ、彼らの参加でゲーベルの強烈な個性が鮮明に浮かび上がるという副産物はあった。

テレマンの室内協奏曲、食卓音楽、四重奏曲がよかった。A・スカルラッティとヴィヴァルディはやや異質。ともかく、忠実な復元への研究者的態度と商業ベースに乗った活動という矛盾をかかえた上で、彼らが純粋な音楽美の境地に辿り着くまでには、なお困難な道のりが残っている、というのが当夜の感想だ。

1982/11/20

年齢を超越 魂を語りかける

ユーディ・メニューイン

一九八二年一一月一七日◎昭和女子大人見記念講堂

ユーディ・メニューインを聴く。

昭和二六年、四六年につづく三回目の来日。オールドファンには、彼が神童時代、ワルターと協演する半ズボン姿の写真がなつかしいが、いまや老境の入り口六六歳。デビューは七歳というから大変な楽歴だ。その間、多面的な演奏活動のみならず、社会活動家としても著名であり、最近はまた、ベルリン・フィル百年祭の余興で、指揮台でヨガの逆立ちをするというユーモアを演じて話題となった。

ともかく、一夜の印象はまことにスケールの大きい、人間性のゆたかな音楽を聴いた、というに尽きる。いや、むしろ音楽を通して、その背後の人間を聴いた、という方が当たっていよう。彼はベートーヴェン、バルトーク、フランク、アンコールでのブラームスの四人の音楽の精神を、その魂を、四本の弦に託してわれわれに語りかけた。近年の若手の弦楽器奏者たち（たとえば、チェロのヨーヨー・マなど）が、どんな音楽も同じように美音で、易々と楽しげに弾き来たり、弾き去るのとまさしく対照的な演奏であった。

ベートーヴェン「クロイツェル・ソナタ」では、この巨人が運命に激しく立ち向かう姿（第一楽章）や、ロココふうの優美さへのあこがれ（第二楽章）や、成就への歓喜（第三楽章）が鮮やかに表出された。それは最近の演奏スタイルからはスルリと抜け落ちてしまうベートーヴェンの本質であることを、彼の演奏は教えているかのようであった。

バルトーク晩年の「無伴奏ソナタ」は彼のために書かれた傑作、その成立には彼自身、深くかかわっている。作曲者の置かれた不幸な運命への悲痛な叫び（第一楽章）、時代の不条理への決然たる抗議（第二楽章、とくにその結尾）、ニューヨークの喧騒の彼方に垣間見る故国ハンガリーの緑の草原（フィナーレ）といった作曲者のイメージが、如実になまなましく伝わって来る、驚くべき演奏であった。

これに対してフランクとブラームスの第三ソナタからの二つの楽章では、ロマン派の夢幻的世界を描いて満堂の聴衆を酔わせた。

ともあれ、幼少期に確実に身につけた技巧が一生を通じ高水準に保たれ、彼の大柄な音楽の基礎となっているのに感銘を受けた。指先や筋肉の弾力性は年齢と共に劣化し、音色が艶を失うのはだれしも避けられぬこと、彼も若いころはより豊麗な音色だったろう。だが、今や彼の音楽はそんなことをはるかに超越した境地に立っている。

1982/11/27

心技充実した完全な表現

ミクローシュ・ペレーニ・チェロ独奏会

一九八二年一一月二四日◎東京文化会館

ハンガリーのチェロ奏者、ミクローシュ・ペレーニを聴く（ピアノ、岩崎淑）。七八年、七九年につぐ三回目の来日。筆者は今回が初めてだが、前回もよほど好評だったと見え、補助席が出るほどの入り。なるほど、弦楽器奏者としては脂の乗り切った三四歳、心も技も充実し切った絶好調にあると見た。

最初に置かれたヘンデルのソナタ、ト長調は、はじまってみるとヴァイオリン・ソナタの中でもいちばんポピュラーなニ長調と同じもの。曲想の親しみもあって、満堂の聴衆がまったく一つの耳になってペレーニの音楽に没入した。こんな集中度の高い聴き方も珍しい。緩徐楽章はやさしげに、急速楽章のアルページョなどでは確実無比な技巧を存分に見せながら大らかに堂々と、完璧に弾き切った。

二曲目、バッハの無伴奏組曲第三番ハ長調では、楽章間の対照を鮮明に印象づける工夫がなされ、前奏曲は淡々と、アルマンドは情熱的に、クーラントはデリカシーに富んだ弱奏で通し、サラバンドはたっぷり歌い上げ、といった調子で進んだ。ブーレとフィナーレの歯切れのよいリズムも抜群で、この大曲が瞬時に終わった印象さえ受けた。

三曲目は、今年が生誕百年に当たる彼の祖国の大作曲家、コダーイのピアノ伴奏付のソナタ（嬰ヘ短調、作品四）。コダーイ二七歳の作で、民族色豊かな作品。緩と急の二つの楽章から成る。

マジャール農民歌の音階による淋しげな旋律にはじまるが、中間部での決然と叫び声をあげるかのような曲想でのペレーニの迫力はすさまじかった。

農民舞曲ふうの第二楽章では軽快な弓の運動がよくユーモラスな感じを出していたが、曲尾で再び曲首の暗く淋しい気分に戻るあたりの感情表現の深さには、さすが同国人と思わせるものがあった。

最後の曲目はシューベルトのアルペッジョーネ・ソナタ。ペレーニはこの上なく巧みな歌いまわしで、時にハンガリー＝ジプシーふうの、楽天的なシューベルトを表現した。この曲につきまとう高音域の難所も、易々と征服されていた。ピアノの岩崎も終始好演。

さて、以上の曲目ではまことに見事なペレーニだったが、ただアンコールのグラナドスの「ゴエスカス（ゴヤふう）」の間奏曲では、その旋律が要求する燃え立つような音色、浮き浮きするリズムはついに聴けなかった。ともあれ、心満たされた一夜ではあった。

1982/12/09
ラテン的情熱の音感覚
フランス国立リル管弦楽団

一九八二年一二月四日◎昭和女子大人見記念講堂

フランス国立リル管弦楽団、指揮ジャン・クロード・カサドシュを聴く。

リルは北フランス、ベルギー国境近くの、その昔に音楽が栄えたフランドル地方に位置する工業都市。そこにわずか数年前に誕生したこのオーケストラが、たちまち国立の称号を獲得するまでに成長発展したのは、七六年に指揮者に就任したカサドシュの力量と、現首相でリル市長をも兼ねているモーロワの政治力によるらしい。

ついでながら、この指揮者の母（女優）と、往年の大ピアニスト、ロベールとはいとこ同士（新グローヴ音楽辞典による）。

さて、第一曲はシャブリエの「楽しい行進曲」で、題名そのままの毒にも薬にもならぬ曲。まあ、この曲を敢て東京でやる、というのは、北仏の地方町村の巡回演奏に精を出しているこのオケの日常のレパートリーを紹介したかったのと、ドイツ音楽に飼い馴らされている日本人聴衆をリラック

スさせようとの意図かと推察したが、ともかく快調の好演。

第二曲は、リルに生まれ同地音楽院出身のラロの「スペイン交響曲」、ソロはフランスの代表的ヴァイオリニスト、アモイヤル。はじめは両者とも気負い過ぎか、音はかたく、細部は乱れがちだったが、楽章が進むにつれ、美しい協演ぶりを堪能させた。アモイヤルはこの曲の外面的な華やかさよりは、印象主義を先取りした物憂げな叙情の表現にすぐれている。

第三曲、ベルリオーズの幻想交響曲は、当然ながら指揮者とオケの全力投球の場であった。開曲部のヴァイオリンの主題は思い切り弱奏で、また、いかにも生ける人物の身振りが目に浮かぶようなリズムをもって表出された。第一ヴァイオリンと共に、木管、とくにオーボエとクラリネットの豊かな表現は特筆に値した。

カサドシュは静と動、明と暗の対照をはっきりと描き分け、若きベルリオーズの情念に迫ったが、反面、音楽的には両者をつなぐ微妙な段階的変化が、より丹念に表出されていたら、という不満が残った。

だが、このようなラテン的な情熱の現代的な音感覚をナマ音で聴いたのは、三〇年近い昔に来日したマルティノン以来、絶えてなかったことだ。

これまでに、われわれはフランスの地方オケを、ストラスブール、リヨン、トゥールーズ室内と迎えて来たが、新興のリルはそれらの筆頭にちがいなく、四七歳のカサドシュは今後ますます国際的な活躍の場を拡大していくことだろう。

’82回顧
ベスト5

・オッコ・カム指揮ヘルシンキ・フィル／シベリウス第五、第二交響曲ほか（一月一八日、東京文化会館）
・テレビ東京放映のテレビ番組「アイザック・スターン中国を行く」（三月一日）
・浜田徳昭指揮日本オラトリオ連盟／バッハ・ロ短調ミサ曲（五月五日、東京カテドラル）
・作曲家の個展’82〈黛敏郎〉／岩城宏之指揮N響、日本プロ合唱連合／「涅槃交響曲」、「金閣寺」より（一〇月一八日、東京文化会館）
・岩城宏之指揮早大交響楽団（合唱指揮田中信昭）／マーラー第八交響曲（一〇月二四日、早大記念講堂）

1982/12/22

個人技生かすアンサンブル

パリ八重奏団

一九八二年一二月一六日◎イイノホール

パリ八重奏団の東京公演を聴く。一九六五年に結団、メンバーはそれぞれパリで管弦楽団員や教授として活躍している中堅楽人、弦五人に管三人（クラリネット、ファゴット、ホルン）の編成。クラリネットのドプリュ、チェロのトゥールニュ、ヴァイオリンのルベーのような、かなり名の知られたソリストもいる。

曲目はシューベルトの長大なヘ長調の八重奏とクセナキスが彼らのために一九六九年に作曲した恐るべき難曲「アナクトリア」の二曲。

シューベルトは、やや誇張して言うなら、いつの間にか序奏部からアレグロ主部に流入し、またいつの間にか第二主題に移行していた、というような、きわめて自然体の演奏スタイルであった。ドイツ語圏の楽人なら、駆け足に移ったり、並み足に戻ったりを一糸乱れずにやろうとするところだが、パリの音楽家たちは名人技の披露と奏楽の楽しさを優先させる。もちろん、それで揃わない

とか、メリハリがつかないというのではないし、いわんや、シューベルトらしくない演奏だった訳でもない。要するにアンサンブルに個人をどう生かすかの考え方が両者の間で大差のあることが、シューベルトなどではじつにはっきり出るのがおもしろかった。クラリネットがとくに美しかった。

クセナキスは前記のようにこの団体が初演した曲、クラのドプリュが合奏をリードしながらの演奏であった。一九六〇年代の前衛の、いまだ極端主義の絶叫調が主流だった頃の様式に属する音楽。クセナキスらしい緻密な構成と大胆な発想が同居しており、大胆な発想は必然的に伝統的でない奏法を要求する。

ここでもドプリュは、けたたましい最高音域と胴ぶるいするような最低音域とを瞬時に、しかも頻繁に交替させる至難な曲想をみごとにこなし、チェロのトゥールニュもまた、駒の上で弓をきしませる異様な音色で、打楽器のようにリズムを痙攣させた。だが、この二人の奮闘が浮き上がり気味で、八人全員の灼熱場面はついに到来しなかった。かつてストラスブール打楽器合奏団の六人が、同じ作曲家の「ペルセファッサ」で見せたような、逸り猛り、荒れ狂う音の嵐は現出しなかった。それは時の推移のせいかも知れぬ。あるいはクセナキスのあとのアンコールに、モーツァルトのメヌエット(K二四七から)やベートーヴェンのスケルツォ(七重奏曲の)をサービスせずにはおけぬ彼らの音楽観のせいかも知れぬ。

解説——小沼純一

『柴田南雄著作集』（国書刊行会）の刊行についてご挨拶にうかがった折、柴田純子夫人から、これらは本になっていないのだけどと演奏会評をまとめてあるスクラップブックを見せていただいた。その時点では、著作集に何をいれ何をはずすかはある程度決まっていたので、演奏会評をいれたいとはおもったものの、いれるなら抜粋ではなくまとめてがいいだろうしと泣く泣く脇におかざるをえなかった。

この企画があらたに進みだしたのはアルテスの木村元氏に話をしてからで、ちょうど柴田南雄のアニヴァーサリー・イヤー、生誕百年に刊行することとなった。

本書に収められた演奏会評は、一九七一年の九月から一九八二年一二月まで。七一年は一本だけだけれども、ほぼ一年後の七二年一〇月からはほぼ一〇年におよぶ。あいだには新聞に執筆したアンケートやエッセイもいくつかあり、含めることとした。

柴田南雄は一九一六（大正五）年の生まれ。一九九六（平成八）年に亡くなっているから、そのなかに「昭和」がすっぽりはいる。これら演奏会評が書かれ始めた頃は五〇代後半。それが六〇代半ばまでつづいた。時代としては一九七〇年の大阪万国博覧会の後、二度のオイルショックに重なり、カラオケ、ウォークマン、TVゲームがでてきて、男女雇用機会均等法やバブル期まではあとまだ何年かを数えるという時期だ。当然まだ旧ソ連邦は崩壊していない。

柴田自身の作曲家としての代表作もこの時期に生まれている。尾高賞を受賞した《コンソート・オブ・オーケストラ》、シアターピース《追分節考》がともに一九七三年。そして《交響曲『ゆく河の流れは絶えずして』》（一九七五）、《宇宙について》（一九七九）、《わが出雲・はかた》（一九八一）とつづく。また一九七三年には、高橋悠治の呼びかけで作曲家七人――一柳慧、柴田南雄、高橋悠治、武満徹、林光、松平頼暁、湯浅譲二、のちに武満徹は退会し、近藤譲が同人となった――による「トランソニック」に加わっていることも加えておこう。

著作としては『レコードつれづれぐさ』（音楽之友社）、『楽のない話』（全音楽譜出版社）を一九七六年に、また一九七八年『音楽の骸骨のはなし』（音楽之友社）と『名演奏のディスコロジー』（音楽之友社）、一九七九年『私のレコード談話室』（朝日新聞社）が刊行されている。雑誌連載や単発の原稿をまとめたものが主とはいえ旺盛な活動だ。並行して、上記の作曲作品があり、ここにある演奏会評があり、日々の生活だってある。

柴田南雄は中日新聞の依頼で作曲した《交響曲『ゆく河の流れは絶えずして』》（一九七五）において アジアの列島における昭和の西洋音楽受容と個人史を重ねており、これは作曲家自らの生全体の入れ子のように見えもする。亡くなる前年に『わが音楽わが人生』（岩波書店、一九九五）が書き下ろされるが、この交響曲で自らの創作についていったんまとめておこうとのおもいがあったようでもある。ちょうど還暦で、「トランソニック」誌では小さなお祝いの特集がおこなわれてもいた。

ちなみに厚生労働省の統計によると、二〇一四年、平成二六年の男性の平均寿命は八〇・二一歳。だが、作曲家が亡くなる前年、一九九五年＝平成七年は七六・三八歳だった。さらに遡って一九八五年＝昭和六〇年には七四・七八、一九七五年＝昭和五〇年には七一・七三歳（厚生労働省「平成一九年簡易生命表」による）。本書の終わりのほうで、オイゲン・ヨッフムがブルックナーの大作を演奏したときの評があるけれども、当時ヨッフムは八〇歳。「高齢のため高めの椅子に腰を下ろして棒を振った」（「情緒過剰排した熟年の厚み」）とあるが、現在この年齢の指揮者は少なくないし、九〇歳で現役の指揮者がいることに時代の変化が見えもする。

演奏会評は、新聞という媒体の特性上、字数の制約がつよい。その意味では充分に見解を記しきれないところがある。プログラムに何曲もあった場合、一曲に集中してしまったら、あとは紹介程度しかできないことも稀ではない。だが、それはそれ。柴田南雄はバランスよく全体を見渡すこともあれば、勘所のみでほとんど押しとおしてしまうことだってある。どれもおなじようにはなっていない。そこがおもしろい。

本書では、コンサートを鑑賞した日時とともに会場も記されているが、この時期の東京には、現在の主だったコンサートホールがまだ建造されていないことに気づかされる。大きなところではサントリーホール、オーチャードホール、東京芸術劇場、東京オペラシティ タケミツメモリアル、すみだトリフォニーホール、横浜みなとみらいホール等など、小さなところではトッパンホール、紀尾井ホール、第一生命ホール、有楽町朝日ホール、いずれもまだない。カザルスホールなど、この後にできて、すでにもうなくなっている。音楽と場所のつながり、さらに春夏秋冬とを重ねてみることで浮かびあがってくるものも、これらの評のなかには、ある。

また、こうした「かつて」の演奏会評をまとめてみることで、その時代についてある程度見えてくるものもある。それは、音楽の、作曲の、演奏の状況の何が変わって、何が変わっていないのか、を考えるきっかけになるかもしれない。時間が経ってからまとめて読まれることで見えてくるものがあるだろう。

すこし評そのものを見てみたい。

全体として、同時代の、この列島で生まれた作品がとりあげられる演奏会によく足を運んでいるのは、おそらく自らの関心とともに、ほかに音楽欄を担当する人との棲み分けを狙ったところもあったはずだ。とはいえ内外のオーケストラ、室内楽、ソロ・リサイタル、オペラというように、扱われるジャンルは幅広い。一方で、ひとつも見当たらない楽器や奏者がある。のちには注目すべき作品や演奏家も登場しているが、この時代には嗅覚にひっかからなかったというべきか。また現代作品がプログラムされている邦楽器の演奏会はいくつも見えるけれども意外にも外国の民族楽器は唯一ムニール・バシールによるウードの演奏会（「知的な印象を受ける」）が見えるのみである。ほかでは「'78回顧 ベスト5」に「第二回「アジア伝統芸能の交流」におけるイランとモンゴルの声楽」が挙がっているものの、それについての評はない。「'77回顧 ベスト5」にはいっている「隠れキリシタンのオラショ実演」も同様である。こうしたものは新聞というメディアの縦割り「演奏会評」にはいってきにくく、こぼれ落ちてしまう。そうした縦割り状況は現在もつづいているようにおもわれる。このような実際のとりあげ、書かれ方とともに、エッセイのなかに「わたくしの中の「西洋ばなれ」といった表現があるのを見ると、なおのこと嘆息せざるをえないが——。

指揮者ならカラヤン、チェリビダッケ、バーンスタイン、ブーレーズ、朝比奈隆。あるいはブリュッヘンのリコーダー、ロストロポーヴィチやトルトゥリエのチェロ、エッシェンバッハの弾き振り。ここに挙げたほとんどはすでに故人で、その意味では彼らをめぐる貴重な証言のひとつといえるだろう。すでに何度となく来日している人たちについて、はやい段階でつよい印象を受けたことを記したものもある。セガル、ブルゴス、ピエロフラーベックがそうだ。ソリストならポリーニやクレーメル、ヨーヨー・マ。ヨーヨー・マについての文章で、柴田南雄の記憶は一気に戦前にまで遡る——「これほど水際立ったチェリストがかつて来日したかしら、と記憶をたどってみたが、結局、一九三四年と三六年に東京で聴いたエマヌーエル・フォイアーマンしか想い浮かばない」（「水際立ったテクニック」)。こうした体験と蓄積、想起のなかで柴田南雄という作曲家＝批評家は音楽にふれている……。こうした体験と蓄積、想起そのものが、いま、ありうるのかどうか。データ化されアーカイヴ化された身体の現在に。そう、たしかにチェロはほかの楽器に較べると言及が多いかもしれない。作曲家自身が若い頃に弾いた「自分の楽器」だからか、とつい、おもってしまったりするのだけれども。

ことし、二〇一六年はエリック・サティの生誕一五〇年だったけれども、一九七七年、西武美術館でおこなわれたジャン＝ジョエル・バルビエによるサティ連続コンサート——柴田南雄は書いていないが、秋山邦晴と高橋アキによるジァン・ジァンでの連続演奏会は一九七五年、没後五〇年に始まった——のときは生誕一一一年、没後五二年だった。その間、サティは徐々に知られるようになり、版権が切れたこともあって随分とポピュラーになった。若い人たちもその音楽を消費した。だがその後さらにまただんだんと遠くなりつつある——のが現在か。

こうした「アニヴァーサリー・イヤー」が演奏会評にも記されている。一九七二年は平尾貴四男の没後二〇年——実際には前年におこなわれたので一九年——。一九七四年はシェーンベルクの生誕百年。一九八一年はバルトークの生誕百年。なるほど、こうした作曲家たちが当時「現代音楽」と呼ばれたとして、それほど違和感はない。生きて活動していたのはそれほど遠いものではない。だが、二一世紀を十年以上過ぎたいまではどうにも居心地がわるい。いうまでもなく、柴田南雄は「現代音楽」などという言い方はしないのだけれども。

作曲家が亡くなったとき、あるいは、その追悼の演奏会に足をはこんだときの文章もある。ブリテンがあり、あるいは身近な人では甲斐説宗、入野義朗、清瀬保二のものがある。あるいは柴田南雄にとって師やそれに近い人と呼ぶべき諸井三郎、松平頼則の作品が演奏されたときの評もある。またマーラーが多いのは、後に岩波新書で『グスタフ・マーラー』が刊行されることをおもいあわせると、この列島の洋楽受容史と作曲家の個人史と交差するところのひとつであることが了解できるだろう。

そのときだけではなく、のちまで語り継がれる演奏会についての言及もある。中国上海舞劇団が来日して《ピアノ協奏曲「黄河」》を聴いた衝撃（「「黄河」と「白毛女」を聴く」）は、ほかのところでもふれている。また、二〇一四年にサントリーホールで再演されたシュトックハウゼン《歴年》初演の酷評（「前衛の亡霊が咲かせた徒花」）もある。こうしたものが、いま、あるいは、そのときののち、どう考えられてきたか、どう考えられるのか、これを読みなおしたうえで再検討してみてもよい。

ユーモアが垣間みえるところは忘れがたい。ちらりと武満作品のタイトルについてふれたところ「（武満作品の題名には何とVWYあたりの文字が多いことよ）」（「定着した「今日の音楽」」）とか、水野修孝作品について「第一部ではあらゆる手を繰り出して朗々たる全合奏のさまざまな響き具合を、これでもかときかせ、出て来ないのは大砲くらいのものと思わせたが」とか、「さて、じっさいに当夜の音に接していない一般読者のために、あえて四作品の傾向を西洋作曲者名と結びつけてみるなら」と「西村作品＝ラヴェル、吉崎作品＝ドイツ流ストラヴィンスキー、水野作品＝シュトックハウゼン、ということになろうか」といったぐあいに。もちろん、すぐつづいて「もとより筆者の主観的連想にすぎないし、彼らは「ぜんぜんちがう！」とさけぶにちがいないが」と註釈を加えているが（「四人それぞれに努力の成果」）。あるいはメシアン《異国の鳥たち》についてのこんな文章――「管楽器と打楽器を主とするオーケストラの、時にグロテスクなまでに誇張された特異な表現」（「深み増したベロフ」）。これは、『楽のない話』に収められた「小鳥の歌」で、やはりメシアンの《七つの俳諧》について「怪鳥が羽ばたいているような」と書かれていたことと呼応しあっており、この曲、いや、メシアンのオーケストラによる「鳥」を聴くたびに、柴田南雄が「グロテスク」とか「怪鳥」とかおもっていたのかとおもうと、つい、笑みが漏れてしまうのである。そう、たしかに長大なメシアン論が書かれたのは「鳥」に耽溺する前のメシアンだった。

撮影自由の演奏会や、三枝成章――現在は成彰――による音楽祭についてはどうだろう。スマートフォンでの撮影が日常化した現在と、フラッシュをたいて大きなシャッター音がするカメラをつかう時代とは（「行き過ぎた撮影自由」）どんなところが違っているのだろう。ロック・バンドありパフォーマンス作品あり、さらには未明ちかくにテリー・ライリーのソロが野外でひびくという徹夜コンサートとは（「星とともに降るサウンド」）。そこではまた「ヤング」といった言い回しがでてきたりもするのだった……。

たまたまにすぎないだろうが、扱っていない演奏会も多い。残念、あれは書かれていないのか、とおもうこともある。たまたまべつの人が担当だったのかもしれないし、日程的に無理だったのかもしれない。あるいは興味がなかったか。こうした柴田南雄があの演奏会に「不在」であった、書いていなかったという「穴」を想像するのも、書かれたこととはべつに、おもしろいところ。「何年のベスト」といったなかには挙げられていても、評そのものがないというのもけっこうあって、そうした想像力をかきたてられたりする。たとえば「'76回顧」の「ポリーニ ピアノ演奏会における、ブーレーズ「第二ソナタ」の演奏」やおなじく「'78回顧」の「ポリーニ ピアノ演奏会（ノーノほかの現代曲）」であったり、だ。

＊

これら演奏会評のコピーを受けとったとき、わたしはすこしずつ、読みすすんでいった。はじめのうち、こんな演奏会があったんだな、こんな時期にこんな演奏家が来日していたんだな、あの作曲家があの作品を初演したのはこんな頃だったのか、などといろいろまわりの状況や文脈を、あとづけの知識で補いながら読んでいた。ところがあるところで、わたし自身が足をはこんだ演奏会について書かれているのを発見し、急に文章が、演奏会のあった時期が身近になってきたのだ。そうだ、あそこで柴田南雄の姿を見かけたけれど、評は書いていないんだな、という演奏会を想いだしたこともあった。そもそも生前の柴田南雄とことばを交わしたり、『楽のない話』にサインをいただいたりしたのもそんな時期だったし、いまから三五年から四〇年ほど前の演奏会の「かんじ」、中学生から高校生にかけてどこか落ち着かずにホールにいた自分のことも想いだしていた。

そんな個人的なことも含め、柴田純子さんにコピーをいただけたことをほんとうにうれしくおもう。これがなければ到底本にすることはできなかった。そもそも柴田南雄という人物が記録魔、整理魔であったことが幸いだった。ありがとうございます。

アルテスパブリッシングの木村元さん、編集を担当してくださった渡辺陸さん、ありがとうございました。書名はお二人につけていただいた。それぞれの演奏会評のタイトルの多くは、新聞に掲載されたときの見出しをそのまま流用させていただいたが、いまに至るまで変わらない、こうした見出しのつけ方はどうにかならないものか、ともおもう。極端に少ない字数で目につくようにという事情はわかるが、それにしても、である。

国書刊行会からの『柴田南雄著作集』全三巻をつくることがなければ、これらの文章を読むこともなかっただろう。著作集の編集に声をかけてくださった礒崎純一さんにも忘れずに感謝を。

また、新聞のコピーはなかなかスキャンすることが難しく、何人かの学生有志にインプットのアルバイトをお願いしした。この場を借りてお礼を記しておきたい。

柴田南雄――しばた・みなお

一九一六年九月二九日東京生まれ。

幼時より母からピアノを習い、成城高校進学後、鈴木二三雄にチェロを学ぶとともに高校の文芸誌に音楽批評を寄せる。東京大学理学部植物学科、同文学部美術学科卒業。諸井三郎に対位法と作曲を、齋藤秀雄に指揮を学ぶ。

一九四六年入野義朗らと新声会を結成し主宰。一九四九年第一回毎日音楽賞。一九五七年吉田秀和、黛敏郎、諸井誠らと二十世紀音楽研究所を結成。一九七二年一柳慧、武満徹、高橋悠治らと「トランソニック」結成。一九七三年「コンソート・オブ・オーケストラ」で第二二回尾高賞。同年「追分節考」を作曲し、以後多くのシアターピース作品を発表。一九八二年第一三回サントリー音楽賞、紫綬褒章。一九八八年勲四等旭日小綬章。一九九二年交響曲「ゆく河の流れは絶えずして」ニューヨーク公演。同年、作曲と文筆の両活動により文化功労者に選ばれる。

齋藤秀雄、井口基成らの「子供のための音楽教室」（後の桐朋学園音楽科）開設に参加したほか、お茶の水女子大学、東京藝術大学、放送大学などで作曲・音楽理論を講じ、後進を育てる。

作曲においては洋の東西を問わぬ宇宙的な視野に立った音楽世界を提示。放送、新聞、出版を通じて洞察と知的刺激にあふれた旺盛な評論活動を展開。

一九九六年二月二日永眠。享年七九。

ARTES
artespublishing.com

柴田南雄《しばたみなお》 音楽会《おんがくかい》の手帖《てちょう》

二〇一六年一二月二五日　初版第一刷発行

［著者］　柴田南雄《しばたみなお》

［発行者］　鈴木茂・木村元
株式会社アルテスパブリッシング
〒一五五‐〇〇三二
東京都世田谷区代沢五‐一六‐二三‐三〇三
電話　〇三‐六八〇五‐二八八六
FAX　〇三‐三四一一‐七九二七
info@artespublishing.com

［印刷・製本］　太陽印刷工業株式会社
［編集協力］　渡辺陸
［デザイン］　寺井恵司

ISBN978-4-86559-155-2　C1073　Printed in Japan